抑止力としての憲法

抑止力としての憲法

再び立憲主義について

樋口陽一
Yoichi Higuchi

岩波書店

はじめに――主題と副題に寄せて

本編に先立って、この本の書名と副題に関連してひと言述べておこう。書名の本題について言えば、憲法という規範に関して「抑止力」という表現を使うことには、既に説明が必要だろうからである。副題については、なぜ「再び」なのか、その意味が問われようからである。記述の便宜からして、後者を先にすることを許されたい。

1 〈再び立憲主義について〉

この本の著者にとって最初の単行著作だった書物は、『近代立憲主義と現代国家』(勁草書房一九七三)と題されている。そこに言う「近代」と「現代」は、第一次世界大戦とロシア革命を境い目として重視する比較憲法史の見方を前提とし、そのような意味での近代と現代の間の逆接続と順接続の関係を問い直そうとする意図を、反映していた。そういう文脈の中で日本国憲法の位置づけについて、私は、「近代立憲主義というものについて、――もとより、それを単純に理想として物神化してしまうのではなく、それ自身をイデオロギー批判の対象としながらも――、その価値を再評価しなければならない、と考えて」いる、と書いた(はしがき一―二頁)。

「再評価」という表現には、当時の時代状況が反映していた。[1] もとより、概説書の冒頭では、形式的意味・実質的意味の憲法の説明と並べて、「立憲的意味の憲法」についての説明が置かれるのが、通例となってはいた。但し、立憲的意味の憲法による権力制限の実質についての説明は、権利保障と権力分立の各論記述そのものに相当する本論内容に吸収されていて、民主主義＝国民主権との緊張図式の中で立憲主義の意味がことさらに強調されることは少なかったのである。

こうして、憲法運用の攻防をめぐる言説の中で、立憲主義という標語はほとんど忘れられていた。あらためてこの標語の意義が呼び醒まされたのは、二〇一二年一二月衆議院議員総選挙により成立した政権の統治の手法に対する抗議、あるいは少なくとも疑問が広まる中でのことだった。ほぼ五年の間に五度の国政選挙(衆院選二〇一二、二〇一四、二〇一七、参院選二〇一三、二〇一六)を通じて「民意」による自己正当化を主張する政権に対して、「それでも権力は制限されなければならないはずだ」という論理が思い起こされたからである。[2]

一九七三年の私の本にいったん戻ることにしよう。そこでは、権力からの自由を何より重視する見地に立って、前近代から近代への画期に際し強力な破壊力を見せつけた「憲法制定権力」がその役目を終るとともに凍結される、ということの意味が摘出されている。同じ観点から、君主主権＝旧体制打倒の役割を終えて憲法内にとり込まれた主権の観念についても、それがもはや「権力の実体でなく正当性の所在を示すものでしかないことを明らかにするような概念構成」をすべきこと、が説かれている。

そのように国家からの自由を第一義としながらも、その時点では、自由の主体としての個人の意味が特定的にとり出されていた、とは言いがたかった。前近代から近代への移行の意味を、何よりも身分制下の社団的諸権力から国家による個人の解放を遂行することとしてとらえ、そのことこそが、国家からの自由が確保される公共空間が成立するための前提だった、という基本認識は、あらためて明示される必要があった。成立した近代憲法そのものについても、国家からの自由一般ではなく国家からの個人の自由こそが問題なのだということ、加えて、国家＝政治権力からの個人の自由だけでなく、その個人の社会的権力からの自由が正面から問題意識の対象とされなければならないこと、この二つの論点が私の憲法論の座標の中にあらためて明示されなければならなかった。

そして、その必要が充たされるためには、とりわけ、一九七〇年代日本での「営業の自由」論争[3]と、両大戦間期ヨーロッパ憲法学でのホッブズ理解をめぐる議論から示唆をとり出す必要があった。そのようにして形づくられた基本枠組は、フランス革命二〇〇年を記念し学問分野を横断して組織された国際学会(一九八九パリ)での報告で、示されることになる。⑤

幸いにもこれまで、そのような私の立憲主義論への批判・論評、ないしそのような意味を持つ指摘が、少なからず寄せられてきた。ここでは、法社会学者・戒能通厚とローマ法学者・木庭顕によってごく最近提起されている論点が現時点でとりわけ重要と考えるので、以下それについて私の考えを述べ、この本の全体を通して伏流しているはずの基本前提を、あらためて示しておくことにしたい。

戒能の新著『イギリス憲法』(日本評論社二〇一七)は、『法律時報』誌上に長期連載されてきた論稿を中心に新稿と補論を加えた大著である。その中で著者は、かねて私の議論の個性、「常識的理解」との「対照」性に関心を寄せてくれてきた憲法学者・愛敬浩二が私の立憲主義理解を「異形」と表現したその論点⑥に、注意を向ける。戒能は、愛敬により指摘された「異形」性の中に、「社会的諸集団からの個人の解放を引き受けた国家の役割を重視」する観点、それゆえにまた「立憲主義と民主主義の関係において、後者の単純多数決主義への「劣化」により、立憲主義の基礎が掘り崩されることへの危機感を組み込んだ上での立憲主義の原点を重視する」主張を読みとる(一六七―一六八頁)。

その際、戒能は私の議論の展開を評して、「個人主義的憲法観を共和主義の方向に微妙に拡張しているように思われる」と定式化する(四五九頁)。この点は、「個人主義的憲法観」と「共和主義」――この後者は多義的に用いられるので、「敢えてエタティスト」と自称(一六八頁)する私としては「共和国」という表現を使うのだが――を非両立的に想定する議論がありうるだけに、そうした見方を否定する「拡張」という表現が、重要な意味を持っている。一七八九年宣言が「homme および citoyen の諸権利の宣言」であることに注意をうながし、国家から自由であるべき個人

＝homme が、「共和国」という公共空間を担うべき個人＝citoyen によって支えられることの決定的重要さを——但し自分では「微妙」ならざる仕方のつもりでいるが——説いてきたことが、戒能によって受けとめられた、と考えられるからである（二〇三―二〇四頁をも参照）。

その上で戒能は、「現代における［ポスト・モダーンの席巻に対する——筆者注。以下ブラケット内につき同じ。ここでは同じ頁の別の箇所にある戒能自身の文書で補った］対抗軸として研ぎ澄まされて措定された」像が「逆に固定的なイメージとなって、近代の複雑な、したがって豊穣でダイナミックな歴史が、著しく「禁欲的」に捉えられる結果となっているように思われる」と付け加える（四六三―四六四頁）。かねての愛敬による私への批判的コメントと共通するこの批判はそれとして全く当たっており、近代が「相対化された」ことによってその「豊富な歴史的事実」に光が当てられること自体に敬意を表することにおいてはやぶさかではない。私としては、「西欧的近代の相対化というレトリック」（戒能）自体を相対化することに役まわりを自己限定してきたのであり、そのことは必要だったし、今も意味があると考えている。[7]

木庭顕『現代日本公法の基礎を問う』（勁草書房二〇一七）は、「まだ法科大学院があった二一世紀初頭、とある大学のロースクール」での「少し変わった授業の様子をお目にかけたい」、という書き出しではじまる。その「まえおき」によれば、「ギリシャ・ローマの歴史を専門とする老教授」が「日本の最近の公法判例を扱」いつつ学生たちとの「奇想天外な問答」を進めた「記録」である。

「笑うケース・メソッドⅡ」という副題に託された韜晦にもかかわらず、「集まった学生たちの知性だけは歴史的実在」と書く「老教授」が、鏤骨の大著三部作、ここでの主題との関連で言えばとりわけ『デモクラシーの古典的基礎』（東京大学出版会二〇〇三）の著者としてその学生たちと対面していたことを、われわれは知っている。

とはいえここでの引用は二〇一七年本からに限っておくことにして、[8]「国家が自由のためにあるという動かない基本則」を前提とすればこそ「利益集団多元主義デモクラシー」を強く警戒する(一六頁)「老教授」は、憲法学一般に見られるひとつの方向に対し、多元的価値の共存を重視するにしても団体自由と個人自由を並置してしまうことにより、「要するにホッブズ、が見逃され」た、と的を射ぬいて見せる(一六、一一四頁)。そもそも「社会権力の解体」こそがデモクラシーという「政治システムの目的そのもの」なのだという観点からすれば、その点にこそ、「日本の社会の最大の弱点」を見なければならないはずなのである(一四〇頁)。

そのような論述の文脈の中で、「老教授」は私の概説書記述(『憲法Ⅰ』青林書院一九九八、『憲法』創文社、初版一九九二)の中から、上記の要約と共通する問題意識を読みとり、思考の「基本」「出発点」(一六、一一六、一九六頁)という位置づけを与えている。近代自由の理解の仕方、そして日本社会の現実認識について、概論記述から多少とも踏みこんだ考察を公にしてきた私として、大いに力づけられる思いである。

同時に、名ざしされてはいないが私に対する批判という意味を含む論点が出されている。「社会権力の解体」こそ政治システムの目的そのものだという認識を共有した上で、「老教授」は「「社会権力」を法学的カテゴリーに昇格させるべきでない」(一四〇頁)と断ずるからである。それに対し、私はJ・S・ミルの用語を転用しつつ、国家＝政治権力からの自由(political oppression)と社会的権力からの自由(social tyranny)とを並べ論ずることをしてきた。

もっとも、「老教授」にとり「[人権の]私人間適用が問題にならないことが基本」だとしても、それは「強力な国家が団体を解体」しているはずだということが前提とされており、それと対称的な日本での私人間適用が無用とされているのではない(一三九頁)。私自身はと言えば、ル・シャプリエ法(一七九一)による結社の禁圧から届出制による法人格取得を承認した結社の自由法(一九〇一)に至る過程(フランス)を体験しなかった日本では、まさしくそれゆえに、私人間適用の一方の当事者を社会的権力として扱うことが、実定法適用の上で意味を持つと考えてきたのだった。この論点についてはなお再考を続けたい。[9]

2 〈抑止力としての憲法〉

立憲主義が準拠する規範ないし原理は、それ自身として「力」を備えたものではない。他方で、立憲主義が制限を課そうとする当の相手は権力そのものであり、その権力が選挙あるいは直接投票によって基礎づけられている場合は、集団としての国民の意思という正統化の根拠＝国民主権を援用することができる。

中世立憲主義（マグナ・カルタ）の当事者が権力対権力の関係にあったことは別として、近代立憲主義が君主権力に対抗して主張される場面ではなお、憲法規範ないし憲法原理を支える「力」として、選挙によって構成された立法権力＝議会に依拠することが効果的だった。それに対し国民主権という枠組が前提となった近代国家の機構内では、立憲主義を支える「力」は、議会内の少数派の役割を別にすれば、裁判という場面の中に求められることになる。

もとより、その裁判もまた権力作用である。[10]それどころか、三権分立という近代的機構が成立する以前の時期をとって見れば、裁判とは、生命と財産を直接に左右する権力に他ならなかった。中世ヨーロッパでは、政治そのものが法の創造と変更でなく、既存の法の発見として観念されていたから、「一切の「政治」権力が「裁判」権力として現われ[ていた]」（世良晃志郎[11]）と法史家によって表現されるような状態があった。

「裁判」にかかわる西欧系言語のもとにある juris dictio（＝法を語る）という言葉に即して言えば、それは、「裁判が語るから法がある」(judge-made law)と言えた時代があったことを示唆する（たとえその裁判は既にある法を発見するだけだ、と考えられていたにせよ）。近代国家の段階になると、法は立法権者（憲法の場合は憲法制定権者）によって定立されるものとなり、そのような法が既にあるから裁判がそれを語るのだ、と説明されることになる。しかしここでも、法規範は、それを解釈する権限を割り当てられた有権解釈権者による解釈という形をとってはじめて、法としての効果をつくり出す(違憲審査を伴う憲法の場合はそれを行使する裁判機関がそれに当たる)。そのような裁判権力に権力制限の役割を期待することは危険を冒すことを意味するが、その裁判を支えつつ制御する力は、どこに求めたらよいのか。こうして、「番人の番をするのは誰か」という古来の難問にわれわれは当面する。

戒能と木庭の著書は、それぞれの観点から私の議論をとりあげてくれたのであるが、ここでひとつの焦点を結ぶ。戒能は、多元主義批判の立場に理解を示しながらも、「豊富な歴史的事実」を認識者の思考の中に拾い上げる可能性を、「異形」の立憲主義ゆえにとりこぼすことを戒しめる。木庭は、社会権力を法学上のカテゴリーとして認知することを拒否するが、それは社会権力の解体が政治システムの目的そのものだったという、立憲主義の原点の「異形」性を強調するからこそなのである。

もともと、マグナ・カルタに象徴される中世立憲主義のすがたがあり、それは封建諸勢力の多元的並存を前提とした、権力の相互制限に他ならなかった。それに対し、ロックから遡ってホッブズに近代個人の思想的典型を見出す私にとって、そこで考えられる立憲主義は、社会権力の解体によって解放され、彼自身は権力主体となりえない諸個人を担い手とするものでしかありえない。それゆえ、中世立憲主義との関連で言えば「異形」のものとならざるをえない近代立憲主義の困難は、必然であった。本論の記述の中で、その困難については、「自己統治の近代ヴァージョン」という論点に即して検討されるだろう(第二章三一、第三章五一)。

そのような問題循環を受けとめる中で、この本の最終項は、《「立憲主義」or/and「民主主義」》という課題に充てられるだろう(後出六九七〇)。

目次

第四章 学問・政治・憲法のトリアーデ

第一章　「知」が「近代」を構想したとき

第一節　「危機」への知の対応

Ⅰ　一六世紀と二〇世紀――ホッブズとシュミット

一　前提――なぜこの二人か

「危機」を語ることばは、世にあふれている。そして、事柄の重さ、大きさとは対照的に、「危機」をめぐる言説の多くは、「耐えられぬほどの軽さ」で飛びかわされている。以下では、そのような内外の現実からあえていったん眼を離して、一六―一七世紀と二〇世紀という二つの危機の時代をとり出し、それに立ち向かった知の対応例として周知の二人――トマス・ホッブズ(一五八八―一六七九)とカール・シュミット(一八八八―一九八五)――を、対照的な脈絡でとりあげることにした。思想史上の存在としては格違いの二人をあえて並べるのは、両者の対照性が何を意味するかを読みとることを通して、私たちをとりまく現実をどうとらえ、公共社会の構成員＝市民としてそれにどう働きかけるかを考える、その糸口としたいからである。

「危機」を語る言説は、多様で、そのうえありあまるほど繰り返され続けてきた。事柄の大小、問題局面の大小、各種各様の部分社会から地球さらには宇宙規模まで。それぞれの危機の引き金となる要因も多様で、加えて複数のものが絡みあうことが多い。自然災害、戦争、経済・金融の破綻、階級やエスニシティの単位の間の国境内外を問わぬ対立、犯罪、科学技術の誤用・濫用による重大事故……と数えあげれば、そのそれぞれについての具体例が、われわれの周辺にどれだけ多いことか。加えて、制度や組織の経年疲労による慢性的な機能障害も、しばしば「危機」と呼ばれる。それどころか、社会の「繁栄」や「安定」の底に淀む不安を梃子として「世直し」を訴える主張も、「危機」を叫ぶ。「卑怯な健康よりデカダンスを」(一九二〇年代)、「奴隷の平和より王者の戦争を」(対英米開戦)から、「ぬるま湯の戦後民主主義を倒せ」を経て、「決められない日本」への非難まで。

こうした危機に対して、公共社会がどう立ち向かうべきか。それは最高度に、そして直接的な意味で政治の問題であり、そうである以上、公共社会の成員一人ひとりの選択が、結局のところを左右するだろう。ここでは、その問題それ自体に立ち入ることはしない。ここでは、危機を語る「知」の対応の仕方について考えることが、主題である。[1]以下の記述でとりあげるのは二つの例である。一つは一六―一七世紀イングランドを生きたトマス・ホッブズ、もう一つは一九―二〇世紀ドイツを問題にしたカール・シュミットである。なぜこの二者なのか。

第一は、彼らの対面した時代そのものが、世界史的意味に充ちたものだったからである。「近代」の論理の知的設計者としてのホッブズと、近代知とその理性主義への挑戦を試みたシュミットは、それぞれの時代を象徴する。

第二は、そのような彼ら二人が知的世界で維持し続けている影響力のゆえである。もっとも、特にシュミットについては、その影響の意味・無意味・反意味が問われるのだが。

第三に、一九三〇年代危機のさなかに、シュミットがほかならぬホッブズについて論じている仕方が、興味深いからである。その際シュミットは「フランスのすぐれた公法学者」である「自由民主主義的フランス人」の論文に言及しているが[2]、この言及は、同時代のドイツ人――そしてかつてのイングランド人――から見てたえず国家モデルとして意識されていたフランスを、ここでわれわれの考察の中に引き込んでくる。

二　1　リヴァイアサンの「破れ目」――近代の「構成原理」への転化

シュミットは一九三八年に『トマス・ホッブズの国家論におけるレヴィアタン』を公刊している。その前年に「ホッブズとデカルトにおける機械としての国家」という雑誌論文を書いていて、その対照もわれわれの関心事となるが、[3]それはともかくとして、シュミットのホッブズ読解の基本は、次のようなものであった。

「ポリス＝国家の一体性」(politische Einheit)を何より重視するシュミットにとって、「「真理でなく権威」(Auctoritas, non veritas)という決断主義特有の転回をなし」とげ、主権を「その権力の頂点に達」するところまで導いた[4]ホッブズこそ、「神学の世紀たる一六世紀から形而上学の世紀たる一七世紀への推移」「西欧合理主義の英雄時代」[5]の中心に座を占める先達だったのである。宗教戦争と内乱の危機の只中にあって、「技術的完璧さをもった巨大な人造物」「能率と活動のうちに固有の「正義」と「真理」をもつ機械という国家観はまずホッブズが把握し、明確な概念として体系化した」[6]。——これが、シュミットのとらえたホッブズ像の基本である。

実際、ホッブズこそ、近代知による公共社会——彼自身の言い方では「commonwealth; ラテン語では res publica」——の設計者だった。『リヴァイアサン』の第一部の標題《Of man》(「人について」)と第二部の標題《Of commonwealth》(「国家について」)の対置がすでに、「人」の意思の所産として「国家」を構想する骨組みを示していた。第一部「人について」の考察が第一章《Of sense》、すなわち経験的にとらえることのできる「感覚について」の説明から始まっていることも、留意に値する。[7]

ホッブズがその力業によって達成しようとした目的は何か。「人は人にとって狼」「万人の万人に対する闘争」という状態を平定＝平和化して、諸個人の安全を確保することにほかならなかった。リヴァイアサンとしての国家は、ホッブズ自身が掲げた図版からわかるように、決して、悪魔的・神話的な怪獣ではない。ホッブズのリヴァイアサンは、個人の契約によって構成され目的を託された「メカニズム」＝「機械」なのであり、ホッブズ自身の定式化によれば「可死の神」(mortal god)なのだから。

さて、そのようにホッブズをとらえたうえでシュミットは、「主権が頂点に達したまさにこの点で、他の点ではかくも完結的・不可抗的な統一に破綻が生ずる」ということに、関心を集中する。[8]「内的信仰と外的礼拝の区別」を認め、「公的」理性の領域では主権者が真偽を決するが「私的」理性にともなう信不信については内面の留保を認めるという、「ホッブズの拒絶し難い個人主義に発する留保」が、「強力なレヴィアタンを内から破壊し、可死の神を仕止める死の萌芽となった」。

ここでシュミットは、「ユダヤ人哲学者」スピノザに重要な役割を振りあてる。『レヴィアタン』刊行からほどなく、この眼立たない破れ目が最初の自由主義ユダヤ人の眼にとまり、彼［スピノザ］は直ちにこれが、ホッブズの樹立した内外・公私の関係を逆転させる、近代自由主義の巨大な突破口たりうることを看取した」。「ホッブズの正面には公的平和と主権があり、個人的思想の自由は背後の最終的留保にすぎないが、スピノザは逆に個人の思想の自由が枠組の構成原理をなし、公的平和と主権を単なる留保に転化させた」。[9][10]

「破れ目」の表面は、「舌先の告白」と面従腹背、あるいは leges mere poenales[11]の論理によって蔽われていた。シュミットによれば、その破れ目をあばいてみせただけでなく、原則と例外を転倒させたのが「ユダヤ人哲学者」スピノザだった、というわけである。[12]

ところで、シュミットは、彼と同時代の「フランスのすぐれた公法学者、ルネ・カピタン」が、「ホッブズの国家理論の個人主義的性格を指摘し、諸個人の締結した契約によっても否定されえない強固な自由の留保を詳述している」ことを紹介している。[13] 実際、シュミットに引用されたカピタン論文は、「トマス・ホッブズをその真の位置に、すなわち、全体主義リヴァイアサンの祖先の中にではなく、近代個人主義の理論家の中に位置づける」べきことを強調していた。[14] カピタンによれば、「破れ目」は、ホッブズ自身にとってすでに本質的な意味をもつものだったのである。シュミットもまた、「自由民主主義的フランス人」カピタンが「現在猖獗を極めている全体主義イデオロギー」

の敵対者であることは当然」と認めることによって、カピタンのホッブズ解読に理解を示している。[15]

それなら、シュミット自身は、あらわになってしまった破れ目をどう充填しようとしたのか。「破れ目」を正統な「枠組の構成原理」に転換した「近代」の体系の中に、何をどう投入しようとしたのか。それが次の問題である。

二 2 「友・敵」思考——自然状態への再転

「破れ目」を正統な「枠組の構成原理」にまで転換した「近代」は、一九二〇—三〇年代に重大な危機に遭遇する。その「危機」の叙述において、シュミットの筆致は見事といっていいほどである。憲法論の中心領域に限っていえば、一九二三年の「現代議会主義の精神史的状況」[16]、一九二六年の「議会主義と現代の大衆民主主義との対立」[17]の分析は、日本でもいち早く知られていた。一九四一年の短篇「一つの歴史時代に拘束された具体的概念としての国家」[18]の叙述は、ある種の典雅ささえ感じさせる。

それなら、「危機」からの出口はどう構想されたのか。一六—一七世紀ヨーロッパの危機状況に対面したホッブズは、近代国家の知的設計を構想した。二〇世紀の危機に直面したシュミットがしようとしたことを端的に表現すれば、ホッブズが立ち向かった当の相手の自然状態に戻ろうということであり、シュミットの名とともに世に知られる彼の「友・敵」思考[19]は、そうであってこそその全き意味を獲得するのである。

戦後シュミット研究の主導者というべき長尾龍一の卓抜な表現に従えば、「自由主義者を攻撃する時」のシュミットは「一六世紀的パラダイム」に立つ。そこでは「敵は「地上の悪魔」であり、それとの間には討論や話し合いや妥協などはあり得ない。そこでの「政治」は、第三の立場を許さない、敵か味方かの決断ということになるであろう」[20]。

「友・敵」という二元思考に対応して、シュミットは、およそ中間的なものを拒絶する。代表の観念について「半代表」という用語自体を拒否し、教会や労働組合という中間集団の政治参加に強く批判的なことに、それは現われている。[21]「ポリス＝国家の一体性」(politische Einheit)を思考の基軸におくシュミットであるが、それをなしとげたという意味で「フランス革命の偉大さ」[22]を語っていた限りでは、「民族国家」でなく「国民国家」形成に遅れて参入したドイツからみたフランス、イギリスへの羨望であったはずである。

しかし、「一体性」のものさしに「人種」「民族」が登場すると、場面は一変する。そして、「一体性」の障害となっているとされる特定の「人種」「民族」として「ユダヤ人」[23]がひとたび挙げられると、シュミットの言説は、耐えられぬほどの軽さで通俗化する。キリスト教世界で根強い反ユダヤ主義の土壌があり、シュミット自身、早い時期からのその種の主張が、無数の煽動的言辞の山をなすところまで行き着いてしまう。[24]

ホッブズにおける「一六世紀的パラダイム」では、「万人の万人に対する闘争」の主体は個人であり、その彼にとって「友」はなく、「万人」が「敵」同士であるほかなかった。そしてまさしくそのことが、「万人」の間の和平を求めることに結びついていた。それと対照的に、シュミットの「一六世紀的パラダイム」は、「友・敵」関係の中に集団を登場させた。彼が好んで言及する集団が教会と労働組合、より基本的には階級である間は、「友・敵」関係は流動する可能性のもとにおかれている。それに対し、ひとたびartigなもの――種類、ジャンル、ジェンダー――の間の「友・敵」が問題となると、敵対関係は固定する。さらに特定的に、völkisch(純ドイツ民族であること)なものに対置された「ユダヤ人」は、一体として否定されることになる。「最終解決」「根絶やし」、ことばの正確な意味での*geno-cide*は、その帰結であった。

四　3　「カール・シュミットを読まなければならないのか?」

フランスを範型とする近代国民国家、および国家が原理として達成した「ポリスの一体性」への羨望を隠さなかったシュミットが、そのような範型のもとに形成されてきた――自国をはじめとする――デモクラシーの機能障害を腑分けしてみせるメスは、鋭く冴えている。博引旁証の任せるままに神学、哲学、文学の言辞を縦横に操る鮮やかさは、論旨の揺れや撞着までを含めて、読む者をとらえる。

シュミットの思考にとってたえず準拠基準の意味をもっていたフランスの方では、しかし、ほとんど彼を知らないでいた。[25] 論壇でのシュミット発見の流れを作ったのは、「一九六八年」世代の新左翼だった。投票箱と空虚な議事によって陳腐化した制度としてのデモクラシーに立ち向かうものとして、大衆の自発性と喝采の中にこそ真のデモクラシーがあるという彼らの主張は、シュミット発見を促したのである。

一九八五年のシュミットの死と前後して、その著書の仏訳がようやく出揃ってくる。[26] その中で一九三八年のレヴィアタン論の仏訳が一九六五年Der Staatに公にされたシュミット論文を加えて二〇〇二年に公刊され、それには、エティエンヌ・バリバールが五〇頁にわたる長文の論説「シュミットのホッブズ、ホッブズのシュミット」を巻頭に寄せている（その彼自身と第一線の法哲学者、憲法学者を報告者とするラウンド・テーブルも開かれた）。[27] 訳書が刊行された直後の日刊紙『ル・モンド』の書評欄は一頁全部をそれに充てたが、[28] そこでこの本に強い否定の評価を加えたイヴ・シャルル・ザルカが、あらためて二〇〇五年に持論を展開した。『カール・シュミットにおけるナチスのひとつの細部』[29] というその書名は、アウシュヴィッツを「歴史のひとつの細部」と言ってのけた極右国民戦線の党首ル・ペンの発言を下敷きにした、強烈で痛切な批判的暗喩だった。

「カール・シュミットを読まなければならないのか?」[30] という問いがあらためて繰り返し論争の主題となるのは、「デモクラシーの敵」一般、「独裁の正当化」一般としての彼が問題なのではない。第三帝国の権力にコミットしたこと一般ですらない、ともいえる。何より、彼の徹底した反ユダヤ主義の言説の累積が、問題とされるのである。そしてそれは、「人道に反する罪」が実定国内刑事法上の犯罪類型ともされている国でのことなのである。

一連の訳書に先立って一九七二年に『政治の概念』と『パルチザンの理論』の仏訳が公刊されたとき、訳者ジュリアン・フロインドの序文がシュミットの復権を企てるものであったのを、訳書を収めた叢書の主宰者だったレイモン・アロンはそのまま出版させていた。それに比べ、『憲法学』と『地のノモス』の仏訳については、この二著を出した叢書を主宰していた法哲学者ステファヌ・リアルスが弁明することが必要となっていた。その間に、ザルカなどにより、シュミットの反ユダヤ主義の多数の言説が、フランスではじめて系統的に紹介されるようになっていたからである。「ハイデガー問題」の場合とは対照的に、「シュミット問題」が論壇での争点になるに十分なほどには読まれてこなかったのである。

問題は二段階にわたるであろう。

まず、ユダヤ人への憎悪と彼の理論業績とを区別できるのか。料理のシェフならば、彼の人種差別を斥けながらも彼のレシピを引き継ぐことはありうるだろう。だが法思想家、政治哲学の理論家について、同じことが可能なのか。

だがシュミットの場合、もうひとつ、もっと大きな問いが向けられよう。

ホッブズが克服しようとし克服した「一六世紀的パラダイム」にあえて立ち戻ることを選んだシュミットが、Art――「個」でなく「種」――をそこでの「友・敵」関係の主役の座に導き入れたのは、彼にとって、理論体系の次元での問題だったからである。ホッブズがその力業で構築した「一七世紀的パラダイム」の「破れ目」の発見者としてスピノザに着眼したのは、シュミットの学問上の言説であった。しかしそのシュミットがスピノザを「最初の自由主義ユダヤ人」と表現したうえで、「一九世紀においてもユダヤ人哲学者フリートトリヒ・ユリウス・シュタール＝ヨルゾンの眼はこの破れ目を直ちに看取し、これを利用した」に始まり、「モーゼス・メンデルスゾーン、マルクス、ベルネ、ハイネ、マイヤベーヤ」らの名を列挙して、これらユダヤ人たちが「生けるレヴィアタンの去勢に協力した」と説くまでに及ぶと、それは、理論的思索の名において「敵」に対する憎悪をぶつけることになっている。(31)

繰り返すなら、デモクラシーにとって「危険な思想家」一般が問題なのではない。危険でない思想は思想に値しないだろう。そうではなくて、怨恨、憎悪を理論の名のもとに説くことが、問題なのである。

思想史上の存在として「役者が違う」といってもよいホッブズとシュミットの二人をあえてとりあげた理由は、繰り返さない。この二者が対面した二つの危機の時代は、宗教戦争(一六世紀)と階級闘争(二〇世紀)の時代だった。二一世紀初頭の今現在、さまざまに数えあげられる危機の根源にあるのは、消耗してゆく自然環境資源の争奪と、自己崩壊してゆく「資本主義」あるいは「市場経済」[32]に代わるモデルの不在である。そして、かつての二つの危機の時代が「戦争」「闘争」の主役たちの激突という形をとったこととは見事な対照を示すかのように、二一世紀の危機は、人びとの幻滅と失望の中で漂流するという形をとっている。

「怒ることだ!」「憤慨することだ!」[33]と呼びかける冊子がかつてのレジスタンスの闘士によって書かれ、世界を横断するベストセラーとなるという反響を呼んだのは、そのような中でのことだった。その「怒り」「憤慨」が向かうべきなのは、危機の本体に対してだけではない。危機の切迫する中での苛立ちと不安、それを煽り回収しようとする企てにも向けられなければならない。苛立ちのぶつけ合いを煽り、手をつなぐべき相手の足をひっぱりあうこととなる兆候が、「危機」を一層無惨なものにしようとしているからである。失業者と非・失業者、非正規労働者と正規労働者、民間企業労働者と公務員労働者、農漁村と都市、国外人と国籍保持者など、数えあげるまでもなくその例には事欠かない。成功物語から脱落したかにみえる自国と繁栄過程に入ったかにみえる近隣国との対比も、同様な意味をもつだろう。ここでは、そのような中で多少とも「知」の営みに加わろうとする者が教訓とするにふさわしいひとつの対比例を示すことを試みた次第である。

Ⅱ　第五共和制の légiste vs 第三帝国の Kronjurist？
――ルネ・カピタンとカール・シュミット　二つの才能の交叉と乖離

一九三六年にカピタンがホッブズを論争提起的にとりあげた論文を仲立ちとして、シュミットとの間に共通するホッブズ理解が成立していたことについては、簡単に言及しておいた（前出二三）。以下では、その両者に共通する憲法制定権力の優越性という思考をとりあげ、その論理構造の共通点と、にもかかわらず対照的な相違点とを明らかにしたい。この論点はさらに、憲法制定権力と立憲主義という二つの観念が、二〇世紀から二一世紀へと展開する歴史過程の中で対抗と補完というきわどい関係に立つことによって、強度のアクチュアリテを持つことになるであろう（本章第二節一〇―一五）。

五　前提――ホッブズを仲立ちとして　同時代人としての二人

本節Ⅰで、第一・第二両大戦間期のドイツとフランスの二人の論客、カール・シュミット（一八八八―一九八五）とルネ・カピタン（一九〇一―七〇）のホッブズ読解の共通性に言及しておいた。以下ではその両者について、「憲法をつくる力」＝憲法制定権力[34][35]という思考枠組の共通性の意味を確認（六）した上で、にもかかわらずその決断主義における決断の発動様式の対照（七）と、決断の目的の違い（八）を問題にしたい。

ところで、シュミットはワイマール共和国時代からナチス第三帝国にかけて抜群の知名度の持主であった。戦後はナチズムへの加担の責任を問われる立場にあった一方で、特に一九七〇年前後からは再び、研究分野や言語圏の境界を越えて再評価――そして再・論難――の対象でありつづけている（一―四）。

それにくらべるとカピタンは、一九三〇年代にはヨーロッパ学界で若くして存在を知られた気鋭の俊才だった反面、戦後は、憲法学者というより以上に、フランス政界の重要人物として世に知られることになった。レジスタンスへの関与を契機として、左翼(フランス的意味での)でありつつドゴールの信頼厚いゴーリストという特異な政治家としてのカピタン像が、世間一般の受けとり方となったのである。[36]

そのような二人を並べて論ずるについては、少々立ち入った予備的説明をしておくことが適当であろう。

1　同時代人としてのシュミットとカピタン

(1)　同時代＝一九二〇―三〇年代

カピタンが博士論文を公刊し新進の逸材として学界にデビューした一九二八年に、シュミットは憲法学者としての主著《*Verfassungslehre*》を世に問うている。[37] 二人の間には一三歳の年齢差があったにしても、こうして、一九三〇年代の破局に向かう緊張をはらんだヨーロッパで、旺盛な研究活動を通して相互に関心を持ち合っていたという意味で、両者はまさしく同時代を生きたといってよかろう。とりわけカピタンがロックフェラー財団によって提供された一年間のベルリン滞在(一九三四年)の機会には、シュミットとの直接の交流があった。

この時期のシュミットについては、数多くの著書の存在が広く知られてきたので、ここで紹介する必要はないであろう。[38] 一方のカピタンの数多く書かれた論文は、著書の形式で生前まとめられることがなかった。この時期の彼の業績に改めて光が当てられるためには、研究者として二世代を距てたオリヴィエ・ボーの手によって二冊の論文集が出版される二〇〇四年まで待たなければならなかった。『戦間期論集(一九二八―一九四〇)』、および、当時のドイツの状況を分析と批判の対象とした『ナチズムに直面して(一九三三―一九三八)』である。[39]

そのボーはまた、一九九三年に出版されたシュミットの《*Verfassungslehre*》の仏訳に一一〇頁に達する長い序文を寄せてもいる。[40] その上に彼は、ほかならぬ本論の主題であるカピタンとシュミットの間の「逆説的な関係」をも、独立した論稿でとりあげていた。[41]

その「関係」は、どのように終ったか。一方は第三帝国の帝冠法学者、そしてそれゆえに責任を問われる戦争犯罪の被疑者、他方は反ナチス抵抗活動の中でドゴール臨時政権の重要閣僚という、その政治上の立場において正反対の軌跡を描くことになる。それでもしかし、シュミットの側からカピタンに向けての関心は維持されていた。戦後シュミットの知人がフランスから「何か必要な本があったら……」とたずねた問への返信の中で、「一九三八年以降のカピタンの本あるいは冊子があれば……」と書いていることが、それを裏づける。[42] カピタンからシュミットへの関心をうかがわせる資料は、全くない。

(2) 同時代＝第二次大戦後

ここでも、シュミットについて広く知られていることを紹介する労を省くことは許されるだろう。その上で、戦後シュミットの「自由主義継受」と言われることについては、後述することにする(六)。

学界の表通りからは退くことを余儀なくされたシュミットとは対照的に、カピタンはパリ大学教授の講義責任を果たし、特に大学院の講義録はそのまま公刊可能なほどの完成度を備えたものだったが、もう一方での議員活動および二度にわたる主要閣僚としての活動に妨げられて、まとまった著作を残すことはなかった。

オリヴィエ・ボーはそのようなカピタンの学界内の位置について、「知や学問の世界で」それは「凡庸さの同義語ではない」と言い切る文脈でのことではあるが、「マージナル」という形容語を使っている。[43] 大学という世界の中で制度上の後継者をつくることができなかったことを指してだったが、他ならぬボー自身こそ、実質上その名に十分以上に値する後継者ではないだろうか。

(3) 《légiste》,《Kronjurist》という言葉

シュミットについては戦前＝第三帝国、カピタンについては戦後＝第五共和制期を念頭に置いて、Kronjurist(帝冠[あるいは桂冠]法学者)と légiste(体制法学者)という言葉を、あえて——但し疑問符つきで——本節Ⅱの標題に使っている。シュミットの場合は広く流布してきた形容語であり、とりあえずの説明は要らないとしても、カピタンに対し人によって使われることのあったこの表現については、ひと言述べておくことが必要である。

野田良之の名著『フランス法概論』は、[44]《légiste》の歴史上の語法を説明して、「王権伸長のために熱心に努力したいわば御用法学者」であり、「lex(当時はロオマ法を指す)の研究者という意味でフランスでは légiste と呼ばれる」とし、特に一四世紀初頭フィリップ四世のもとに集った「果敢な」レジストたちの名前を挙げている。それはたしかに、《Kronjurist》と同様に、ひとつの体制を代表する法学者＝法律家というだけでなく、その体制の「御用」をつとめるという役割をも思い出させる。

一九六二年にドゴール大統領が独自の憲法解釈による憲法改正手続を強行して大統領直接選挙制導入を果たしたとき、カピタンは圧倒的な世論と法律家たちの抗議を押し切って、その手続の正当化のために論じた。[45]但しそれは第三共和制期以来の彼の持論——国民＝有権者との直結によって支えられる執行権という、「強い政府」のための主張——を、その危険性を知りつつあえて説いたのであって、政権の法律顧問としての役割を演じていたのではなかった。

もともと彼はレジスタンスの同志ドゴールと個人としての深い相互信頼で結ばれていたのであって、第五共和制下のドゴール与党内では小会派「労働民主同盟」を主宰し、主流派を批判する立場を崩すことはなかったのである。実際、カピタンがドゴール政権の閣僚として強烈な存在感を発揮したのは、政権自身が彼を必要とする例外的な二つの時期に限られたのだった。ひとつは、フランス社会がかつてない深刻な試練にさらされていた一九四四—四六年であ

り、それとは比べるべくもないが危機を経験した一九六八―六九年である。

第一節Ⅱの標題に疑問符(?)をつけたことにはもうひとつ理由がある。カピタンもシュミットも、légiste あるいは Kronjurist という言葉に伴うかもしれない含意、権力周辺の助言者に伴う「凡才」「無能」という印象からは離れて遠い才能の持主だった。その才能の発動を促し続けた動機、そしてその結果が対照的だったことは本論が示すはずであり、副題に言う「二つの才能」の「交叉」と「乖離」という表現はそのことを示唆しようとする。

2　私の学習・研究歴にとってのシュミットとカピタン

シュミットは、第二次大戦前の日本の憲法学の分野で、既に、紹介され引用され、場合によっては自説の展開の中で積極的に援用される存在だった。戦後は、ナチス独裁に加担したシュミット――一九六〇年前後の日本で、「独裁」を越えて「シュミットの人種主義」を問うという問題性はまだ広く共有されていなかった――に対する距離意識はあったにしても、それを上まわる吸引力が、読者としての私を引きつけたのである。

彼がその主著を『憲法学』*Verfassungslehre* と名づけたこと自体が、強烈な問題提起の意味を含んでいる。それは、先行するドイツ語圏憲法学の主流が「ここで国法学 *Staatsrechtslehre* は終る」として立ち入らなかった基本問題を、あえて中心対象に据えることを意味したからである。

そのような脈絡で、ドイツ語圏憲法学の同時代人で最も鋭い論敵だったハンス・ケルゼン(Hans Kelsen)と彼の二人は、先行する憲法学をいわば脱構築しようとする尖った議論の提起者だったのであり、両大戦間期の論著を通じての彼らとの出会いは、修業時代の私の問題関心の基底を形づくった(46)。

カピタン先生との出会いは、より直接だった。私は一九六〇年、東北大学でのフランス法・比較法の恩師・石崎政一郎先生の強い奨めでフランス政府給費留学生の競争試験を受けたのだったが、最終段階の口述試験の審査委員長が、そのとき日仏会館フランス学長の立場にあったカピタン先生だったのである。そのころ超難関といわれていた試験に運よく合格して二年間の留学生活（一九六〇―六二年）を過ごすことができた私は、言ってみれば、石崎先生というオデュッセウスからメントールに託された子でもあるかのように、パリの教壇に戻られたカピタン先生を指導教授とすることとなる。

帰国して東北大学に提出した博士論文でカピタン理論をフランス憲法学史の中で私なりの理解の仕方で位置づけ[47]、とりわけその「憲法慣習」論を独立の論稿でとりあげた[48]。その際、憲法慣習論を、それまで日本で「憲法変遷」論の名で扱われていたドイツ語圏の理論との対比を意識しながら検討した。戦後日本の憲法状況に照らすとき、師説の知的引力にそのまま服することの危険性を指摘することを怠らなかったつもりである。それ以来、とりわけ両大戦間期の業績を再読・再々読することを通して、カピタン理論との対話の中で、私自身の憲法論を形づくってきた。

このように、私の学習歴・研究歴にとって二人の作品は、それだけ特別の重みを持つものであり続けてきたのである。

六

1 憲法制定権力＝意思主義

(1) カピタンとシュミット――ホッブズ読解を共有

カピタンとシュミットの思考に共通する発想、憲法をつくる力の優越という考え方は、フランス革命前夜に劇的な仕方で問題を提起したシイエスの『第三身分とは何か』に遡る（後出三）。

ここでの論述で改めて強調したいのは、憲法制定権力論が法思考における意思主義（volontarisme）の端的な表現だということである。人間意思により創られるものとしての法秩序という考え方であり、それは、意思を超えて在るものとしての法秩序という理解――その意味で客観主義（objectivisme）の法秩序観――と対立する。

法についての意思主義の立場を古典の中にたずねれば、「憲」法について特に論じているわけではないにしても、カピタンとシュミットが共にするどい関心を寄せたホッブズを挙げるのは自然であろう。『リヴァイアサン』(一六五一、水田洋訳、岩波文庫)の編成だけからしても、意思主義思考は鮮明に打ち出されている。その第一部で「人間(Man)について」論じたのちに「国家(Common-wealth)について」語るのであり、そういう「人間」たちの約束によって取り結ぶものとして、公共=国家(res publica)が想定される。

「……こうして一人格に統一された群衆は、コモン・ウェルス、ラテン語ではキウィタスとよばれる。これが、あの偉大なリヴァイアサン、むしろ(もっと敬虔にいえば)あの可死の神 Mortal God の、生成」である。……

この論理こそ、伝統や民族や宗派——言ってみれば Blut und Boden という自然——に依拠することを斥け、契約という人為を基本に置く説明を提出した点で、法における近代の基線を引いたのだった。

そのホッブズをめぐって、シュミットとカピタンの共通理解が相互の間で確認されていた(前出[二])。一九三六年のカピタン論文『ホッブズと全体国家』にシュミットがその三七年論文で言及し、「すぐれた公法学者」「自由民主主義のフランス人」のホッブズ理解に同意を示したからである[49]。何が中心の論点だったのか。

当時、ナチスの全体国家をリヴァイアサンになぞらえ、第三帝国の祖先としてホッブズを扱う議論があった。その種の俗説を相手どり、全く違うホッブズ像を際立たせるカピタン論文の一節を抜き出しておこう。——「第三帝国の新・絶対主義の基礎となっているイデオロギーは、ホッブズの哲学とは全く無縁である。それは本質的に有機体的で神秘的(organiciste et mystique)だが、かのイギリスの哲学は、根本的に個人主義的で合理主義的(individualiste et rationaliste)だったのである」。

そのようなホッブズ理解をシュミットは、「フランスのすぐれた公法学者ルネ・カピタン」が、「ホッブズの国家理論の個人主義的性格を指摘し、諸個人の締結した契約によっても否定されない強固な自由の留保を詳述している」、と正面から受けとめたのであった。

実はカピタンは三六年論文の前年(一九三五年)にも、『民族社会主義のイデオロギー』[50]を書き、「ヒトラーの社会主義は、……完全に個人主義を追放した社会主義である。……今日のドイツが公言しているような有機体的社会主義以上に非人間的なものはない」として、それが近代西欧の法・国家思想と全く無縁なものだということを強調していた。そのような文脈の中でシュミットがあえてホッブズを主題とした論説を書き、カピタン論文を賛意とともに引用しているのである。一九三六―三七年のシュミットが、西欧近代思想史理解をそのように公にしていたことは、興味深い。

もっとも、シュミットは三七年論文の主題だったホッブズ論を、翌三八年に大幅に筆を加えて単行本として出版した[51]。そこでは、カピタン論文は本文での記述対象から註での短い言及に変えられているが、彼がカピタンと共有した彼自身のホッブズ理解そのものはより詳細に展開されて、ホッブズにおける「根絶し難い個人主義に発する留保」「内面的信仰とその表現の区別」など、リヴァイアサンに論理的に内在していた「眼立たない破れ目」の問題が大きくとりあげられる。

一連の思想家が「ユダヤ」性を強調される仕方で検討されるのは、その脈絡でのことであった。まず問題とされるのは「最初の自由主義的ユダヤ人」スピノザであり、彼によって発見された「可死の神」の「破れ目」が、「一九世紀においてもユダヤ人哲学者・フリートリヒ・ユリウス・シュタール＝ヨルゾン」によって利用された、というふうに。ユダヤ人に対する人種主義の発言を数限りないほど言い散らし書き散らしたシュミットではあるが、それにしても、まっとうな研究上の論作といえた三七年論文の展開だったはずの三八年著書の中で、ユダヤ人思想家たちがリヴァイアサンの「去勢」に熱中したことこそが一九一八年の敗戦をもたらしたのだと書く。三七年の論稿から三八年の単行本へのそのような展開は何を意味していたのだろうか。ナチス体制の均質化が強められる中で、より凡庸な、いわば宮廷法律家たち[52]によって次第に追い抜かれてゆく自分自身の身の危険を感じとってのことでもあったのか。

その疑問はさておくことにして、本筋に戻って言えば、三八年本のシュミットはなお、カピタンのホッブズ読解に同意を示したことの延長線上で、自由主義ホッブズ像を——リヴァイアサン＝「可死の神」の「破れ目」の重要さを含めて——強調している。実際、シュミットは、「ホッブズ国家論の現実的意味はここでも何ら衰えていない」として、「個人の知性によって国家を形成するという思想を既に一七世紀に驚異的明晰さをもって考え抜いていた」と評し、「「保護と服従の牽連関係」こそホッブズ国家論の要諦であり、それは市民的法治国の概念や理念と結合可能なもの」と述べているのだから。

そのことが、シュミット理論が戦後学界で持つ意味にどうかかわってゆくのか。この論点については、項をあらためて点検しよう。

(2)　シュミットの《liberale Rezeption》とは？

基本法(Grundgesetz)という名の憲法とともに(旧)西ドイツが生まれた一九四九年に、伝統ある国法学者大会が復活した。その五〇周年に当たる一九九九年の大会で会長講演をしたクリスチャン・シュタルクは、復活に当たって「招請されなかった四人」の学者を挙げたが、その中にシュミットの名があったことは当然だったろう。[53]にもかかわらずその後ドイツ語圏の憲法学界でも、シュミット理論は、無視されるどころか、多様な学説傾向の中でひとつの座標軸とも言える地位を占めている。

戦後(西)ドイツ憲法学を代表する一人で連邦憲法裁判所裁判官をも務めたE・W・ベッケンフェルデは、二〇〇六年公刊された自己の論文選の第二部でインタヴューに応じ、その中で二七頁にわたって、自分自身がシュミット学説を戦後法学の中で受け継いだことの意味を、「自由主義的継受(liberale Rezeption)」という言葉で表現している。[54]

その表現の意味は、日本でドイツの学界状況を要約するひとつの仕方としてスメント・シューレとシュミット・シユーレとの対比が語られてきたこと[55]と照合して、理解できるだろう。あえて単純化して言えば、基本権を、国家と社会の二元論を前提とした上での防御権と見る古典的図式を基本に置くのが、シュミット学派であり、そのような静態的・二元図式を批判する流動的観点に立ち、社会の一要素として国家を位置づけることによって――もっと言えば国家と社会を一元的にとらえることによって――国家を相対化するのが、スメント・シューレだ、とされる。

そのような座標の上に位置どりされる場合、多元的な社会による統合＝スメント、個人の国家からの自由の強調＝シュミットという大まかな図柄が描き出される。シュミットにすれば、独裁は個人と国家の緊張関係を基軸に見立てるからこそそのものだった、ということになる。そこでは、独裁もまた西洋近代の構造を前提にしたものであり、前提されたその構造は、逆に、国家に対する防御権としての自由を主張する枠組ともなる。問題は、同じひとりの人間が状況次第で同じ枠組を逆むきに使うこと――あるいはそのような仕方で枠組だけを継受すること――をどう受けとめるか。シュミットの場合、流れに乗ろうとする追随主義ということの他に取り出しておくべき論点があると思われるが、それについては後述する(八)。ここでは、シュミットがカピタンと共有したホッブズ理解が、戦後(西)ドイツにおける彼の《liberale Rezeption》をともかくも可能にした、という私としての見方を、あえて出しておきたい[56]。

七　2　憲法制定権力＝決断主義(1)――発動様式の対照

(1)　シュミットにおける決断＝非日常

「決断主義」という言葉に接して、文脈がどうであれ、シュミットの名を念頭に浮かべる人は少なくないだろうし、彼自身「こういう言葉を作ってよいなら」という言い方[57]をしている。彼に命名権を認めてよいのかどうかは別として、最初期の作品のひとつ『法律と判決――法実務問題への一研究』(一九一二)[58]が、裁判判決が法律の意味内容を確定する決断作用であることを主題としたものであったことは、ここで言及しておいてよいだろう。彼は、立法作用＝法律と裁判作用＝判決の関係に即して、法実務の中の決定＝決断の要素に着目していたのである。「法学者の間で特に広まっている」「決断主義の型」、「実証主義」の「決断主義的成分」[59]への着目が、決断主義そのものにまでいわば量的に拡大してゆくのか。「本来シュミットが特殊法学的関心から提唱したこの概念の特性」（和仁陽[60]）からしても、また、彼自身が提示する他の論点（「具体的秩序と共同体」思想、オーリウへの依拠）との関連（前出二註（21））という面からも、議論の整合性についての検討が必要となる。

それはともあれ、法についての意思主義思考を前提にしたとしても、人間意思の所産として法を創るその仕方は、多様でありうる。その際の決断の要素を決定的とする考え方は、たしかに、シュミットの憲法制定権力論に典型的に表明されている。彼は言う。——

「憲法制定権力の担い手としての人民は、確たる組織された審級ではない……。たとい人民は、ただ稀な決定的瞬間にだけ決然たる意志をもち、これを認知しうるように表示するにすぎないにしても、人民は、このような意志能力をもち、自己の政治的実存の基本的な問に対して、然りまたは否と言うことができる。人民の強みとともに弱点は、それが画定されたもろもろの権限を具えて、規律された手続により事務を処理する・形づくられた審級ではないという点にある。人民が政治的実存への意志をもつ限り、それはいかなる形づけと規律をも超越する……。」

「人民の直接的意志表示の自然な形式は、集合した群衆の賛成または反対の叫び、喝采である……。人民は、一般に、つねにただ、然りまたは否と言い、賛成または反対しうるのみで、人民の然りまたは否は、自己の全体的実存に関する基本的な決定が問題であればあるほど、一層単純かつ基本的となる。平穏な秩序のある時期には、このような表示は稀でありまた不必要である[61]。」

まことに、「危機の憲法論」と言われるゆえんである。「非常時」「例外状況」にこそ憲法論の基本が問われるという彼にとって、理性主体の間での公開の討議を本質とする近代議会主義の根拠は既に失われた、ということが決定的なのであった。今や、被治者と治者の「同一性」(Identität)、「その時々に現存する人民」と「政治的統一体としての自己自身」の同一性という民主制の原理は、人民が憲法制定権力の主体として現われる場合に自己実現する。そして、憲法制定権力は「可能性としては常に現存し続け、この権力から派生した一切の憲法、およびその憲法の枠内で効力を持つ一切の憲法律的規定と並び、その上に存在する。」[62]――こうして、憲法制定権力は、平常時には発動しない非日常の次元に想定されているが、だからこそ、しかしいつでも発動することが可能なのである。

人民の名のもとに法秩序を破壊する魔力は、そのように正当化される。一九三〇年九月総選挙でナチスが飛躍的に党勢を拡大(第二党となる)してから三三年三月総選挙までの三年足らずの間に反復された四度の議会選挙は、その間のナチスの獲得議席数に消長があったにしても、さらに、幾多の謀略や威嚇の要因があったにせよ、人民の「然り」という意思表示の舞台となった。一九三三年全権委任法と三四年元首法によって独裁の形態を完成させてから以後は、とりわけ対外問題に関して人民投票に繰り返し訴え、国際連盟脱退(一九三三年一〇月)、ロカルノ条約破棄とラインラント再武装(三六年三月)、オーストリア併合(三八年三月)など一連の膨張政策について圧倒的支持(九〇パーセント台)をひき出すことを通して、体制を正当化していった。

(2) カピタンにおける決断＝日常

カピタンを「決断主義」という枠にくくることには、異論がありうるだろう。ここであえてそうしたのは、「国民の憲法制定権力」論を積極的に法の効力論の基本に置くまでする彼自身が、その危険性をも十分に自覚した上でそうしていたことを、重要と考えるからである。選挙と国民投票を含めおよそ国民の政治意思決定一般について当てはまる、彼の突き放した民主主義観は、次の表現に言い尽くされている。――「みずからを救う権利は必然的に、みずからを滅ぼす権利を含む。それこそが自由の恐るべき偉大さなのだ。[63]」

これは、彼自身が属するドゴール派連合に不利な議会下院選挙結果が予想されていた中で、野党への政権交代を阻止するために憲法一六条による大統領の非常事態措置権を発動すべきだという議論が与党内から出たときに、それを「巨大な(化け物のような)誤り」と斥けて反論したとき(一九六六年一一月)の文章である。民主主義とはそういうものなのだ、そういう国民の決断に従わねばならないのだ、という主張であるから、シュミットより本物の決断主義と言うべきなのではないか。

選挙ないし国民投票という場面は、いわば日常の中の非日常状態であろう。カピタンの憲法制定権力論の本領が現われるのは、日常そのものに他ならぬ平時の法の効力論として、国民の日々のコンセンサスがその時どきの法を形成するのだ、とする場面でのことである。

彼の法の効力論は、デビュー作となる一九二八年公刊の博士論文(本章註(37))でその基本が据えられてから最晩年まで一貫している。まだ二〇歳代の気鋭の学究は、「裁判所によって適用されている規範の総体」を実定法 droit positif と呼んだ行政法学者ガストン・ジェーズ(Gaston Jèze)の語法を引いた上で、それをより一般的な命題に置き換え、次のように続ける。――

「実は、裁判所だけが法を適用する機関ではない。特に行政機関もまた……法の適用にきわめて積極的に関与する。実定法(droit positif)とは実際に適用されている法である。一定時点における実定法の一覧表を作るということは、実際に適用されるに至った諸規範だけが、そしてそれらのすべてがそこに現われているような、制定法・慣習・判例・行政実例など多様な法源によって定立された法の総括を行うことである。」

現に適用されている規範としての実効性が法としての実定性(positivité)をつくることは、どのようにして正統化されるか。——

「適用」すなわちサンクションはそれ自身、適用者の法への服従を意味する。適用者が法に服従し、そして適用を受ける諸個人の集合がそれに服従する平常時には、その社会集団に一つの実定法が存在する。実定法の移行期、革命時にはその一致が失われ、どちらが実定法かという問いは意味を失う。[64] そのように論理を進めるカピタンは、法規範を定式化(formuler)することとそれを実定法にすることを区別して次のように命題化する。

「しかし実定性(positivité)をつくるのは社会集合体(masse sociale)なのだ。定義上そうなると言わねばならない。なぜなら、実定法(droit positif)とは、全体として服従され承認されている法なのだから。想定された法規範の実定性positivitéをつくるのは、その規範の民衆による承認であり、諸個人の総体のコンセンサスである。むしろ、このコンセンサスそのものが実定性なのだ。」(強調はカピタン)[65]

そのような思考を憲法という問題領域で展開したのが、一九三〇年公刊の「憲法慣習」論である。

慣習に関する考え方としては、実例それ自体＝corpus(体素)に「法的確信」opinio juris＝animus(心素)が加わったときそれが成立する、という考え方の伝統がある。カピタンの憲法慣習論の特徴は、憲法規範の受範者＝被規制者である国家機関によってつくられる実例それ自体の中に国民意思を読み込む、という点にある。

独特の主張なので直接に引用しよう。「慣習は、国民の意識・国民意思でないとしたら何だろうか? 国民が主権者であり最高の制憲者だとしたら……あらゆる法秩序の基盤にあるのは、国民がそれによってみずから意思表示するところの慣習ではないだろうか。……かくて慣習の憲法制定力(force constituante)は国民主権の一表現にほかならない。……主権と呼ばれているものは、……制定法定立への国民の参加……である。国民は文書によってその意思を表明できない場合でもやはり意思を持つ。国民は、少なくとも、服従するかどうかをみずから決めることができ、従って法の positivité を左右する。……ある規律に従うのをやめることによって、国民はそれから実定性（positivité）を撤回し、いいかえればそれを廃止する。ある規律を妥当するものと認めその命令に従うことによって、国民はそれに実定性（positivité）を与え、いいかえればそれに効力を与える」。

国民主権とは「制定法定立への国民の参加」であるが、制定法という文書を通した意思表示をすることができない場合でも、「国民は、少なくとも、服従するかどうかをみずから決めることができ、従って法の実定性（positivité）を左右する」。こうして、「国民主権の一表現」として、慣習の「憲法制定力」（force constituante）という概念が導き出される[66]。その慣習は、制定法に対する関係で、それを確認し、あるいは補完し、そしてあるいは、それを排除する。

——

そのような論理を展開することによって、カピタンは、一七八五年二月二五日憲法法律の文言と、その後の第三共和制の運用の中で確立してきていた統治制度の間の不一致を、憲法慣習の観念によって正統化することができた。制定法（前出憲法法律の、特定的には第三条と第六条）が規定する二元主義型議院内閣制から「実定法」としての一元主義型議院内閣制への移行をそのように説明するカピタンは、それまでの議会制論の議論の仕方を刷新し、そのことによって、自国の統治制度改革のための道筋を示すことになる[67]。

かように憲法制定権力の日常的行使のあらわれとして説明される「憲法慣習」論は、ドイツ語圏で議論されてきた「憲法変遷」論と、その機能の点で共通するものを持つ。

一九世紀ドイツ憲法学の展開の中で大きな画期を意味した『一般国家学』（*Allgemeine Staatslehre*, 1900）の著者ゲオルク・イエリネックによる『憲法の改正と変遷』（*Verfassungsänderung und Verfassungswandlung*, 1906）は、戦前日本の立憲主義憲法学を主導した美濃部達吉の著書によって紹介され[68]、多くの論者がそれをとりあげ論じてきた。

カピタンの憲法慣習論が端的に「国民の憲法制定力」を鍵概念としたのに対し、イエリネックの憲法変遷論が前提とした「事実的なものの規範力」(die normative Kraft des Faktischen)という法の効力論を支えたのは、伝統的な慣習論の要素としての「法的確信」であった。その法的確信の主体としての国民が「受動的なものとして構成[69]」されているその点は、カピタンの法の効力論と対照的であり、それは帝政ドイツと共和制確立期フランスの相違に見合うものであろう。

そのような相違点があるにせよ、これらの所説は共通に、憲法の実際の運用が《wandeln》してゆく方向——フランスでの議会中心民主制、ドイツで「国家連合」から「連邦国家」へと推移する中での立憲主義の進展——への信頼、その意味での歴史の進行へのオプティミズムを背景にしていた[70]。

カピタンに戻って言えば、憲法慣習論の提示(口頭で一九二九年、公刊がその翌年)のあと、緒戦の敗北による第三共和制の崩壊とナチス・ドイツによる占領という事実があったにもかかわらず、彼自身が主体としてかかわった抵抗運動の体験はかえって、国民の不服従によって法の実定性が撤回・廃止されるという法の効力論のオプティミズムを極限的な場面で裏づけた、とすら受けとったのではなかったか。

のちに第五共和制の憲法適用の中で条文との適合性が争われるような実例がいくつか生ずる中で、憲法慣習論が政界や論壇で論ぜられることになるが、戦前目立たない法律実務専門誌で公表されていた一九三〇年論説が、代表的な学界誌の巻頭に再録された(カピタン没後の一九七九年[71])。

カピタン自身が戦後になって正面から憲法慣習を再論した論稿はなかったが、彼のオプティミズムを支える客観的意味を持つ論点を、その言説の中から取り出すことができる。最後のものとなった大学院での講義が没後公刊されたが、その標題は『フランスの統治制度におけるデモクラシーと参加——一八七五年から今日まで』である。「国民の憲法制定権力」論が描き出す国民の政治参加は、権力に対する包括的信任を意味するものとして回収されてしまう危険が大きい。そうであるだけに、カピタンは歯どめとして、「参加」(participation)というキーワードを説いたのである。政治領域に加えて経済(計画経済と企業活動への労働者参加)、そして文化(大学改革と学生参加)の領域での参加、という構想であった。それらの「参加」が公共社会への積極回路での信任の働きかけ——包括的ではなく日常の分野ごと具体的な場面でのそれ——と言えるとすれば、信任撤回の回路でキーワードとなるのは「責任」(responsabilité)であった。それは、憲法制定権力と立憲主義の緊張が問題となる脈絡で、立憲主義の要請に応えようとする論理であった(後出一四)。

「信任」と「責任」についてのカピタンの論理は、一九六九年ドゴール大統領が自己の提出した国民投票が否決されるや否や任期半ばで辞任するという形で、忠実に実施された。その後の実例は先例を引き継ぐことがなかったが[72]、カピタン自身は、「責任」の論理によって自己の進退をつらぬいた。一九六九年の大統領の辞任に際し、閣僚の中では彼ひとり同時に辞任したのだったし、それに先立つ一九六八年五月の政局の混乱の際には、当時ドゴール派連合の一議員としての彼は、ポンピドゥー首相の責任を問う立場に立ちつつも野党と同じ内閣不信任の票数に算入されることを拒否するために議員を辞職している。ついでにつけ加えれば、ドイツ占領地域を去ってアルジェ大学教授の地位にあった彼は、ドゴール支持の旗幟鮮明をつらぬいて一九四三年に罷免されることを選び、四五年に文相として自分自身の復職辞令に署名した、というエピソードもあった。

八　3　憲法制定権力＝決断主義(2)——国家目的論の対照

(1)　カピタン＝《individu》

カピタンのホッブズ読解は、彼自身が西欧近代個人主義を選びとっていたことと重なっていた。ナチス・ドイツの脅威によって西欧自体で「個人」という基本価値が瀕死の瀬戸際に追いつめられていた一九三九年に、スイスでの講演で彼は、《République》という観念が君主の不在というだけの意味を越えたフランス特有の意味を持つことを強調して、自分にとっての国家目的を明らかにした。いわく――

「République とは何か。一つの政府形態、すなわち君主制でないことか。……ノン。……République とは、……ひとつの政府形態以上のもの、デモクラシー以上のものであり、一七八九年に定義された自由の体制、宣言第二条のいう〝およそ政治結合の目的〟であり、つけ加えればその正統性の基準なのだ。」「人は生来、本質的に自由だ。……しかしこの自由は、……自然の力によって、また、……無秩序、不公正、強者の弱者支配、人間の人間による搾取をひき起こす社会によって、たえず脅かされている。」「国家は、自由を万人にひとしく保障することを任務とし、そのために、諸個人の自由を秩序立て、自由の相互保障を確保し、それらの確保に必要な秩序と公正を支配させるのである。[73]」

《République》は、res publica の字義通り「公のモノ」「公共の事柄」なのであり、その目的は、個人の自由の確保に他ならないのであった。前節で言及した「信任」と「責任」の観念は、そのために用意される具体的な手段の意味を託されていたのである。

(2) シュミット＝《Volk》？ 《inhaltliche Indifferenz》？

ホッブズの個人主義読解をカピタンと共有したシュミットであるが、彼自身の「個人」観はどうだったのか。「フランス人民の政治的統一の思想がかたときも決定的な目標であることをやめなかった」点を「フランス革命の政治的な偉大さ」として挙げ、その達成した「きわめて強度の統一と不可分割性」をわざわざフランス語の表現で *unité* und *indivisibilité* と重ねて言いあらわした。[74] それほどだったのであってみれば、フランス革命が身分制社会秩序を解体して個人を析出したからこそ政治統一体＝国家の「強度の統一と不可分割性」を実現したのだということは、十分に意識されていたはずだった。

実際にはしかし、とりわけ一九三三年以後、民族の集合体としての国民＝Volk、総じてvölkischなものが彼の言説の主軸を占めるようになり、その「友・敵」という社会関係認識の枠組の内容を充たすこととなる。

ここでシュミットとホッブズとの対照が重要な意味を持つ。——ホッブズにおける「万人の万人に対する闘争」の主体は個人であり、その個人にとって「友」はなく、「万人」が「敵」同士であるほかなかった。そしてまさしくそのことが、「万人」の間の和平を求めることに結びついていた。それと対照的に、シュミットは、「友・敵」関係の中に集合体を登場させた。彼が好んで言及する集合体が教会と労働組合、より基本的には階級である間はまだしも、「友・敵」関係は流動する可能性のもとにおかれている。それに対し、ひとたびartig（種的）なもの——種類、ジャンル、ジェンダー——の間の「友・敵」が問題となると、敵対関係は固定する。さらに特定的に、völkisch（純ドイツ民族であること）なものに対置された「ユダヤ人」は、一体として否定されることになる。「最終解決」「根絶やし」、ことばの正確な意味でのgenocideは、その帰結であった。

だが、——という疑問が私をもうひとつの推論に導く。シュミットにとって決定的に重要だったのはつまるところ、単一・不可分の政治統一体を創り出し維持するための決断それ自体だったのではないか。

さきに言及（七(1)）した彼の最初期の論説『法律と判決——法実務の問題に関する研究』（一九一二）が既に示唆を与えてくれる。そこでは、法的推論は法律という前提から滞りなく帰結が確定できるようなものではないという認識——それはその通りと言う他ない——から、確定されることとそれ自体だけに意味があり（Bedeutung des bloßen Festgestelltseins）、従って決断されていること自体に意味がある（Bedeutung des Entschiedenseins）のだ、と強調されている。[75]

そのような認識は、初期の主要著作『政治神学』(一九二二)の基本モチーフとして引き継がれ、法実務の現実に即した認識が、より一般的な射程を持つ決断主義という彼の基本的特質(のひとつ)を形づくることとなる。[76]——「法的推論において微細な点まで前提から演繹されうるものではなく、独自に決定の必要な決断の要素が不可避であり、従って具体的法的判断はすべて内容を問わないという要素を一定程度含んでいる。[77]」

「内容を問わない」(inhaltliche Indifferenz)決断。それこそ、シュミットの思考の全般を総括的に表現するのに最もふさわしいのではないだろうか。一九三三—三八年に「決断」の内容の中心にあった《Volk》(民族共同体としての国民)すら、あえて言えば入替え可能だったのではないか。そのことがまた、戦後シュミットの《liberale Rezeption》を可能にしたのではないか。

一七八九年宣言は、「政治=ポリスの結合(association politique)の目的」(第一条)という用語で国家目的を語っていた。——「およそ政治結合の目的は、人の自然で時効消滅することのない諸権利の保全である。それら諸権利は、自由、所有、安全および圧政への抵抗である」。それとは対照的に、内容が特定されない政治統一体=国家の創出・維持それ自体がシュミットの目的だったのだ、と考えれば、カピタンとの対照は明らかとなる。

九 感想——二つの生の対照

ワイマール共和国から第三帝国にかけてシュミットは、華やかな舞台上で才気にまかせる形で多彩に多くを論じた。戦後も、決して寡黙というわけではなかった。[78] 米軍当局により再度にわたって拘束され、ニュルンベルクでの取調べに際しても、訊問官の方がむしろ「手玉に取られ」ている感もある。「自分の言葉が自分の所有から離れる。拡声器にのせられることに気をつけよ」、「学問が政治に利用される」など、他人事を語るような警句に現われる態度は、「Wissen(知)をもってGewissen(良心)に換えた」という評を免れないだろう。

にもかかわらず、戦後の作品を含めて、博引旁証を操りながら神学、哲学、文学にも越境して縦横に論理を展開してゆく鮮やかさは、その論理の揺れや撞着までを含めて、多くの読者を引きつけ続けてきた。《Kronjurist》のかがやきと暗部を、私たちはそこにみることができよう。

カピタンはといえば、彼自身がひとりの「個人」であったその個性を一貫して貫いた。一九三八年ミュンヘン会談（ナチに対する宥和政策）へのアンチ、自国ヴィシー政権へのアンチとしてのレジスタンス、戦後第四共和制の大西洋条約中心＝対米追随へのアンチ、ドゴール政権内での主流保守派へのアンチ、これらを通しての自己主張が掲げた価値は individu＝個人の自由であり、そのために必要とされた République の対外自立であった。一般には「ドゴール左派」（gaulliste de gauche）と呼ばれることの多い彼であるが、実質に即して言えば「左翼でゴーリスト」（gauche gaulliste、むしろ gauche gaullienne）としてその生を一貫した。あえて本節Ⅱの標題に疑問符つきとはいえ《légiste》という言葉を使ったが、権力に仕える「宮廷芸術家」的なイメージとは正反対の存在だったことは、彼が世を去ったときの、《Capitant-la-Fronde》《enfant terrible》といったマスメディア評にも現われていた。

前述のように戦後もカピタンの「一九三八年以後の作品」への関心を示したシュミットに対し、その逆むきの関心があった形跡がないのは、政治活動の方にカピタン自身の重点が移ったからではなかったろう。こうして、相互にその学才を認め合った二人の軌跡は、一九三八年を境に、政治的にだけでなく、その知的営為の場面でも、もはや交わることはなかった。

最後につけ加えれば、フランスの側からのシュミットへの注目度は一九七〇年代以降、とりわけ八〇年代以降、注目すべきほど高まっている。それも、特に思想史・現代社会論の分野で、「こんな面白いものがあった」から始まって、「実はとんでもない悪い奴なのだよ」という反発を含めた論争の場でのことである。[79] 他方で、カピタンを指導教授として憲法制定権力論で学位を得たW・ライスナー（Walter Leisner, 1929–）を例外として、ドイツ語圏の学界で、この「フランスのすぐれた公法学者」（一九三七年シュミット）にあらためて眼が向けられるかどうかは、今後を見なければならない。

第二節　「立憲主義」と「憲法制定権力」
——対抗と補完　最近の内外憲法論議の中から

10　何を問題にするのか

二〇一二—一三年の日本で、国会の議場、そしてマスメディアの紙面で、憲法学にとっての二つの鍵概念が浮上してきた。もっとも、その一つは言葉そのものが議論の焦点とされ、もう一つはモリエール喜劇の主人公ジュールダン氏の言いまわしを借りれば「それとは知らずに[80]」主張された、という違いはあるが。前者は「立憲主義」という言葉であり、後者は国民の「憲法制定権力」は万能だということを意味する主張である。

およそ言葉はさまざまな局面で多様な意味合いを込めて使われてきたが、ここで「立憲主義」は最広義で、すなわち「いかなる権力も制限されていなければならぬ」という原則を指すものとしておく。そのような「立憲主義」と、憲法を創る力——その前提として、先行する法秩序を壊す力——を持つ国民が万能だ、という意味での「憲法制定権力」とは、対抗の関係に立つ。ところが他方で、この両者は、——少々こみ入った論理の関係なのでのちに説明することにしたいが——補完しあう関係にも立つことが可能である。そのような「対抗と補完」の緊張関係を、内外の近年の憲法論議の中からとり出して整理を試みよう、ということが標題に託した本節の意図である。

二〇一二年一二月の衆議院議員総選挙の結果、かねてから現行日本国憲法への全面的に否定的な評価を公にしてきた首相の率いる政権が成立した。新政権の中心となる自由民主党は野党だった当時、現憲法の全体にわたる「改正草案」（同年四月二七日付）を発表していたが、その成立をはかるため、現行憲法の定める憲法改正のための手続規定（九六条）を、本体の全面改正に先立って変更しようとした。その場の都合にあわせて共通の基本ルールをゆるめようとするのは立憲主義に反する、という批判が向けられ、それに対する再反駁として「そんな言葉は耳馴れない」「聞いたことがない」という反発があった。

憲法改正の手続を定める現行九六条については野党総裁時代の首相がすでに、憲法改正の国民投票のために「各議院の総議員の三分の二以上の賛成」による国会の発議が必要とされていることを難じて、「たった三分の一を超える国会議員の反対で発議できないのはおかしい。そういう横柄な議員には退場してもらう選挙を行うべきだ」と述べていた[81]。直接投票による国民の意思表示を邪魔することを「横柄」と斥ける論法は、憲法思想史の上では「憲法制定権力」論という形で主張されてきたことがらに対応する。

こうして、政治の現場で、一方では「立憲主義」という忘れ物が思い起こされ、他方で「憲法制定権力」論が「それとは知らず」持ち出されたのである。それが本節の副題にいう「内」だとすれば、「外」でも実は一九八〇年代以降、一方で「立憲主義」という概念がドイツ語圏での用法から解放されてヨーロッパ規模で広く通用するという変化がおこり、他方で、旧ソ連・東欧圏での体制転換と国民国家の再編成が進む中で「憲法制定権力」論が今日的意義を担うという局面が出てきていた。その意味で「内外」を見渡しながら本論に入りたい。

その際、憲法学界でほぼ共通の認識となっている論点（二三および三(1)—(3)については記述を簡潔にとどめ、立ち入って関心を持って下さる向きには、註記の中で挙げた文献参看の労を執って下さるようお願いする。

二 1 日本で──なぜ忘れられてきたか

(1) 戦前──議会政治のキーワードとしての「立憲・非立憲[82]」

かつての帝国議会で藩閥政権を相手どり、大正デモクラシーの時期をはさんで軍部を背景とする政権に対抗する攻防の場面で、「立憲」の旗じるしこそが重要だった。大日本帝国憲法の制定自体が、「立憲」政治の導入[83]という意味を持っていた。

もっとも、同じく「立憲」と言いながらもその意味が同じだったとは限らない。むしろ正反対の内容をこの言葉に託す主張があった。帝国憲法下の立憲主義憲法学の代表というべき美濃部達吉にとって、「立憲政治は責任政治」であり、だからこそ、「国民殊にその代表者としての議会が政治を論評して大臣の責任を問ひ得ること」が、立憲政治の核心とされたのだった。ところが、立憲主義憲法学が標的とした穂積八束も、帝国憲法を「立憲政体」を定めたものとしていた。但し、その「立憲」政体理解は、「英国輓近ノ所謂議院政治ノ如キ其ノ実ヲ以テスレハ専制ノ政体ニ近シ」「之ヲ立憲政体ト称スト雖、実ハ其ノ変態タリ」というようなものだった[84]。

そのような正反対の語法があったにもかかわらず、「立憲」という言葉は両者に共通のものだったという点こそ、重要であった。「立憲主義」の二義性についてはすぐ後にヨーロッパの状況をとりあげるが、同じく権力への制限といっても、美濃部にとっては天皇の名において行使される政府権力を制限するための「責任政治」が肝要だったのに対し、穂積にとって制限されるべき対象は、やがて成長してくることが不可避な議会(衆議院)に他ならなかった。繰り返すが、にもかかわらず、「立憲」という言葉と無関係に憲法を語ることはできなかった。両者どちらにとってもそれぞれの意味で、権力は制限されねばならぬということ、すなわち権力分立が肝要だったのである。

(2) 戦後──国民主権下のキーワードとしての「民主」

かつて「立憲政友会」と「立憲民政党」という二大政党が論戦をくり広げていたその国会議事堂で職責を果たしているはずの戦後の、とりわけ戦後生まれの議員たちにとって、「立憲」は「耳馴れない」言葉でしかなかった。それは、なぜだったのか。それぞれの議員の勉強・不勉強は別として、それにはそれだけの背景があったと言えるだろう。

日本国憲法は国民主権をその根本原理とし、国会を「国権の最高機関」「唯一の立法機関」(四一条)として位置づけた。国民主権という正統性を基礎とすることによって、国会を構成する議員たちは、「権力は制限されるべきもの」という考えを忘れることができたのであったろう。憲法施行後の早い時期(一九四九年)に、ある出来事の経過の中で最高裁判所から司法権の独立を侵害するものという申し入れを受けて対立した参議院法務委員会の側は、「民主主義的な主権在民国」における国会の「国権の最高機関性」を理由として、「国政の全般にわたって調査批判し、各国家機関に国民の多数意思のあるところを知らしめる」ために国政調査権(憲法六二条)を行使したのだ、と反論した。(85)

「主権在民」→「国民の多数意思」→「国権の最高機関」という連鎖の中で活動する国会議員にとって、権力への制限を核心とする「立憲」は、「耳馴れない」ものだったのであろう。付随的にいえば、長い期間にわたって国会両院の多数派が同じ会派によって占められ、両院制の下での権力の相互制限がほとんど機能しなかったことも、一つの要素であった。国会運営の当事者としての与野党だけでなく、マスメディアや論壇の大勢が、両院間の多数派構成の不一致を不正常な「ねじれ」として受けとり、「ねじれの解消」による「決める政治」を求めたのも、「民主」を自明の基準とする考え方の反映であった。

三 2 ヨーロッパで——なぜ共通に復権したか

(1) 戦前——Konstitutionalismus＝制限君主制の一形態(86)

帝国憲法下の日本でのキーワードとしての「立憲」は、ドイツ語の Konstitutionalismus に対応していた。君主権力に制限を加えようとする議会勢力によって担われたその主張は、議会と君主との間の緊張をはらんだ均衡の中で争われた。君主権力の側からすれば、議会を開設し権利保障を定める憲法を設けることを余儀なくされたにしても、Konstitutionalismus の枠内で、イギリス、フランスで進行していた議会優位の方向(Parlamentarisierung)を押しとどめようとする。前述のように帝国憲法下の日本で穂積と美濃部とで「立憲」の意味内容が正反対だったのは、権利保障と権力分立を定める帝国憲法を共通の前提としながらも、議会優位に向かう方向を阻止しようとするのか、「責任政治」という形態でその方向を促進しようとするのか、の対立を意味していた。ドイツでも日本でも、議会の側は、政府が議会に対して責任を負うという慣行による行政権の制限を実現しようとして、「立憲」を旗じるしにしたのである。

(2) 一九八〇年代以降——立憲主義＝Etat de droit＝rule of law(87)

特殊にドイツ的な文脈を離れて constitutionalism、constitutionnalisme＝立憲主義という用語が、政界や論壇で日常的に使われる変化があらわれる。裁判的機関による違憲法令審査権が諸国に共有されるようになる、一九八〇年代以降のことである。復権してきた立憲主義は、権力への制限という意味の点では一九世紀ドイツ語圏の慣用と変わらないが、制限されるべき対象と制限する基準と制限する側の主要な主体の点で、同じではない。

制限の対象は何より立法権(かつては行政権)であり、憲法の私人間における効力が肯定される場合には、その限りにおいて私人も含まれる。それに加えて、政党への法的規制がこの脈絡で問題となることもありうるだろう。制限の基準は普通の立法より上位の効力を持つ規範、すなわち憲法(かつては議会の定める法律)であり、制限の主役は憲法を基準とする審査の役割を担う裁判所、ヨーロッパの場合多くは特別に設けられる憲法裁判所(かつては議会による政府の問責)である。

憲法裁判所による違憲審査制は、第二次大戦後、独裁政治の経験から得た教訓のひとつとして、ヨーロッパ諸国に段階的に広がってきた。最初は西ドイツとイタリアであり、一九七〇年代に議会民主制にもどったスペイン、ポルトガル、ギリシャがあり、そして八〇年代末から九〇年代に入って東欧諸国、ロシアである。その中でフランスも一九七〇年代に、一九五八年憲法で設けられていた憲法院が機能変化をとげて、「違憲審査制革命」(M・カペレッティ)の強力な一翼を担うこととなる。

こうして、「立憲主義」を主題として違憲審査制を論ずる国内・国際規模での学会、シンポジウム、ラウンドテーブルなどが頻繁に開催されるようになる。その際、立憲主義と同じ意味で「法治国家」という言葉が使われることが少なくない。一九九三年パリで開かれたヨーロッパ諸国の憲法裁判所の代表が参集する会議(第九回)で、ミッテラン大統領(当時)が、Etat de droit(法治国家)という観念が東西ヨーロッパ共通のものとなったことの意味を強調し、「一世紀前のドイツの偉大な法学者たちの思索の果実であるこの古典的観念」への敬意を述べた。Rechtsstaat が、特殊にドイツ的な含意を離れて、普遍的な意味を託されるようになったのである。実際、Rechtsstaat の逐訳語に他ならぬ Etat de droit が、英仏両語で出されるヨーロッパ会議(Council of Europe, Conseil de l'Europe)の文書では、rule of law と同じ意味に使われている。それぞれ特有の歴史的背景をもっていたはずのこれらの言葉の、そのような現時点での慣用は興味深い。その中で、Konstitutionalismus という言葉が一九世紀に担った特定の重い意味を知るいわば本場のドイツでは、立憲主義を指す用語として現在は普通には Verfassungsstaat が使われ、そこには、Rechtsstaat

との区別の意識が反映しているように思われる。

Ⅱ 「憲法制定権力」

三 1 一八世紀末から両大戦間期まで

(1) 「憲法を創る力」＝旧体制を壊す力――フランス革命前夜

一七五年の間開かれていなかった身分制三部会の開催を前に、はじめ匿名で一七八九年一月に出版されたシイエスの『第三身分とは何か』が、「憲法制定権力」(pouvoir constituant)論の古典となる。[88] 国民だけが憲法を制定する権力を持ち、それを行使するについていてどんな制約にも服しない、という主張は、当時ぬきん出て新しい意味を持つものだった。

何より第一に、憲法は人間の意思でつくるものだということを意味する点で、すでにそうであった。『第三身分とは何か』が書かれた当時、「王国基本法」と呼ばれる不文の規範があるとされていたのに対し、憲法を「制定」するという主張は、法についての意思主義的理解――「在るもの」でなく「創られるもの」としての法――を前提とするという意味で、すでに革命的だったのである。

第二に、憲法制定権力を行使する国民の意思は、「表明されさえすれば」「いかなる実定法も、その意思の前には効力を失う」、というのである。こうして、旧体制に対する破壊力が全面的に発揮されることになる。

第三に、身分制に基づく社会編成が前提とされていた当時、「第三身分とは何か」を問いかけ、第三身分こそが「全て」だとして、一体としての「国民」という観念を正面から打ち出した。近代国民国家の論理が明確に示されたのである。こうして、第三部会はみずから「国民議会」を名のり（一七八九年六月一七日宣言）、憲法制定の事業に着手した。

(2)　破壊力の凍結＝「憲法を創る」権力と「憲法により創られた」権限の区別——成立した立憲主義秩序への適応[89]

旧体制を破壊する場面で威力を発揮した「憲法制定権力」は、意思主義的・動態的な性格をつらぬくことによって役割を果たした。その結果でき上がった新しい立憲主義秩序——フランス最初の近代憲法としての一七九一年憲法の秩序——からすれば、今や働き終った憲法制定権力を、規範主義的・静態的な性格のものに転換していかなければならなかった。

実際、一七九一年憲法が憲法制定国民議会で審議される中で、そのような転換が論理的に整理されて完結する。その整理は決して容易ではなく、議事録からだけでも、はげしい情熱に動かされた議論を、——しかし学会での討論でもあるかのような論理的努力と真剣さを窺わせる仕方での議論を——、読みとることができる。論議のゆき着いた結果の基本を要約すれば、以下のようになる。

まず、それまで憲法を制定・変更する権力として一括されていたものが、憲法の全面変更に対応する「憲法制定権」と、憲法の部分変更に対応する「憲法改正権」とに分離された。その上で、一方では、「憲法制定権」の発動としての全面変更は、国民の自由な意思に委ねられるべきものであって制度化されない、という説明によって、その手続を定めないこととされた。そのことによって憲法制定権は観念化され、その観念化を念押しするものとして、いったん浮上していた条項案——国民が三〇年間は憲法制定権を行使しないものとする、という規定——は意識的に斥けられた。こうして、向こう三〇年に限らず、憲法制定権を永久に凍結する論理が示された。そのように静態化された憲法制定権は、「基本的によい憲法を享有している国民」（一議員の演説）の利益のために、憲法の正統性の淵源を示すものとして位置づけ直されたのである。

他方で憲法改正権は、普通の立法手続よりもはるかに複雑な規制に服するものとされ、「硬性憲法」の典型例がつくりあげられた。但し改正手続への関与は立法府と、それと類似の構成になる憲法改正議会とに限られている。それは、「憲法を国民自身に対抗して国民のために保障すること、すなわち、空想上のよりよきものに到達するためにたえず憲法という場所を変える気にさせる人間本性の、抗し難いほどの傾向に対抗して保障することが、問題なのだ」(一議員の演説)からだった。

全能だったはずの国民は、一方でその「憲法制定権」を観念化されて凍結された。他方で、憲法改正権は、実定憲法上の複雑な形式の中に取り込まれた上に、その具体的な手続行使への参加からも国民の直接関与を排除するものとなったのである。

一七九一年憲法は、そのようにみずからの永続性確保のための周到な道具立てを論理化したのだったが、現実の歴史の中では、革命の急進化の渦中で、制定後一年を待たず生命を終えた。この国でそのあと憲法秩序が安定するのは、一九世紀八〇年代以降、一八七五年憲法のもとでの第三共和制期を待たなければならなかった。この時期に学問分野として確立することになる憲法学は、「憲法制定権力」という危険な観念を、どう扱うことになるのか。

その大勢は、憲法制定権力という観念自体を法外の存在を示すものとして、法思考の外に追い出した。革命期と違って、実定法をことさらに正統化する静態的機能は不要となったのであるし、そうである以上、目の前にある実定憲法をゆるがす危険を伴う動態的機能は、あらかじめ封じ込むに如くはなかったのである。

(3) 破壊力の復活——ワイマール・ドイツ期(90)

一九世紀後半から二〇世紀初めにかけては、議会を中心とする近代憲法秩序の安定期だった。それに反し、第一次大戦とロシア革命の衝撃を経た一九二〇―三〇年代は、のちに両大戦間期と呼ばれることになるが、各国それぞれに憲法秩序の危機状況に直面しなければならなかった。敗戦に伴う混乱と巨額の賠償負担を強いられ危機が最も深刻だったドイツで、ようやく定着しかかったかに見えた一九一九年憲法(通称ワイマール憲法)の下で、立憲主義秩序を壊す力としての憲法制定権力論が、再登場する。カール・シュミットの verfassungsgebende Gewalt という概念がそれである。(91)

シュミットにとって憲法制定権力とは、「政治統一体の実存を全体として規定することができる政治意思」である。憲法制定権力という用語それ自体が示唆するように、シュミットの論述にはシイエスが頻繁に引照されるが、ここで注意に値するのは次の点である。

第一に、シュミットの憲法制定権力は、「可能性としては常に依然として現存し、この権力から派生した一切の憲法、および、その憲法の枠内で効力を持つ一切の憲法律的規定と並び、その上に存在する」。こうして憲法制定権力は、憲法をつくり終った後も凍結されず――まして法思考の外に追い出されることなく――、発動可能な動態的性格を維持し続ける。シイエスから一七九一年憲法への展開は、ここではあらかじめ否定されている。

第二に、シイエスは国民だけが憲法制定権力の主体でありうるとするが、シュミットにとっては君主など別の主体も憲法制定権力の担い手となりうる。しかしこの点は重要な相違ではない。彼の場合、「人民の直接的な意思表示の自然な形成」としての「喝采」(acclamatio)、すなわち「集合した群衆の賛成または反対の叫び」こそが、重要な役割を担うからである。かりに国民以外の主体が憲法制定権力を行使したとしても、そのような「喝采」こそが最終の決定者であることから免れることはできないであろう。

第三に、シイエスの時代と違い、専門分野として確立した講壇憲法学の研究者としての立場をも、シュミットは示さなければならなかった。彼は、憲法制定権力による基本的な政治決定としての「憲法」(Verfassung)と、憲法に基づいてはじめて効力を持ち憲法を前提とする「憲法律」(Verfassungsgesetz)とを、区別する。実定憲法に規定された憲法改正手続によって変えることができるのは「憲法律」だけであって、「憲法」そのものには手を触れることができない。——このように説く憲法改正限界論は、憲法制定権力という観念が所与の憲法秩序の正統性を支え、その基本原理の永続を担保する機能を持ちうることを示すものとなっている。但しその反面、「依然として現存」している憲法制定権力自身がその動態性を発揮すれば、この観念がもともと持っている破壊力が全面的に解き放されることになるであろう。当時のドイツの現実状況に即して言えば、議会の手に留保されていた憲法改正権限の行使を改正限界論によって限定し、しかし「喝采」により意思表示する国民自身の憲法制定権力による決定は全能であることを含意していた。シュミットの憲法制定権力論の本質的意味は、その決断主義的性格にあったのである。

(4) 「憲法慣習」論の論拠としての「国民の憲法制定権力」——第三共和制フランス

さきに、フランスで立憲主義憲法秩序が安定するのは第三共和制下でのことだったと述べた。しかしその過程は単純だったわけではない。暫定的なつもりで制定された一八七五年の三つの「憲法的法律」が総称して第三共和制憲法と呼ばれるのだが、その条項の文言から多かれ少なかれ離れてゆく運用を通して、議会中心型の共和制が確立していったのだからである。直接普通選挙による下院と地方自治体議員を主要な有権者とする複選制による上院とから成る両院制のもとで、「閣僚(les ministres)は両議院(les chambres)に対して責任を負う」という文言にもかかわらず下院の優越が定着し、そのことに支えられた内閣首班の政治的正統性が、条文上は想定されていた大統領の権限を無力化していったのである。

そうした中で独自の主張として、ルネ・カピタンによる「憲法慣習」(coutume constitutionnelle)論、「不文憲法」(droit constitutionnel non écrit)論が、「国民の憲法制定権力」を論拠として唱えられた(前出㊆)。カピタンは、現に適用されている法、その意味での実効性を持った規範こそが実定法であるという前提を置き、その実効性を左右するのは「民衆によるその規範の承認」「大多数の人びとによるコンセンサス」だとする。こうして、彼の憲法制定権力論は、前述のような議会中心型共和制が確立してゆく過程を正統化する役割の一端を担ったのである。

ほぼ同時代といえるシュミット(一八八八―一九八五)とカピタン(一九〇一―七〇)の憲法制定権力論は、絶え間ない現状変更を正統化しうるという点で、共通の論理構造を持つ。その二人のうち前者がワイマール体制の墓掘り人から第三帝国の(少なくともその初期の)イデオローグとなるのに対し、後者が共和制擁護をつらぬいて反ヴィシー政権のレジスタンスに加わりドゴール臨時政権の閣僚として重要な役割を果たすという対照的な軌跡をえがくことになったのは、二人の思想上の態度決定(シュミットの場合は没思想?)のゆえだったことは、言うまでもない。しかしまた、論理構造を共通にしながらも、それ自体の中に含まれる抑制要素の強弱の違いが、憲法理論体系の問題としては留意に値する(前出七)。

四　2　一九八〇年代以降のヨーロッパ

(1)　東欧　体制転換と憲法制定権力――「民族自決」の陥穽への対抗要素としての意義

一九八九年一一月九日、ベルリンの壁が打ち砕かれた情景は、旧ソ連・東欧(いわゆる中欧を含めて)圏での体制転換を象徴するものとなった。東西対立の一方の陣営だった東ブロック(ワルシャワ条約機構体制という「帝国」)の解体のあと、民族自決が強調されたのは、自然のなりゆきであった。それは、第一次大戦に敗れたオーストリア・ハンガリー帝国とオスマン帝国の広大な領域で、民族自決の要求が噴出した近過去を――中東ではイギリス、フランスの支配下の再編という結果につながったことを含めて――思い出させるものだった。

ここで人びとは、近代国民国家の「国民」の理解の仕方を自問する必要にせまられたはずである。一九八九年の東欧諸国の大変動から一九九一年のソ連解体にまで展開してゆくまさにその時期に開かれた研究集会（『立憲主義、アイデンティティ、相異、および正統性』九一年一〇月ニューヨーク）でのドイツの憲法学者U・プロイスの報告は、憲法制定権力論を軸として問題を提出した(92)。

彼は、「われら合衆国人民は、……この憲法を制定し、確認する」という、一八八七年憲法前文冒頭の一句は何を意味するのか、人民という集合体が憲法に先行して在ったということなのか、それともまさしく憲法制定という行為が人民という集合体、従ってその憲法制定権力をつくったということなのか、を問い、「まったくアカデミックな論点」だったその問題が、東・中欧の憲法制定過程の中で「致命的な重要さを持つ」ようになった、と言う。問題の重要性の指摘として適切であるが、憲法制定権力論の思想史上の脈絡からいえば、二者択一の問いのうち後者は、「……憲法制定という行為すなわち憲法制定権力が人民という集合体をつくったのか」と定式化されるべきであろう。そのように理解してこそ、「国民（nation）を構成するのはデモス（demos）かエトノス（ethnos）か」、さらには、「社会の基礎をなすのは契約なのか血脈なのか」という彼自身の適切な問いの意味が生きてくるはずなのだから。

実際、エトノス、血のつながりという自然なものでなく(93)、人間の意思という人為の行為によって「国民」がつくられるのだ、というところに憲法制定権力論のそもそもの意味があったことが、ここであらためて確認されてよい。プロイスは前述の二者択一のどちらをとるかの選択が「彼らの国民としてのアイデンティティについてのその社会の自己認識いかんによる」ことを見とおしていた。その後一九九〇年代から現在に到る経緯は、東欧圏全般にわたって――それどころか西欧についても――エトノスをアイデンティティとする自己主張同士がぶつかり合う傾向が強まってきている。

エトノス＝血脈を基準とした集合体が国家という単位を構成（文字通りの意味での「民族国家」）するという考え方を貫こうとする限り、紛争は不可避となる（九二年以降激化する旧ユーゴでのボスニア内戦と「民族浄化」）。憲法制定権力論は、「エトノスでなくデモス」による国家形成とそれに伴う新法秩序の制定を意味づける論理を提供できたはずであった。実際に展開した深刻な悲劇を知ることとなった現在、そのことを銘記することは、歴史の教訓のひとつであろう。

(2) 西欧 ドイツとフランスの対照

(i) ドイツ——実定憲法正統化の文脈での憲法制定権力(基本法前文)と実定憲法「自己解消条項」の中での憲法制定権力(同一四六条)

戦後西ドイツは、当初、東西対立の西側最前線にあって、ひとつには何より国境を接する東ドイツ、そしてその背後にあるソ連とワルシャワ条約機構諸国に対抗する関係で反コミュニズムを掲げ、加えて第三帝国の暴虐を生んだ自国の近過去との関係でその再現を許さない姿勢を鮮明にしなければならなかった。それゆえにこそ、一九四九年成立の「ドイツ連邦共和国基本法」は、統一達成までの暫定的なものという建前から「憲法」という名称をあえて避けなければならないほどであった。そして、暫定性という建前にもかかわらず、基本法は、コミュニズムとファシズムを拒否する体制を支えるものとして、その「基本法」の「自由で民主的な基本価値」の防衛手段を、周到に制度化した。そこでは、現存の憲法秩序を根底からゆるがす可能性を含む憲法制定権力論は、憲法論の中心主題とはなりがたい。シュミットによって解凍された憲法制定権力論が戦後の憲法論の中で再凍結されたのは、自然のなりゆきだった。

もっとも、基本法の条文自身が、憲法制定権に言及していた。前文は明示的に「ドイツ国民は……その憲法制定権力に基づいて、この基本法を制定した」と述べている。これは、既に制定された「基本法」という名の憲法の正統性根拠を示すものであり、ここでの憲法制定権力への言及は、まさしく静態的地位に置かれたその概念が立憲主義秩序の正統化機能を引き受けることの、典型例である。

他方で基本法の最後に置かれた第一四六条は、「この基本法は、ドイツ国民が自由な決断で制定した憲法が施行される日に、効力を失う」（一九九〇年八月三一日の東西ドイツ統一条約四条により修正される前の定式）と定めていた。「国民が自由な決断で制定」することを予定したこの条項は、国民の憲法制定権力の行使を想定したものに他ならない。

基本法一四六条の意味をめぐる論点は、東西ドイツ統一の仕方と関連して、強く意識されることとなった。結局は、ドイツ再統一はその事態を念頭にして置かれたはずのこの規定による方式ではなく、東ドイツに西ドイツと同じLand（州）制度を導入した上で、それら五つのラントが、基本法二三条に従って基本法の施行範囲に入るという形――西への東のいわゆる吸収合併であり、その完了とともに二三条は削除された――で決着するのであるが。(94)

ひとつの憲法が、通常の憲法改正形式を定めた規定の他に、将来「その効力を失う」旨を定める規定を置くことは、暫定性を想定しているからこその、異例の事態であった。前文の憲法制定権は過去形の記述の中での存在だったから、「始源的憲法制定権」（ursprüngliche verfassungsgebende Gewalt）であってなお、立憲主義秩序の正統性のみを示す機能にとどまって、発動されることはない。他方、七九条によって行使される通常の憲法改正は、「憲法内在化された憲法制定権」（gefaßte verfassungsgebende Gewalt）の作用として理解される。それは有権者自身の直接投票を避け連邦議会議員の三分の二および連邦参議院の投票数換算で三分の二の同意で成立するという手続の上でも、連邦制の原則および基本法一条と二〇条に規定された基本原則に抵触する変更を許さないという内容上の限定という点でも、ワイマール体制崩壊の歴史の教訓をふまえ、立憲主義秩序に対する関係でそれを補完し確保しようとする。

それに対し、ドイツ国民の「自由な決断」を明記する一四六条は、端的な表現によれば、基本法という憲法の「自己解消条項」（Ablösungsklausel）というべきものである。(95)この条項の想定する新・憲法秩序定立の際には、七九条が定めている手続上および内容上の制約が明示の形では置かれていないことに照らせば、この場面では、動態的に用いられる憲法制定権力論が、場合によって及ぼすことあるべき危険性とともに、立ちあらわれる。

実際の再統一過程の状況下では、そのような危険が意識されていたわけではなかった。一四六条に従って、それゆえ直接の国民投票という形で「ドイツ国民の自由な決断」を明示し、統一の正統性を明確にすべきだとする主張は、旧西ドイツで少なくなかったが、コール政権は吸収合併方式での統一を急いだ。東西両政府間に結ばれた統一条約五条により二年以内に検討されるべきことを示唆されていた「一四六条の適用とその枠内での国民投票」も、結局行われなかった。押し切られた側の主張との妥協の結果として、一四六条を基本法の中に残し、同条の冒頭に副文章を入れて、「ドイツの統一と自由達成の後、全ドイツ国民に効力を有する」「この基本法は……」とすることになった(改定後の一四六条)。

こうしてできた新一四六条について、二つのとらえ方が対立することとなる。一方からは、旧一四六条が用済みとなって「憲法上「非法」となった憲法制定権を」「再建しようと試みる」ものであり、新一四六条は「違憲の憲法」とすら目される。[96] 他方からは、そのような見方は、基本法七九条三項による内容的拘束は「「憲法化された」形での憲法制定権にも限界を課している」のだ、ということを見すごすものであり、「新一四六条で規範化された国民の憲法制定権は決して「前国家的」性格のものではなく、基本法の構造の中にくみこまれている」と説かれる。[97]

一方は、一四六条の「憲法制定権」を「始源的」なものとしてとらえ、それゆえ立憲主義にとって危険だとして名目化し——ひとによっては端的に「違憲の憲法」とし——、他方は、それを「憲法化」されたものとしてとらえ、だから現実に行使可能なものという性格を与えようとする。

二つの立場は、それぞれ実践的な判断に対応している。一方は、一四六条の「国民の憲法制定権」にこだわることによって、憲法の正統性をそれだけ強めようと考える。他方は、国民投票に付することは「憲法コンセンサスの強化でなくて弱化と不安定化、国民の統合でなく分裂」をもたらし、「その準制憲行為への〔おそらく〕みすぼらしいほどの投票率が、あらゆる憲法反対者たちによって、憲法忠誠と憲法の通用力を解体させるために利用し尽くされるだろう」と考える。この論者は、「統一ドイツの憲法として基本法が効力を持つべきことは、いま、およそ先入見を持たぬ観察者にとっては争いの余地のないこと、それどころか自明のこと」と述べながら、しかしなお国民投票に伴う危険を警告するのである(98)。

(ii) フランス――「国民主権の直接の表現をなす法律」(憲法院判決)という定式の中に吸収された憲法制定権力

第三共和制期のフランスで、議会中心共和制は議院内閣制の運用を通して確立してゆき、ことさらに憲法制定権力の正統化機能を必要としなかった。「国民の憲法制定権力」の動態的・現状破壊的機能は、一九世紀を通して国民の直接投票による二つのナポレオン帝政を経験しただけに、封印され法外の存在として扱われた。そうした上で実定憲法によって憲法改正権を枠づけ、それを「憲法制定権」と呼ぶのが普通となったのである。用語の整理をしようとする立場からは、「始源的憲法制定権」(=法の外の存在)と「派生的憲法制定権」(=憲法改正権)の区別が提唱され、これはこれとして学界で受け入れられていた。ドイツの学説も前述のようにそれと対応する用語の使い分けをするが、それは一九四九年基本法=憲法の条項自体に、これら二つのものの区別によって読み分けられる要素が組み込まれているという事情のもとでのことだった。戦後の第四共和制下を含めて、フランスの場合にはそのような事情はなく、前述したカピタンの「憲法制定力」→「憲法慣習」論は、第三共和制下の議会制の進展を説明することができたとしても、学説上の概念としては、独自の学説主張にとどまっていたのである。

状況が変わるのは、第五共和制(一九五八年憲法)下でのことである。

一九六二年一〇月二八日、一九五八年憲法の大統領選挙方式(憲法六条、七条)を改正して国民の直接普通選挙にする案が国民投票に付され、有効投票の六二・二五パーセントの多数で採択され、その結果に基づいて憲法改正が公布された(一一月六日付)。その国民投票は、憲法八九条所定の憲法改正手続――それによれば改正案が国民投票に付されるためには国会両議院で可決されることが前提として必要である——によらず、「公権力の組織に関する法律案」を大統領が直接に国民投票に付託することができるとする憲法一一条を援用し、大方の反対を押し切って行われた。その手続を違憲として上院議長が憲法院の審査を求め、憲法院は、その訴えについて「判断する権限を有しない」と判断した（一一月六日）。

憲法院がそう結論した理由は、憲法院が判断対象とすることができるのは、「議会によって可決された法律だけであって、国民投票の結果国民によって採択され国民主権の直接の表現をなす法律はそうでない」というところにあった。すなわち、loi parlementaire（議会制定法）とloi référendaire（国民によって直接に制定された法）との区別が、きめ手とされたのである。[99]

およそ違憲審査権を持つ機関が憲法規範を審査の対象とすることができないとするとき、その理由づけとしては、二通りのものがありうる。ひとつは、およそ憲法の各条項は同位の規範段階に位置するのだから、「違憲の憲法」という観念自体がありえない、とする考え方である。憲法院はその理由ではなく、「国民主権の直接の表現」であることを援用した。その後、一九九二年に、ヨーロッパ連合にかかわるマーストリヒト条約の批准を承認する法律の違憲判断を求められた憲法院は、同じ理由で、審査権を持たないという判断を示した（一九九二年九月二三日判決）。

憲法院の行論の中で「国民の憲法制定権」というそのままの表現は使われていないが、実質においては、憲法であれ法律であれ、国民投票による承認の中に国民の憲法制定権の発動を読みとる考え方を見てとることができる。[100] ここでわれわれは、両大戦間期に展開されていたカピタンの憲法制定権を論拠とする憲法慣習論との近縁性を想起するだろう（前出六—九）。

一方に立憲主義、他方に憲法制定権力という本節の対置構図に即していうと、カピタン理論は後者を土台にしている。同時にしかし、そこには立憲主義の要請に応える論理も、用意されていた（前出七）。

何より、責任政治の原則である。彼は、議院内閣制が行政権＝内閣の議会に対する責任——それを通しての有権者団に対する責任——という課題を果たしていないことを、第三・第四共和制を通して議会制論の中心に置いて批判し論究してきた。第五共和制下では、大統領の政治上の地位を、議会に対する内閣の責任を本質とする régime parlementaire（対議会責任の意味での議院内閣制）になぞらえ、有権者に対し大統領が直接に責任を負う制度という意味で régime populaire（対国民責任制度）として論理構成した。

加えて、カピタン理論の鍵概念のひとつとして、「参加」(participation)がある。「責任」の強調は、「国民の憲法制定権力」によって正統性の名分を与えられる権力に対する、国民からの信任の撤回の可能性を提供する。「参加」は、分野ごとの具体的な場面での権力への日常的なコントロールに道を開く展望を与える。もともと「国民の憲法制定力」は国民の政治への直接参加に道をひらくが、それだけでは権力に対する包括的な信任を含意するために起こりうる危険を伴う。カピタンの「参加」は、政治領域に加えて文化（大学改革と学生参加）、そして経済（企業活動への労働者参加）という重層的・多元的な構想でその危険に対処しようとする意味を持っていた⑩。

そのような歯どめを用意しているとはいえ、「国民の憲法制定力」論は、建設のための手段でありながらその魔力ゆえの破壊の本性を潜在的に持ち、立憲主義と緊張関係に立つ。危うい水域にあるカピタンがそのことに十分に自覚的だったことは、さきに引用した次の名文句に示されている。「みずからを救う権利は必然的に、みずからを滅ぼす権利を含む。それこそが自由の怖るべき偉大さなのだ」（前出㈦）。

そのような、決断主義＝「決める政治」が含む重大な問題性にもかかわらず、彼がそれゆえの絶望やニヒリズムに傾くことがなかったのは、彼自身の大学教授および政治家としての出処進退（前出㈦）を含めて、自国の歴史の中に一つの確かな足場を、「およそ個人の国家への隷従を拒否する……フランスの政治思想」の中に持つことができたからであった[102]（前出七—九）。

一五 「対抗」と「補完」の間の緊張を支えるもの

体制変革（フランス革命）前夜の憲法制定権力論は既存の法体制（アンシャン・レジーム）を全否定するはたらきを遂げ終えると、新秩序（一七八九年宣言と一七九一年憲法）の正統性を示すとともに将来の憲法変更を手続的・内容的に限定する論理に変身した。変身前の原型としての「国民の憲法制定権」はようやく成立した立憲主義秩序と真向から対抗する関係に立ち（動態的機能）、変身後のそれは立憲主義秩序を補完する役割を期待される（静態的機能）。

二〇一二—一三年の日本で持ち出され、そのあと少なくとも一旦引込められている「国民の憲法制定権」的な主張は、立憲主義秩序に対する対抗の意味を持つものだった。遡って一九四六年に制定された日本国憲法自身は、その前文冒頭で「日本国民は……この憲法を確定する」と述べ、「国民の憲法制定権」を正統性の淵源として援用している。たしかに、その点について援用の擬制性を指摘するのは容易である。いわく、日本国憲法は大日本帝国憲法七三条の規定に従い、勅命をもって帝国議会の議に付され、枢密院の諮詢を経たのち天皇によって公布されたのではなかったか。何より、ポツダム宣言に従い連合国軍の占領下にあって、国民が憲法制定権力を行使したとどうして言えるのか、というふうに。

この論難に対しては、経験的事実の次元での反論ないし弁明が出されてきた。すなわち、最後の帝国議会衆議院の選挙となった一九四六年四月の総選挙は、政府により新憲法原案要綱が示された上で女性を含めた普通選挙で行われていた。また、連合国軍最高司令部の原案作成に先立って民政局内部で、民間の憲法研究会[103]により公表されていた案への関心が示されていたことも、事実である。

しかし、歴史を遡ってみよう。そもそも一七八九年宣言は、みずから「憲法制定国民議会」と称することとなった全国身分会議(Etats Généraux)——実質において第三身分会——(「国民議会の称号を全国身分会議が取得することとする」一七八九年六月一七日宣言)によって審議決定されたものだった。

占領下の憲法制定という点はどうだろうか。一九四九年ドイツ連邦共和国基本法は、前文で、「ドイツ国民は……その憲法制定権力に基づいてこの基本法を制定した」と述べる。その「国民」は米英仏三国それぞれの軍政当局による直接統治下にあった三地域が、基本法への三国軍政長官の同意によって正式に、一つの国家となったことにより成立したものなのであった。ここでも「国民の憲法制定権力」の擬制性は、明白だった。

天皇の統治権総攬を基本原理とした旧憲法から国民主権を根本建前とする現行憲法への転換は、ポツダム宣言を大日本帝国政府が受諾することによって既に生じていたのだ、と説明するのが、八月革命説(宮沢俊義)[104]である。これは、すでに起こった大転換——正確には、主権国家としての日本みずからがポツダム受諾という行為によって起こした大転換——を説明の決め手とするという意味で、実は消極的な正当化なのであった。主張者自身も、のちに憲法の「うまれ」と「はたらき」を論じて、「うまれ」や「毛なみ」による差別はよくないとして、「うまれ」への執着に「理由がない」という述べ方をしている[105]。

その点は、ドイツで大部の憲法学エンサイクロペディアという企画で「憲法制定権力」の章を担当した論者が、基本法の「うまれの欠損」を問題として、「基本法があまねく受容されてその通用力が認められてきたからといって、国民の主権的な憲法制定権力の行為に取って代われるものではない」[106]としているのと対照的である。そのような学理上の見解は彼だけのものではないが、しかしこの論点を有力な政治勢力——まして政権党——が声高に主張し現行の憲法の正統性を剝奪しようとすることはなく、その点でもドイツは日本と対照的である。それはドイツでは、基本法の「はたらき」についての評価が積極的なものとして、争うべくもなく定着してきたからであった[107]。

いずれにしても、「国民の憲法制定権力」が実定法の正統化のためにはたらく場面で問題とされるとき、ことがらは経験的事実の次元での「制定」についてのことではなかったのである。

憲法制定権力と立憲主義との関係について、つまるところどう考えたらよいか。

憲法制定権力は、政治が法にはたらき掛ける場で本領を発揮する。その政治が一定の作法に従うことを求めるのが立憲主義の役目となる。憲法制定権力が国民の名において発動されるときも、実力が文字通り国民自身によって行使されるわけではないのと同様に、権力に対する立憲主義のコントロールが憲法の名において行われるときも、憲法自身の自己実現が保証されているわけではない。一九世紀型の立憲主義の段階で、その役割は何より、国民の普通選挙で選ばれる議会によって担われた(典型としてイギリス)。二〇世紀に入って、選挙の結果に基づく立憲主義の否定(ワイマール憲法下でのナチスの登場)を経験したのち、議会制定法をも対象とする憲法適合性審査を行う裁判所の役割が格段に重要なものとなる(一九世紀初め以来の経験を持つアメリカ合衆国を含め、二〇世紀後半に一般化して拡がる)。但し、裁判所もまた権力である以上、立憲主義のそのような進展に全く問題がないわけはない。裁判を含めて広い意味での政治を支えるのは、つまるところ「国民」を構成する個人一人ひとりの自己形成に他ならない。

一七八九年宣言は、「人(homme)の諸権利」と「市民(citoyen)の諸権利」を区別しつつその双方を掲げていた。権力からの自由を骨格とする「人」としての権利と並んで、自分自身が公共の担い手となって公共社会を支える「市民」の権利の担い手となることの重要さが、そこに含意されていた。

違憲審査の積極主義下にあった一九六〇年代の米国で「後見人つきのデモクラシー」への戒しめ[108]が説かれ、ようやく導入された違憲審査制が活性化しつつあった一九八〇年代のフランスで「人権が政治に代わるとき」を批判する声が挙げられた[109]のは、問題の一面を的確に指摘するものだった。憲法制定権力と立憲主義の「対抗」と「補完」という緊張を支えるのは、結局のところ、前述の意味での「市民」の自己陶冶によるしかない、という平凡な示唆に戻り着くことになる。そしてその「市民」たちには、憲法制定権力にせよ立憲主義にせよ、——自然科学者の冷徹な観察眼と詩人としての感性をあわせ備えた識者がクラウゼヴィッツの言を借りて警告する通り――、「ある目標を徹底的に追求すると、その過程で生ずる反作用によって、その過程が足どめを食らい、結局目標を達成できなくなるであろう[110]」という至言に耳を傾けることが求められるであろう。それは、juris prudentia（法の賢慮）を語の源とする法学に課せられた役割である。

第三節 「ルソーの立憲主義」をめぐって

——『社会契約論』を副題『国法諸原理』に即して読む

一六 問題の所在

ルソーの《*Du contrat social*》は、人文・社会科学の古典の日本語訳書の中でも、いちばん多く読まれ——少なくとも読者の手にとられ——てきた書物のひとつであろう。その標題には《ou principes du droit politique》という副題がつけられており、『ジュネーヴ草稿』の名で知られている彼の文章の副題が《ou Essai sur la forme de la république》とされていることと併せて、法学者、法律家にとって格別の関心対象とならなければならない。

さて、『社会契約論』の日本語訳の中で、岩波文庫版(桑原武夫・前川貞次郎訳)は副題を「政治的権利の諸原理」と訳している。白水社版『ルソー全集』第五巻(作田啓一訳)でも「政治的権利の諸原理」とされているが、但し訳註で重要な追加説明が施され、その上で、「この訳語も不適当ではなかろう」という留保[111]がつけられている。それに対して中公文庫版(井上幸治訳)では、上掲の作田訳註で言及されている留保を正面に引き出す訳語が採用され、『国法の諸原理』とされている。この論点については、遅塚忠躬が、《principes du droit politique》とは《allgemeines Staatsrecht》の意味だとする吉岡知哉の見解[112]に賛同しつつ、『社会契約論』を、近代国家の編成原理を指示したものに他ならぬ、とあらためて指摘している[113]。

実際、droit politique とはポリス=国家の法であり、forme de la république とは res publica=公共社会=国家の

形態に他ならないはずである。こうして、現時点では思想史家・歴史家の間で一定の了解ができあがっていると見てよかろう。早稲田大学での法学共同研究におけるイギリスの憲法学者ラフリンの興味深い報告[114]も、Public Law の観念を ius publicum、すなわちドイツ語の allgemeines Staatsrecht およびフランス語の droit politique と対応させている。但し彼が傍論的に、ius publicum = allgemeines Staatsrecht = droit politique に対応するものとして「political right」という耳慣れない用語を使わないのであれば」という説明を加え、その訳者は——自然のことながら——political right を「政治的権利」と訳し、従って droit politique をも「政治的権利」と訳し、『社会契約論』の副題をも「政治的権利の諸原理」と訳すという混線が生じている。しかしその点自体にここで立ち入ることはしない。ここでは、『社会契約論』をあらためて「国法諸原理」「一般国法学」という副題に即して受けとめることによって、憲法学の分野での議論を願わくば刺激するきっかけを提供することができれば、と考える次第である。[115]

一七

I　ルソー vs 立憲主義?

1　「全体主義の元凶」としてのルソー?

「ルソーの立憲主義」と聞いただけで肩をすくめるのは、彼を全体主義の元凶と難ずる人たちだけではないだろう。それは、一方で「立憲主義」という言葉で人びとが自明のことのように頭に浮かべる事柄(=国家からの自由)があるからであり、他方で、「ルソー」という名前でこれまで共通の了解のように扱われてきた事柄(=民主集中制)があるからである。

たしかに、「ルソー=民主と権力集中」vs「ロック=自由と権力分立」という図式は、義務教育の社会科学習から大学の法学概論までゆき渡ってきた。それに、憲法の存在目的が権力制限にあるという立憲主義理解は正当という他ないし、最近ではようやくマスメディアや政界の一部にも復活してきている(あえて「復活」というのは、戦前は「立憲政友会」「立憲民政党」という名前が示唆するように、議会勢力の主流自身がそのことをよくわかっていたからだが)。

そうしてみれば、「ルソーの立憲主義」という言い方が「そんな……」さらには「とんでもない」という反応を引きおこすのは、それとして自然であろう。[116] そして、そのような疑問に答えようとすると、おのずと二つの論点をとりあげることになる。第一は、「ルソー=民主」の図式をひとまず前提とした上で、立憲主義は「民主」を含めた権力を制限することではなかったのか、という問に答えることであり、第二は、「ルソー=民主的権力集中」という前提自体は自明なのか、と問うことである。ここでは順序として、第一点について簡潔に述べることから始めよう。

一八 2 「積極的立憲主義」と「共和国」

立憲主義の眼目としての権力制限を、近代法秩序が国家権力からの自由というかたちで制度化したことは、何度でも繰り返し確認されなければならない。だがそれと同じに重要なこととして、国家から自由な空間を成立可能にするためには、身分制のもとでの社団的諸権力からの個人の解放を引き受ける国家の役割が必要であった。

立憲主義を国家権力の制限に尽きるとする考えが支配的なアメリカ合衆国の憲法学者が、自国のありようを「消極的立憲主義」と呼び、近代法秩序の形成にとっては、国家が社会に対して自由を強制する「積極的立憲主義」が必要だったことを知るべきだ、と説いている(S・ホームズ)[117]。その積極的立憲主義はフランスで、この国特有の意味での「共和国」(République)というかたちをとって法制化された。そこでは、制限されるべき権力として、何より宗教権力と経済権力が標的とされ、それぞれ、政教分離と経済規制に服すべきものとされた。立憲主義における「消極的」と「積極的」の対照は、いま現在、経済市場での金融取引規制や、言論市場での差別・憎悪誘発的表現の規制という場面での、大西洋をはさんでの対照的な対応にも反映している。

権力制限＝権力からの自由が立憲主義の眼目だという前提を共有しながらも、社会的諸権力からの自由――J・S・ミルの言い回しに倣って言えば「社会的専制からの自由」――を追求するのが「ルソー＝民主」だと考えれば、「ルソーの立憲主義」という言い方も奇異ではない、ということにとりあえずの納得が得られるであろう。

II　ルソーvs権力分立？

一九

1　ルソーとトクヴィル――対照と逆対照の中で

「とりあえず」の次がここでの主題である。「ルソー＝民主集中」は本当なのか？

「ルソー＝ジャコバン型」と「トクヴィル＝アメリカ型」を対置するというかたちで、集権的ルソーを多元的トクヴィルと対照させたのは私自身である(118)。同時に、この二人の逆交叉する局面にも、すでに言及した(119)。逆交叉というのは、トクヴィルは「行政の分権」と「政治の集権」を対照させ、後者に当たる立法や外交の集権、すなわち「全国共通の法律や自国民と外国の関係」のための中央集権に関して、「私としては、強力な政治の集権なくして国家が生存しうるとは思えないし、まして繁栄できるとは考えられない」と述べているからである(120)。ここではそのこと自体に立ち入ることはひかえ、ルソーの権力分立観を問題にするに先立って、トクヴィルにおける「政治の集権」の面とのひとつの逆対照が見られることを、指摘するにとどめておく(121)。

二〇

2　ルソーの「分立主義」

主権者たる人民だけが立法権を持つというルソーの主張は、だれでも知っている。それに加えて、それと同じくらい重要なのは、その人民がloi＝法律を執行(裁判を含めて)する権能までを持ってはならぬ、とされていることである。これは、立法＝一般意思の表明と、それを個別に適用する執行との間に、論理上すでに越境不可能な線を引くことを意味する。主権者である人民であっても、一般的規範の設定すなわち立法しかしてはならず、その個別適用にかかわってはならぬ、ということを意味する。

ここで付け加えるべき論点がある。ルソーがLégislateur——そのまま訳せば「立法者」ということになる他ない——について述べていること(『社会契約論』第二編第七章。それに続いて「人民について」の三つの章がおかれている)と、法律を作る権能は主権者＝人民だけが持つという大原則との関係についてである。二つの論述の間には、あまりに明白な矛盾があるのではないか。——しかしその非難は早まっている。

この「立法者」は、つまるところ、主権者・人民に提案すべき法律を起案する者のことだから。彼自身の言い方に従えば、主権者の権力(*pouvoir* souverain)すなわち立法する権力(*puissance* de légiférer)それ自体からは区別される立法の権威(*autorité* législative)なのだから。

ルソーはこうも言う。——「ギリシャ都市国家の多くでは、自分たちの法律の作成を外国人たちに委ねていた」。日本国民も、まさしく、その典型ともいうべき出来事を経験してきた。民法典の最初の起草にあたってのギュスターヴ・ボアソナード(Gustave Boissonade)の役割[122]がそうであり、とりわけ、「外国人たち」が一九四六年憲法の内容を整備し、それを国民が日本ではじめての女性を含む普通選挙を通して承認したのである。この二つの例はともに、それら「外国人たち」のたまさかの介入というべきではない。これら「外国人」たちの存在を介して、法の普遍的な諸原則——それらの原則自体が批判的に点検される余地のあるものだということは別の問題として——の必然的ともいえる自己実現力を見てとることができるからである。前者については一九世紀後半の「文明諸国」の法原則であり、後者については、「われらの一生のうちに二度にわたる言語に絶する悲哀を人類に与えた戦争の惨害」(国連憲章前文)を乗り越えて再生した法原則である。これらの例は、ルソーの言う意味での「立法者」(Législateur)の概念が持つ、一見すると不可思議な、しかし深い意味を了解させてくれるだろう。

立法と執行の関係に焦点を戻そう。

「神々から成る人民であれば、その人民は民主政(gouvernement démocratique)を行うだろう。それほどに完全な政府は、人間には適しない」という言明もまた、ルソーにとって自己矛盾でも何でもない。そこでの gouvernement は執行権を指すのであり、[123] だからこそ、「民主政という言葉の意味を厳密に解釈するならば、真の民主政はこれまで存在しなかったし、これからも決して存在しないだろう」と言い切ることができたのだった。こうしてルソーは、「主権権力の限界」(第二篇第四章の標題)を説いたのである。

日本の手品師を皮肉っぽく引き合いに出して論敵を難じているのは、主権そのものは分割できぬとする彼の前提を主張する脈絡でのことであり、ルソー自身は、ロックやモンテスキュウ以上に論理的な仕方で、権力分立の論拠を提供していた。

フランスの行政法学者シャルル・アイゼンマンは、その専門領域で「偉大な通説破壊者」として遇される学風の持ち主であるが、[124] それにふさわしく、『社会契約論』二〇〇年を記念する学会(一九六四年)の報告で、ルソーにおける権力分立の要素をするどく摘出していた。[125] そのアイゼンマンを記念するコロキウムで思想史研究にかかわる論点の報告を担当した法哲学者ステファヌ・リアルスは、アイゼンマンのルソー読解とならべて憲法学者ミシェル・トロペール――その師アイゼンマンを経由してケルゼンのするどい批判手法を引き継ぐ――に言及し、一八世紀にはルソーが「権力の絶対的ないし厳格な分立」論者と目されていたというトロペールの指摘を紹介し、こう続けている。――「実際、一般意思の持つ性格[一般的でなければならず個別的であってはならぬという性格――樋口補記]ゆえに、政府(統治者）は執行作用だけに厳格に限定され、それと同じく、主権者は立法作用だけに限定されるのだ」。[126]

Ⅲ 『国法諸原理』＝一般国法学＝『国家形態論』としてのルソー

1 「法学者ルソー」

先に引用した法学者たちは、『社会契約論』を法論理のテクストとして読む。アイゼンマンとストラスブール大学からパリ大学へと学問上の交流が深く親しい同僚だった憲法学者ルネ・カピタンが、とりわけそうであった。彼は、パリ大学大学院の講義録（一九五一―五二年度および五二―五三年度）のかたちでルソー論をわれわれに遺してくれており、[127]この古典の副題「国法諸原理」に注意を促しつつ、「ルソーが法学者として書いたのだということを忘れてはならぬ」とまで述べて、こう続ける。――「ルソーの論評者の多くは純粋な文学者や純粋な哲学者であり、彼の思考の深部にわけ入るための視点をよく備えてはいない」として、「ルソーは、ホッブズ、ロック、モンテスキュウを読むより以上に、自然法学派の主要な法律家たち、とりわけグロチウス、プーフェンドルフとビュルラマキを念入りに読んでいた」と指摘する。

実際、「国法諸原理」の書物にふさわしいほどに、『社会契約論』の行論は法論理的に一貫している。前述の権力分立の論理的根拠づけ、および「政府」の「厳密」な定義は、その一例に過ぎない。そのほか、犯罪者の処罰について言えば、それは「政府」のすべき行為であって、主権者＝人民はそれにかかわってはならない、と述べ、特赦はそれをするとしたら主権者のみに属することになろうが、ローマの共和国では、人民はそれをしなかった……というふうに。

例を列挙することはやめて、いちばん根本的なところに眼を向けよう。何より、一般意思は誤ることがない、という命題が問題となる。

この命題は、文学的表現としてならば聞き流され、哲学上の記述としてならばその途方もない楽観性にはお手あげ、ということになろう。それに対し法論理上の命題としてならば、それは、度し難い幻想どころか、明瞭な意味内容を持っている。その点で、世に知られている The King (Queen) can do no wrong という原則がここで引き合いに出されてよかろう。

「国王は悪をなし得ず」とは、王様は善良でいつも正しいという意味でもなければ、勝手仕放題という意味でもない。それは国王が作為・不作為ゆえの法的責任を問われぬということであり、近代議会制のもとでの王権のあり方としては、大臣の対議会責任と表裏一体となった君主無答責という法原則を意味した。同様に一般意思不可謬という定式は、一般意思の表明としての法律は主権意思の現われとして扱われ、それゆえもはや何びとの審査にも服さない、という法制度の根拠を意味する。具体的には、より上位の規範(憲法)を基準として他者(典型的には裁判所)が適合性判断を行う可能性が否定される、ということにほかならない。

君主不可謬論はその論理的根拠を語ることなく援用されるが、ルソーは、一般意思不可謬を言う理由を明示する。一般意思は二重の意味で、すなわち、その淵源とその対象において「一般的」でなければならないからだ、というのである。一般意思が「すべての人から生まれなければならない」とは、主権者たる人民の立法への全員参加(普通選挙)である。一般意思が「すべての人に適用されなければならない」とは、法律は一般的規範でなければならぬという限定(Maßnahmegesetz あるいは private statute の否定)である。

三 2 公共社会建設のデザイナーとしてのルソー

ルソーの名を援用することが旧体制破壊の起爆力を持った、ということは確かである。それはそれとして、『社会契約論』をその副題「国法諸原理」に従って読むことは、それを、法理論の書として、破壊の導き手というよりは公共社会建設のデザインとして受けとめることである。歴史上の実在としてのポリス(キヴィタス)と、自然状態から社会状態への契約を媒介とする転換を語る近代のフィクションという、異質のものに二股を掛けた記述であるにもかかわらず、その説くところは論理的に透明であった。

もっとも、旗印としてルソーを掲げること多かった現実のフランス革命は、「国法諸原理」のある要素をとり入れ、ある要素についてはその著者を拒絶した。

①一七八九年宣言は、その標題からして明らかなように、「人」(homme)の権利と「市民」(citoyen)の権利をはっきり区別し、「われわれは国民《シトワイヤン》であったのちにはじめて、まさに人間《オム》となり始める」[128]ことの連関と緊張の意味を、近代社会へのメッセージとして取り次いだ。

②一七八九年宣言はまた、「一般意思の表明としての法律」という定式をキーワードとして取り込み、一般意思不可謬の原則を実定法化した。上位規範としての一七九一年憲法は設けられたが、違憲審査による立法への介入はその後も長く否定されつづけ、その伝統は一九五八年憲法の運用によって破られるまで続いた。

③淵源と対象における法律の一般性の原則のうち、淵源についての一般性は制限選挙と代表制によって骨抜きにされ、普通選挙が後戻りすることなく定着するにはなお多くの年月を要することとなる。対象についての一般性は、「法律は保護を与える場合も処罰を加える場合も、すべての者に対し同一でなければならない」(一七八九年宣言第六条)と明記された。大陸法系の近代法にとっての共通理解、法律の一般規範性こそが立法専制に対する防壁なのだという考え方[129]が、そのようにして宣明されたのだった。

④一七九一年憲法は、国民(nation)の主権を宣言し(第三篇第一条)「すべての権力は国民のみから発する」とすると

同時に、国民は「授権によるのでなければそれを行使することができない」(同第二条一項)として、ルソーに従うことを正面から斥けた。憲法はまた、「授権」のうけとり手として「立法府および国王」を「代表者」とし(同第二条二項)、国王に、立法についての停止的拒否権を与えた(第三篇第三節)。この点もルソーを拒否したことになるが、そのことの意味は、普通に想像されるのとは違った次元でのことになる。立法＝一般意思の表明に執行権がかかわってはならぬというところまでルソーが権力分立を徹底させたのに、一七九一年の憲法はその要請から離れてしまったのだからである。

そのように、フランス実定法制はルソーのデザインの受容者でもあり拒絶者ともなった。その両面を含めた文脈の中で、先に引用したリアルスの文章は、アイゼンマンによる『社会契約論』読解に敬意を表わす脈絡で、彼は「過去の政治思想を関心対象とする際にも、政治思想史家としてではなく国法理論家として」そうしたのだ、と評している。この古典を「国法諸原理」として受けとめる読み方が、「奔放な思想家」としてのルソーの魅力を、乾いた現世的な理詰めの次元に押し込めてしまうことになるとは、私は考えない。

第二章　「近代」が「自由」を制度化したとき

第一節 「近代」の公理の法学上の再発見とその問題性

Ⅰ 基本権保護義務論をめぐるドイツと日本

亖 前提——Klaus Stern 講演との対話

この節の前半(ⅠⅡ)の記述は、日本学士院客員 Klaus Stern クラウス・シュテルン教授を迎えて行われた同教授の講演への応待として私に課せられた対応報告に基づいている(二〇〇九年九月一八日開催。報告は、シュテルン講演「基本権の保護機能——ある法学的発見」〔小山剛訳〕とそのドイツ語原文、および樋口報告のドイツ語版〔毛利透訳〕とともに『日本学士院紀要』六四巻三号二四七—二九六頁に収録されている。なおシュテルン講演と樋口報告ドイツ語版は Klaus Stern, Die Schutzpflichtenfunktion der Grundrechte: Eine juristische Entdeckung, in *Die öffentliche Verwaltung*, März 2010, S. 241-249/Yoichi Higuchi, Die rechtsdogmatische Wiederentdeckung des Axioms der "Modernität" und ihre Probleme, *idem*, S. 249-254. 私の報告の標題にいう「再発見」は、シュテルン講演のキーワードとなっている「発見」に対応させたものであった)。

当日は、シュテルン講演の明快な訳稿が配布されていたので、基本権保護義務とは何ぞやということとそれ自体については、再論しなかった。ただ、それについての積極論と消極論が分かれる文脈について、専門外の聴き手のために、ひと言だけ前置きを以下のように述べた。——

近代法体系の中で基本権は、権利の主体と、それを侵害する可能性を持つ国家という、その二極関係の場で国家からの防御権として語られてきた。それに対し保護義務論は三極関係、つまり、それ自体基本権を享有する主体でありながら他者の基本権を侵害する者と、その彼によって権利を侵害される者と、後者の基本権を保護する義務を引き受ける国家、この三者を想定する。まさにそのことが、伝統的な二極対立思考の持っていた権力制限の論理をうすめてしまわないか。国家からの自由を意味する基本権が、自由制限の根拠に逆転してしまうことはないのか。保護義務論を積極的に説くシュテルン教授自身が、古典的な防御権が持ちつづけるべき意味の重さにも同時に言及しているのは、それ故なのである。

二四

1　日本の聴き手のために——基本権保護義務という観念がドイツで議論されてきたことの背景

それでは何故、他でもないドイツでこの議論が特に提示されているのか。ドイツ憲法——正式にはドイツ連邦共和国基本法——第一条第一項は「人間の尊厳は不可侵である。これを尊重 achten し保護 schützen することはすべての国家権力の責務である」と述べている。連邦憲法裁判所はこの第二文章から保護義務という観念を発見 = entdecken した。国家が基本権を侵害「してはならぬ」義務だけでなく、基本権を保護「しなくてはならぬ」義務をも課されることになったのである。

シュテルン講演の標題「基本権の保護という機能——ある法学的発見」が問題とするこの Entdeckung が可能になったのは、ひとつには、憲法が強力な役割を連邦憲法裁判所(BVerfG)に与えたからであった。もうひとつ、その前提として、憲法自身が「人間の尊厳」という実質価値を憲法の本質的要素として据えたことにより、憲法が、人びとの自由な活動の枠組以上のものとなっていたからであった。基本権は個人の権利であるとともに客観的法秩序化されたのだ、という考え方である。これらが保護義務論の登場を可能にした条件だとすれば、加えて、それを必要とした事情がある。科学技術の急速な展開のもとで、人びとの自由な活動が他者の基本権を——あるいは自分自身の人間の尊厳を——侵すことになる可能性が、日々深刻となってきたからである（生命倫理がその典型）。

二五　2　日本の学説・実務はどううけとめてきたか

日本ではどうなのか。研究者の間で近年は積極論もふえてきているが[1]、全体としてはなお、防御権を何より基本に置く考え方、保護義務という観念が国家の介入を力づける方向にいわば独り歩きするのを危惧する受けとめ方が、依然有力だといえよう[2]。

さきほど挙げたドイツの二つの条件と対照的な事情がある。まず憲法それ自身、ドイツが「国家の責務」を語るのに対し、日本の第一一条は国民が基本権の享有を「妨げられない」とし、第一二条は、自由と権利が「国民の不断の努力によつて」「保持」されるべし、という書き方になっている。もうひとつの条件はといえば、ドイツ型の憲法裁判所でなく、憲法の番人の役を課されているのは普通の裁判所なのである。しかも、そうかといってアメリカのような judge-made law の伝統がないために、judge が条文から Entdeckung を引き出すことについては、自己抑制に向かう傾向が支配的であった[3]。

さらに背景にある事情として、近い過去の事態が、日本とドイツで同じでなかった、ということが重要である。一九四五年以前のドイツは国民主権のもとで独裁を招いてしまった。だから戦後は、国民主権という決め方の問題以上に、「人間の尊厳」という、手をふれてはならない実質価値を憲法の根底に据えたのだった。一九三五—四五年の日本では天皇が統治権の総攬者であり、敗戦によって漸く国民主権が宣言されたばかりだったから、それまで抑圧する他者だった国家からの防御権が何より強調されたのは、全く自然であった。ドイツの「人間の尊厳」に対応する日本の条文は「個人」の尊重（一三条）、「個人の尊厳」（二四条）であり、「人間の尊厳」という客観的価値よりもむしろ決定主体としての個人が強調されているのは、その反映に他ならなかった。

もとより、ドイツで保護義務論が必要とされるのと同様な事情への対応は、日本でも共通に必要であった。学説の反応として象徴的な例をあげるなら、本学士院で私の前任の会員であった故・芦部信喜(一九二三—一九九九)は、戦後日本の憲法解釈論を代表する存在であり、防御権を中心に置く体系の相対化をおそれる立場から、たしかに、保護義務論の導入には慎重、むしろ消極的だった。(4) しかしその彼は同時に、基本権の私人間効力(Drittwirkung)——対国家の防御権だった自由権の効果を、裁判所の介入によって私人の間の関係にも及ぼさせるという考え方——という論点を、一九六〇年代前半に日本で最も早くとりあげていたのだった。(5) シュテルン教授も指摘する通り私人間的効力の問題は、保護義務という包括的なコンセプトの一局面での現われだと考えるなら、芦部は、私人間効力という限定的な場を限って、共通する問題に対処したのだといえる。

裁判所はといえば、保護義務の考え方に関心を示すことはなかった。それは、芦部が心配したおそれに敏感だったからというより、日本の法律家の世界で共有されてきた自由観そのものによるものだった。たしかに世間一般では、「自由より保護」を求める傾向が強い。しかし、西欧の論者にとっては意外かもしれないが、法律家の世界では、国家と社会、公法と私的自治という二元論が自明のこととして受け入れられてきたのである。但しそのことは、世間一般の集団重視の傾向と矛盾するものではなかった。私的自治の枠組の中で社会諸集団と個人が同じ価値序列に位置づけられ、集団に対する個人の防御という問題関心が十分には共有されてこなかったからである。

とはいえ、裁判所が対応をしなかったわけではない。思想信条を理由とする解雇の無効を求めて争った労働事件についての、最高裁判決がある(一九七三・一二・一二民集二七巻一一号一五三六頁)。それは、私人の間での権利侵害を私法規定の解釈適用を通して調整する際に、「社会的許容性の限度を超える侵害に対して基本的な自由や平等の利益を保護しうる」と述べる仕方で、基本権の私人間効力の枠組をみとめていた。

この判決の行論そのものは触れていないが、民法典(第一条の二、現第二条)自身が、「個人の尊厳」と「両性の本質的平等」という憲法上の基本理念に言及し、「それを旨として」民法を解釈せよと規定していることが重要である。判決は「社会的許容性」を超えるか否かというメルクマールを出しているが、その「許容性」の中身は、民法の条項を仲立ちとした憲法理念によって、充塡されるはずだからである。

もうひとつ、事件として争われた法的構図は全く違うが、素材の読みとり方によってここに挙げるにふさわしいものとなる事例がある。

職務中に事故で死亡した自衛隊員が護国神社に神として祀られたことに対し、キリスト教徒である妻が、宗教上の人格利益を侵害されたとして提訴した訴訟がそれである。訴訟の本筋は、亡夫を神として祀るよう神社に求めた自衛隊(国)が政教分離の憲法条項を侵しているという論点だった。ところが最高裁はその論点とは別に、原告の主張を斥ける論点のひとつとして、訴訟当事者になっていない神社という宗教法人の自由を援用し、原告に、神社の信教の自由に対し寛容であれと述べた(一九八八・六・一民集四二巻五号二七七頁)。訴訟の本筋とは関係ないこの行論によって図らずも、ひとつの潜在的論点が浮かび上がってくる。保護義務論の立場に立ってみれば、判決の言おうとしたのとは逆方向に、神社という私法上の法人によって原告たる個人の信仰の自由が妨げられているのではないか、その妨害を排除すべき保護義務が裁判所にあるはずではないか、と言えるだろうからである。ここではしかしその問題の指摘にとどめておく。

六　1　“Wiederentdeckung”の意味するもの――思想としての保護義務と実定法上の保護義務

第一は、連邦憲法裁判所がドイツ基本法一条一項の意義を wiederentdecken した、と言われた点にかかわる。ここでの標題も「法学上の発見」であり、私の標題もそれを受け、“Wieder”を強調しつつ同じ言葉を使っている。そしてその言葉の中に、教授自身が触れている通り、ホッブズの論理まで遡っての再発見、という意味を籠めた次第である。

諸個人が契約をとり結んで自然状態を脱し civil or political society――ポリスあるいはキヴィタスに語源を持つ公共社会(res publica)――をつくるのだという近代国家の論理、従って個人と国家の間に成立する服従と保護の相関関係、を説いたのが一七世紀のホッブズであった。今日基本権と呼ばれているものとホッブズがどう関わり関わらないかは、彼における抵抗権の承認の有無という論点にかかわってゆく。しかしいずれにせよ、諸個人の同意に依拠して国家の legitimacy を説明したことによってすでに、単なる恩恵による保護を超える論理が用意されていたといえる。

そのようなホッブズの論理は、一九世紀に Staat と bürgerliche Gesellschaft の二元論の法思考の下で後景に退き、もっぱら国家からの防御としての基本権観が支配的となった。二〇世紀後半の Wiederentdeckung はいわば、一九世紀の衣服の下にかくれていた「近代」の公理の Muttermal(母斑)をあらためて確認したものといえるのではないだろうか。

言ってみれば、思想としての保護義務は、ホッブズの論理が示す通り、およそ近代国家の存在理由であった。二〇世紀後半にそれが裁判所による担保までを伴う実定法上のものとして意識されたとき、目に見える形での、いわば成文化された基本権保護義務が成立する、と考えることができる。

二七　2　保護義務の名宛人としての立法府と裁判官——フランス型との対比

第二は、保護義務の名宛人が何より第一に立法府だ、ということをシュテルン教授が改めて強調した点にかかわる。保護義務が目に見えぬ不文のものだった段階では、その義務は、民主主義国家ではもっぱら立法府を名宛人としていた、と考えてよかろう。そのことを自覚的に定式化していたといえる例を、ドイツの隣国フランスの憲法学者、ルネ・カピタン（一九〇一—七〇）がのこしてくれている。

彼は一九三九年の講演で、君主制の反対概念としての「共和制」とは別次元のものとして、特殊にフランス的な意味での République を定義し、自然の力と社会の力によって個人の自由が侵害されるのに対抗して自由を保護する国家を、そう呼んだ。(6) 現に今でも「République 危うし」、「République を護れ」というスローガンが叫ばれる時は、王様は要らない、という話ではなく、グローバリゼーションの波の中で国家が公共の担い手としての役割を放棄するな、という主張なのである。そして保護を引き受ける役割は、かつては専ら、一般意思 volonté générale の表現としての法律（一七八九年宣言六条）であったし、フランスについて言えば現在もなお本質的にはそう目されている。そのような立法中心主義のフランスでも戦後ドイツやイタリアに遅れて導入された違憲審査制が定着したことについては、特にドイツとの対比で説明が必要であるが、シュテルン講演へのコメントという枠組の中で立ち入ることはひかえておく（後出本章第二節三三—三六を参照）。

シュテルン教授は保護義務論の射程に含まれる論点として、消極的信教の自由 negative Religionsfreiheit に言及している。(7) 教室での十字架像や教師のイスラムスカーフ着用などによって、特定の宗教を信じない生徒たちの自由が侵されたという主張に保護を与えるかどうか、の問題である。それに対応する事柄は、フランスでは、laïcité の問題であり、それを定めた一九〇五年の政教分離法は、まさしく République のコアとなる要素とされて今に及んでいる。それはまさに、立法を通しての保護義務の充足に他ならない。

主役が立法であれ裁判であれ、保護義務論に随伴する危惧が論ぜられる点も共通である。憲法裁判所が強力なドイツで裁判官の役割が大きくなりすぎる危惧が論ぜられるのとパラレルに、伝統的に立法が中心になってきたフランスでは、立法を手段とする国家中心主義(stato-centrisme)、さらには、その背景にあったジャコバン主義的国家観に対する批判がある、というふうに。(8)

六 3 "Schutz"の内容の二類型——とりわけ、社会的・私的権力からの防御確保型の意義

第三の論点に移ろう。シュテルン教授が保護義務論という大きな枠組の中に含めて説明される事例のうち、保護の内容の性質という点で二種類が大別される。

たとえば芸術・学問への公的助成は、一般化すればいわゆる社会国家的要請に応える保護であり、憲法が規定する制度を維持することによる保護も同様であるが、一定の給付を内容としている。他方で、先ほどの negative Religionsfreiheit の要点は、裁判権力にせよ立法権力にせよ国家によって、宗教の支配力からの防御・妨害排除をはかる、ということに他ならない。一般化していえば、国家介入による保護によって、社会の圧力——宗教的力や経済的力——からの防御をはかる、という構図が成立する。

興味深いことに、自由を国家からの防御権と考える点で徹底してきたはずのアメリカ合衆国の論者の中からも、社会的な力からの防御権の問題の重要さが指摘されている。たとえば憲法学者ホームズ Steven Holmes は自国のありようを negative constitutionalism と呼び、それはむしろ自国のなり立ちの特殊性を反映したものだとし、封建制と

いう前近代史を持つ国では、国家が社会に対し自由を強制するpositive constitutionalismが必要だった、と説く。(9)

その文脈では、防御権という観念自体の中に、国家に対して向けられるものと並んで、社会的権力による侵害からの防御が含まれている。この二つを区別した定式化をすることが、議論の整理に役立つのではないか。かのJ・S・ミルが国家によるpolitical oppressionと並べて、それにまさるとも劣らず個人を抑圧するものとして「社会みずからが暴君となるとき」、すなわちsocial tyrannyを問題としていたことが、想い出される。political oppressionの方はともかくも選挙を通し人民の名による正統性を背景にしているのにひきかえ、social tyrannyの方はそのような正統化根拠を持たぬ、という点が憲法論にとって重要ではないだろうか。

保護義務論が問題とする保護のうち、給付を内容とするものとは対照的に、ここではあくまで、防御・妨害排除が内容となっている。そして、前者はすでに広く——といってもそれぞれの文化の型によって一様ではない——受け入れられてきた社会権の発想でも説明できるのに対し、後者の方こそが、保護義務論のカヴァーする固有の問題群ではないだろうか。大規模事故や公害から個々の加害行為に及ぶまでのさまざまな危険から生命・身体の安全＝Sicherheitを確保するための保護は、その本質的部分において、防御のための保護であり妨害排除のための保護といってよかろう。

問題をあえて一般化するなら、古典的な民刑事法の諸規定が、この論理で説明できるはずである。財産権を他人が侵害することからの防御を、窃盗罪や損害賠償制度による保護によって確保するのだ、というふうに。ただ、それをわざわざ保護義務論で説明するまでもなかったのは、憲法より民刑事法の整備が先行していたからだった。ところがたとえば思想の自由という領域では、多くの場合立法が空白であるために、私人間の思想による差別が憲法論として争われざるをえなかった。基本権の第三者効力、私人間効力という問題場面が、それに他ならない。

経済的自由についてなら、日本でいえば独占禁止法の例が、事態の整理に役立つ。この法律は、独占による自由競争の妨害に対する防御のシステムを作っている。「公正且つ自由な競争」(第一条)を確保するための国家介入は、国家と私人の二極関係図式でものを考える限りは、独占する側の自由が国家により侵害されているということしか見えてこない。三極関係座標の中に置いて眺めることによって、独占という私的な経済権力からの防御を国家の保護によって確保しようとするのだという図式が、明瞭になるだろう。

古典的自由権論と保護義務論は、国家の不介入と介入という点で対極にある。しかしその狙いとするものが前者は国家からの、後者は社会からの防御、その意味での「からの自由」(Freiheit von)という点で共通している。この対極性と共通性を合わせてとらえておくことが、重要ではないだろうか。

元 小括

保護義務論がドイツ基本法一条一項の意義の発見 Entdeckung であるだけでなく、ホッブズにまで遡る近代国家の論理の Wiederentdeckung なのだとしたら、私たちはそこからどういう意味を引き出すことができるだろうか。

近代における国家は、神の意思とか民族の血のつながりによって説明されるのではなく、人びとの同意に基づき保護と引きかえに服従する人民のつくりもの、として説明されてきたはずである。現実の国家はその想定をあまりにしばしば裏切り、その構成員に提供すべきものをせず、してはならない介入、干渉、抑圧をしてきた。近年、近代国民国家そのものを批判の俎上に載せる言説が有力になってきていることには、それだけの背景がある。しかしそれにしても、宗教の支配や財力の横暴に対し、諸個人の自己決定と、さらにいえばその自己決定によっても動かしてはならない人間の尊厳という価値をまもる枠組としての国家の役割の重要さは、ここ数十年から現在に至る世界の状況そのものが示しているのではないか。

もとより、あらゆる提唱は、それぞれに問題性を伴っている。保護義務論も、古典的な対国家防御論も、それぞれにそうである。法解釈学の役割は、その名の通り、jus の prudentia＝法の賢慮をもって均衡のとれた解釈を見出してゆく所にあるはずだった。シュテルン講演の最後の一句、「自由は安全を必要とする」。――この一句がそれを教える。「自由のために安全を求める者は、その両方を失う」という歴史の教訓を念頭に置きつつもなお、法解釈学は、その両方を求める責任を放棄してはならないだろう。⑩

III 「共和国」の自由と「国家からの自由」
――水林彪論稿の問題提起を受けて

1 問題の文脈――「共和国」型＝フランス型「自由」の意味

ここでとりあげるのは、日本法制史を専門とすると同時にフランスを中心としたヨーロッパ法史に造詣深い歴史家、水林彪によってものされた比較憲法史論である。論考は、レジス・ドゥブレ・樋口陽一・三浦信孝・水林章・水林彪『思想としての〈共和国〉――日本のデモクラシーのために』増補新版（みすず書房二〇一六）に新たに収められた「比較憲法史論の視座転換と視野拡大――ドゥブレ論文の深化と発展のための一つの試み」⑪である。もともと同書の初版（二〇〇六）は、レジス・ドゥブレが一九八九年論稿によってフランスの論壇・思想界にあらためて提示した〈共和国〉思考に触発されて、「日本のデモクラシーのために」（副題）という問題関心のもとに編まれたものだった。

さて、水林は、私の比較憲法論の体系が研究の推移を取り込みながらも問題を残したままにしていることを――適切に――指摘している。そのことについては、これまた彼自身が論点としてあげることを忘れていない、「科学としての（憲）法学」と「賢慮としての（憲）法学」＝（憲）法解釈学との関連――または非関連――の問題としてとりあげることとして（後出第四章第二節Ⅰ六六―六八）、ここではこのたびの力作へのコメントを、次の順序で試みることとする。まず、著者の用語・訳語選択の周到さを確認しつつ私見をつけ加えた上で、「共和国」と「自由主義」（ドゥブレの用語での「デモクラシー」）の対照に即して、また、「共和国」における自由については「支配」からの解放としての「自己統治秩序」という観点から（＝2）、「自由主義」における自由については「新自由主義」との関連を中心として（＝3）、それぞれ短い検討を試みよう。

最初に、用語について触れておく必要がある。ドゥブレの言う「デモクラシー」を著者が「自由主義」と訳すのは、日本の読者に対して適切だということに私も同意する。フランス語としてドゥブレの用法がむしろ一般的だとしても、彼が「デモクラシー」と呼ぶその中身が、日本では「自由」主義経済、そして「新自由」主義という言葉で表現されているからである。

もう一方の「共和国」は、訳語に迷う余地のない言葉である。[12]「共和主義」は英語でいうrepublicanismを連想させ、担い手としての「国家」が消えるからである。一つだけ、致命的なほど重要なことを読者のために念を押して置けば、「共和国」の本質的要素として「国家による自由」が語られるとき、その自由はあくまで「からの自由」であり、ていねいに言えば「国家による・社会からの・個人の自由」として特化されるだろう。

その「社会」とは、社会契約思想が自然状態における「万人の万人に対する闘争」への対応を必要と考えた構図まで遡って言えば「自然権を濫用する隣人たち」に他ならなかったが、近現代の憲法が現実に課題とすることになるのは、何より宗教権力と経済権力への対応であった。宗教権力からの自由としての政教分離、そして経済権力からの自由として種々の国家介入による経済規制、税制の整備が、その回答であった。

そのような「国家による自由」の実質を、著者は適切にも「〝市民的公共権力〟による自由」という言葉によって表現し、それをさらに「市民共同的自己統治秩序」という定式を援用して説明する。そのように説明される「国家」

であればこそ、それ「によって」確保される「自由」が問題となりうるであろう。

ところで、ドゥブレの「共和国」論文が論壇誌上に公にされたのは一九八九年一一月だった。私はその年の七月、パリでフランス革命二〇〇周年を記念して開かれた学際的国際大会「フランス革命のイマージュ」で報告し、「個人主義という基本哲学をそれぞれに援用する近代社会の二つの類型」として、「ルソー＝ジャコバン型」と「トクヴィル＝アメリカ型」の対置を提唱した[13]。それはまさしく、ドゥブレの「共和国」と「デモクラシー」（以下では水林に従って「自由主義」と言おう）の対置に対応するものだった。報告はのちにPergamon Pressから刊行された大部の大会報告記録の中に収められているが、同じ年の四カ月を隔てて、日本の比較憲法研究者とゲバラの盟友だったフランスの論客とが、それぞれ独立に共通の認識を公にしていたことになる。

加えてもう一つの符合があった。一九八九年から五〇年遡る一九三九年二月、ひとりの憲法学者が「フランスのデモクラシーの諸特徴」と題する講演をしていた。講演者ルネ・カピタン（前出五—九）は、ナチス・ドイツの圧力下で大戦の危機を目前にしたヨーロッパにおける「フランスのデモクラシーの諸特徴」を語り、「ひとつの政府形態以上のもの、デモクラシー以上のもの」としての「共和国」の意義を説いていたのだった。

但しここでもまた、一つの符合があった。ドゥブレも私も、カピタンの明快な「共和国」論を知らずに共通のことを論じていたのである。篋底に秘されていた講演草稿が論文集の編者によって発見され、それが公刊されるためには二〇〇四年まで待たなければならなかったからである。

以上のような三者の論考間のクロノロジーに紙幅を割いたのは、ドゥブレも私も互いに独立に、そして半世紀先行するカピタン講演を知ることもなく、しかし三者に共通する認識を公にしたという事実を明らかにしておくためだけではない。「デモクラシー」という同じ言葉が現に二様に使い分けられているという事実に、読者の注意を喚起したいためでもあった。

一つは「共和国」と対置され、水林によって「自由主義」と呼び直されたものという意味での「デモクラシー」である。もうひとつは、カピタン講演の標題が「フランスのデモクラシーの諸特徴」、そして他ならぬ水林論文を掲載した論著の副題が「日本のデモクラシーのために」と言うときの「デモクラシー」である。それは多様な類型をその中の選択肢として含むような、民意を正統性の根拠とする公共社会(res publica)の運用一般を意味するだろう。

三 2 「共和国」の自由――「支配」からの解放＝「自己統治秩序」

水林の「共和国」論にとってかなめ石の意味を持つのが、「統治」と「支配」の区別――その対照――である。マックス・ヴェーバーの所論を援用しながら、周知の Herrschaft＝「支配」の三類型の上位概念として Verwaltung＝「統治」を設定するその構図は、広義の「統治」の内部で、支配から自由な「自己統治」と「支配」による統治の二つを大きく区別する。

そのような枠組の中でフランス革命法史を整理する水林は、一七八九年宣言・一七九一年憲法体制を、「当時の人々によっても、自己統治と規定するにふさわしい秩序として観念されていた」と位置づける。より正確に表現すれば、「当時の人々によって」こそ、そう観念されていたのではないだろうか。論者自身、一七八九・一七九一年体制が「全ての市民による自己統治ではなく」、「それでもこれが「支配」ではなく「自己統治」の一形態とされたのは、最高の権力機関たる立法権力(議会)を担う名望家たちの間には、支配・被支配の関係が存在しないからである」と――適切にも――注意を促しているのだから。

そのようなものとして出発した自己統治秩序は、しかし、いわばその瞬間から、「全ての市民による自己統治」を目指すことになり、それと同時に「支配秩序」への傾斜の中に吸いこまれてゆく。近代国民国家の主権・人権システムそのものの持つ抑圧性を問題とする近代批判が標的としてきたのは、そのことであろう。主権・人権システム批判によって近代を〈のり越え〉ようとする風潮を相手どり、あえて〈近代主義者〉であろうとしてきた私にとって、それはどうしても立ちどまらなければならない論点である。

自己統治秩序の「近代的ヴァージョン」の典型が一七八九年宣言秩序だとすると、その際「近代的」なるものへの移行はひとつの組み換えを必要としたのであり、その役割を担ったのが、他ならぬ主権・人権システムなのであった。国家が領域内の暴力独占によってその主権性を完成させ、身分制の解体を通して人権主体としての個人を析出する。そこには支配(Herrschaft)の完成と、その枠組の中での抵抗の論理が、ひとつの体系として描き出される。もともと支配からの自由(herrschaftsfremd)であろうとした自己統治秩序がその内側からHerrschaftへと傾斜してゆく不安定さを持つことは、マックス・ヴェーバーに即しつつ「支配と自己統治」を論じた水林の別稿が『支配の諸類型』の中の記述を援用しながら「不安定な自己統治体制——支配への傾向」を指摘する通りである(14)。自己統治秩序の「近代的ヴァージョン」は、主権・人権システムという、ひとつの完成された支配形態によってこそ支えられ、かつ、だからこそそれによって潜在的に常に危うくされている。

ところで、そのようにあぶり出された近・現代法の際どいパラドックスに当面して、二つの対応がある。

ひとつは、主権・人権システムそのものを解体されるべき標的とする、近代批判の言説である。国境を越えた人びとのネットワークを構想する立場が、今のところその有力な現われであろう。もうひとつは、自己統治秩序という実質が主権・人権システムという形式の中に吸収される、その瞬間の緊張を再現するような、近代の再構築を考える。

関連して同じ「市民」という言葉が引き合いに出されることがあるが、その意味は対照的となる。

二つの立場のうち後者は、一七八九年「人および市民の諸権利の宣言」、遡ってルソーの意味でのcitoyenの訳語——最適訳かどうかは別として——としての「市民」を考える。主権主体として不可分一体の人民(peuple)を個々の個人に着目してとらえた時に彼はcitoyen(市民)と呼ばれ、res publica(公共社会)を構成する。市民はそのような存在として、主権を担う国家と人権主体としての個人（homme）の間の緊張に充ちた共存を支える役割を託される。私としては、後者を選びとって、「自己統治」の実感（＝高揚）の体験とそれが「支配」によって回収されてしまう挫折（＝失望）とを繰り返してゆく循環の回路を大切にする、ということ以外にはない、と考えている。

「自己統治」が近代法の世界に現われる一つの徴候として水林が注意を促す論点、「憲法は国民を縛るものでなく、国家権力を縛るもの」という言い方の反面についての指摘も、重要かつ適切である。近代法の体系のもとでは民法や刑法の規範もまた、国民に特定の行為――あるいは不作為――を命令するものではなく、それに対する違反が国家権力による制裁をひき起こすこと〈汝制裁を避けんとすれば人を殺す勿れ〉を表示するものと理解すべきだからである。言い換えれば、近代法そのものが、国民に対して命令するという意味での行為規範ではなく、違反に対して課せられる制裁＝サンクションの体系なのである。私たちが法と道徳の区別を近代の特徴として論じてきたのは、そのことを一つの面から語っていたのであった。

他方で、制裁＝サンクションを課す側に立つ国家諸機関に対しては所定の行為を命令する行為規範（法定された一定の要件が充たされた場合にしか制裁を課してはならない）としての意味を持つのが、近代法の特質なのであり、〈人の支配でなく法の支配〉〈人治ではなく法治〉ということの正確な意味もそこにある。〈憲法は国家権力に対する命令〉と言われるのも、以上述べてきたことを近代法一般についての前提とした上で理解されるべきなのである。

三　3　国家からの自由――「新自由主義」の問題

「共和国」の構図における自由は、フランス革命時点では、封建領主権力と独占＝特権中間団体からの「国家による自由」であり、そのような自由によって解放された個人を主体とする近代社会が、定礎された。「自由主義」の構図における「国家からの自由」のみを自由と考えることに馴れてきた論者に対しては、そのことを何度でも念押ししておくことが必要であろう。

それに比べて、「自由主義」の考える自由については、素直にわかりやすいようにも見える。にもかかわらず、ことはそう単純ではない。水林が「ドゥブレが「デモクラシー」概念によって指示する現象は、わが国では「自由主義」とくに「新自由主義」概念によって表現されている」と言うとき、「とくに」で結ばれている旧・新二つの「自由主義」の関係が、問題となるからである。

　およそ自由競争の場が成立するためには、強力な権力によって推進される〈自由への強制〉が必要だった。そのようにして成立した「国家から自由」な場での〈競争する自由〉は、その結果として、競争を排除する独占を生む。そうした事態への対応として、二〇世紀後半の先進国経済は、一方で独禁法制による競争の自由の回復（経済力の結合の制限）を、他方では競争に伴って生ずる格差への対応（労働力の結合＝団結の承認と生存保障）を、その法制の中に組み入れることとなる。経済権力の自由の制限による競争の自由の回復と、福祉国家型介入による生存保障の組み合わせである。

　一九八〇年代以降世界的に進行を始める新自由主義は、そのような制限と保障の組み合わせを国家介入によって解体させながら自己貫徹してゆく。その意味で、「自由主義」から「新自由主義」への移行は、再び「国家による」自由という形態を媒介とすることが必要であった。それは、第二次大戦後の福祉国家型介入システムが強固に成立していればいるほど、抵抗を押し切って政策的に強行されなければならないであろう。

　新自由主義が前面に立ち現われるのに先立って、福祉国家批判が一九七〇年代に登場していた。それは〈黄金の三〇年〉の経済成長の永続に向けられた懐疑の表現だったが、それを〈国家の重圧〉からの解放という文脈で受けとる時代環境もあった。〈六八年五月〉の〈リバータリアン〉像の一面はそのことを示していた（〈リバータリアニズム〉は〈完全自由主義〉と訳されることが多いが、ある局面をとれば libertin, libertinage の語感を採って「解放＝放縦自由主義」というところだろうか）。

福祉国家批判の文脈での〈最小限国家〉への志向が、ひとつの経済システムの主張としての新自由主義という体制へと社会を導いていったことはたしかであった。しかし、「新自由主義」が上述の意味で自由競争の障害物となった福祉国家体制を排除するためには国家介入を必要としたこと——そして必要とし続けていること——も、同時に確認しておかなければならない。その意味での逆説的な交差が、「共和国」と「「自由主義」」とくに「新自由主義」」〈水林〉の間にあるとすれば、その問題性を集約的に示すのが、〈ミシェル・フーコーと新自由主義〉という論点である。

フーコーと言えば〈国家ぎらい〉＝Etatphobe の典型であり、理性と法に対する異議申立て人、という像を連想するのが一般的であろう。その中で、一九七九年コレージュ・ド・フランスでの講義における新自由主義への言及が、あらためて論議を呼び起こしている。[15] のちに《*Naissance de la biopolitique*》〈二〇〇四〉の標題で公刊されるその講義の中で、彼は、歴史を遡ってのテクスト解読を通して西欧思想の構造の新しい批判的見方を提示するという彼流の手法を離れて、その数年前に書かれた米国の右派系シンクタンク〈American Enterprise Institut〉の文書をとりあげ、いわば脇道にいささか立ち入ったのだった。

当時のフランスの時代的背景は、ミッテラン主導の社共連携路線とミシェル・ロカールの〈第二の左翼〉路線が対抗的に並立する中で八一年の左派連立政権の成立へと向かう過程にあった。〈国家に統治され過ぎるよりは少しばかり市場に統治される方がまし〉というフーコーの立場は、〈第二の左翼〉に近いものだった。一九八〇年代に入りサッチャー政権とレーガン政権によって新自由主義路線が国策として政策的に強行され、市場による統治は〈少しばかり〉をはるかに越えるものとなるのであるが、八四年に没したフーコー自身は、その状況に正面から立ち合うことなしに終ることができた。

それでも彼は、新自由主義が各自に対し〈自分自身の企業者〉になることを求め、それゆえに〈社会構成体の内部での「企業」という形態の一般化〉を意味することになろうことを、見通していた。そのフーコーが、新自由主義に言及する脈絡でドイツのOrdoliberalismusに触れていたことを、どう読みとるべきなのだろうか。おそらく、二つの読解が同時に可能であろう。

第一は、彼からすれば我慢のならぬほどの国家の過剰を意味する福祉国家＝社会民主主義からの脱却のために、ordo*liberal*が重要だったこと。第二に、そのliberalな空間を維持し続けるために、自由競争を政策的に強制するOrderが必要と目されたこと。

そのことに着目し、フーコーと、日本で営業の自由論争を主導した岡田与好を、「秩序のなかの自由」＝Ordoliberalismusという媒介項でつないでみせたのは、石川健治の卓見[16]である。

フーコーとOrdoliberalismusを援用しつつ、そのような「競争秩序の強制」が「仕組まれた「自己決定」」へと道を開く、という石川の指摘は、Ordoliberalismus、そして新自由主義そのものについて的中している。前者は部分的に、後者は全面的に、「経済的自由の局面から、「私法社会」をベースにした国家改造を企てる」ものだからである。最近になって、「フーコーはネオリベラルだったのか?」が論壇のテーマとなり、〝反ネオリベラル闘争の聖なるパトロン〟というフーコー像の見直しを求める批判も出されている。やがて全面展開してゆく新自由主義体制の行く末をフーコーが読み誤ったと考えてよいのか。あるいは、政策体系として全貌を現わす前の新自由主義を鋭敏にとらえた彼の先見の明を評価すべきなのか。ここでそれ以上を語る能力を私は持ち合わせないが、少なくとも岡田については、次のように考えていた。

独禁法を経済的自由の制限立法としてではなく、経済的自由＝独占からの自由の促進のための立法としてとらえるべきだとして、一九六九年に「営業の自由論争」を提起した岡田与好は、この問題にどう向き合っていたか[17]。

八〇年代はじめから英米で進行中だった民営化・規制緩和について岡田は、「私流に言うと」、「独禁法の路線の延長線上にある」という見方をしていたが[18]、その一方で独禁法制そのものについて、六九年論文ですでに、その性格をこう記述していた。――営業の自由＝独占排除の理念がかつては絶対主義的「産業独占」の「革命的廃絶」を意味していたのに対し、現代の独禁法は、「最高度に発達した「産業独占」の体制」を「当然の所与の前提として、取引の独占と制限に一定の規制を加えようとするものにすぎない」、と。[19] その「路線の延長線上」にあった「日米構造協議」から「民活」への方向は、自由競争を政策的に強制して「競争を排除する競争」を促進する。こうして、中小企業や農民、そして「いっそう際立った形態」で労働者階級は、自らに向けられた営業の自由＝独占排除の強制に抵抗する立場に立たざるをえなくなる。――「無内容の自由」ではなく「何が誰の」ものとして主張されるのか、誰に対する関係での誰の自由なのか[20]という問題設定を致命的に重要とする岡田は、「国家による自由」をテコとする新自由主義の仕掛ける罠に無感覚ではありえなかった。

フーコーが一九七〇年代に進行し始めていた状況の同時的観察から出発したとすれば、岡田の自由論は、近代市民革命の課題として追求された反独占を考察対象とするところから出発した。それゆえに彼は、前述のように一九七〇―八〇年代の状況を独禁法の路線の延長上にあると認めた上でなお、現代の独禁法がかつての反独占の理念とは違ったものになっていることに注意を促すことができた。

そのようにして岡田は、近代資本主義を生み出した一つ目の自由主義の歴史的な役割と、二つ目の自由主義＝ネオリベラルの困難さを、仕分けることができた。かつては「資本主義の強さ」でありえた「強制してでも確保」すべきとされる自由が[21]、こんどは、自分で自分の脚を気づかずして喰い尽す伝説の角馬カトブレパの強さでしかなくなる。歴史上の大きな出来事は、まことに、二度違った仕方で起こったのである。

第二節 「共和国」＝立法中心主義と違憲審査制の「共存」？

三 基本権保障の役割——裁判官か立法府か

前節で基本権保護義務を問題にした際、「義務の名宛人としての立法府と裁判官」という論点をとりあげ、違憲審査制が機能することとなった現在でもなお、「共和国」において保護の役目を引き受けるのは「一般意思の表現としての法律」なのだ、と述べた。そう言いながらも立ち入ることをひかえておいた問題点に、あらためて言及することにしたい。

フランスの立法中心主義、より基本構造に遡って言えば言葉のフランス的意味における「共和国」思考からすると、違憲審査制は容易にはそれと接合しがたいはずであった。しかし実際には一九七〇年代以降、独特の仕方で憲法院の役割が定着してきたことを、どういう論理で説明できるか。フランスで違憲審査についての研究を先導してきたルイ・ファヴォルーの追悼論集に(22)「憲法裁判と〝共和国〟——むずかしい結婚の成功の秘密」という論稿を寄せたのは、そのような自問への回答のつもりだった。前節の記述を補うために、同論文の一部の日本語摘訳に補筆したものを以下に記しておく。

Ⅰ　近代フランスの憲法伝統と違憲審査制の両立――そのむずかしさ

三四

1　カレ・ド・マルベールの提言（一九三一）

第三共和制の運用の中で定着してきた近代フランスの憲法伝統は立法中心主義であり、統治構造としての現われは、議会――とりわけ下院――の優越であった。その事態を表現するのに「議会主権」という言葉が使われるほどだったが、それは、同じ用語がイギリスで自国の憲法を説明する積極的文脈で援用された（A・V・ダイシー）のとは正反対に、フランスの統治機構の機能障害を批判的に問題とする脈絡でのことであった。

一八七九年憲法下の第三共和制の統治機構を最も現実に即して体系的に描き出した『法律――一般意思の表明』（一九三一）の著者カレ・ド・マルベールは、その叙述を終えるに当たって、二つの改革の方向を示唆していた[23]。

「ひとつは、ルソーに由来した革命によって引き継がれた考え方、すなわち法律は一般意思をその基礎としそれを表明することを目的とするという考え方を維持することであり」、それならば「議会を含めすべての権力に優位する機能をみずから行使することを、国民自身が可能にされなければならない。」

「他方で、法律と一般意思を同一視するのをやめるならば、法律と憲法の適合性を確かめるために裁判による法律のコントロールを制度化することを妨げる理由はもはや無くなる。」

この二方向のうち後者は、「フランス公法の完全な変革」（カレ・ド・マルベール）を意味する性質のものであったから、第三共和制を通じてだけでなく、一九四六年憲法下の第四共和制の下でも、――同時期のイタリア、(西)ドイツとは対照的に――、とり入れられることはなかった。それどころか、第五共和制となり一九五八年憲法で導入された憲法院(Conseil constitutionnel)も、もともとは、もっぱら行政権との関係で立法事項を限定するという意味での「議会主権」修正なのだ、という了解の限りで設けられたのだった。

35 2 アイゼンマンの予測(一九七一)

それればかりではない。

憲法院は一九七一年の一判決を画期として基本権保障のための違憲審査機関としての変身を始めてゆく。その一九七一年判決に接してなお、戦前からフランスでは稀な存在として違憲審査制を学問上の研究主題としてきたアイゼンマンにとってすら、その後の展開は予測の外にあった。

「だれも、それを望んでいた者たちですら、法律規定の審査が予測できる将来に行われるとは考えてこなかった。それが数カ月前に現実となったのだ。」しかし「法律、すなわち立法府による規範に対する違憲審査が比較的近い将来に……しばしば行われるよう求められることは、ありそうもない。」[24]

戦前ケルゼンに師事し、オーストリア憲法裁判所に関する研究で知られる著者であり、その分析の独特の鋭さで「多くの法学者たちの思考上の師匠 maître à penser」(G・ヴデル)と評されたアイゼンマンその人の言だっただけに、裏切られた彼の予測は、それだけ、第三共和制以来の制度伝統――遡って大革命以来の思想伝統――が強固だったことを教える。

しかし、だからといって彼の予測を打ち破った憲法院の活動がますます活性化して行くその後の展開は、留保ぬきで「フランス公法の完全な変革」ととらえてよいのだろうか。

Ⅱ 「共和国」＝立法中心主義への違憲審査制の組み入れ

1 「最終審」としての主権者国民への「転轍」

憲法院の活動が量・質ともに重要さを増してゆく一九八〇年代になって、有力な憲法学説によって、「憲法裁判官＝転轍手 aiguilleur」という定式が唱えられ(G・ヴデル、L・ファヴォルー)[25]、学界・論壇・政界でよく知られる定式となった。

憲法院は法律規定を違憲と判断することによって、その規定の内容を法律という形式でなく別の形式、憲法改正という形式で規範化するよう、進むべき進路を指示するのだ、という理解がそれである。この論理が、立法中心主義という「共和国」伝統と違憲審査制という、相性のよくないはず同士の組合せ(「むずかしい結婚」)を可能にしたのである。そしてこの論理は、その実質において、アメリカ型に対して大陸型の違憲審査制の原型といってよいオーストリアの制度を構想し、みずから憲法裁判所裁判官ともなったケルゼンの憲法概念にまで遡る。[26]

法段階理論で知られるケルゼンにとって、狭義の、本質的意味での「憲法」とはつまるところ、「国家の最高諸機関に関する規範」という意味での「組織規範」に他ならなかった。[27]「国民と国家権力の関係に関する規範」すなわち「いわゆる基本権または自由権の目録」は、概念を「広義」に理解することによって「憲法」の中に含まれる、という扱われ方だったのである。こうして、憲法裁判官の役割は、国家の最高諸機関、具体的には立法権者と憲法改正権者の間の権限配分を決定するところにある、とされることになる。「憲法の擁護者」は、国家の諸機関に、それぞれの内容(実質)に対応する手続(形式)を遵守させることを──問題とされた内容を規定することとそれ自体を禁ずることなしに──任務としていたことになる。

個性ある編成の憲法概説書を書いたエリーザベト・ゾレルは、アメリカの違憲審査制と大陸型のそれを比較考察する中で、ケルゼンにとって「憲法裁判所による違憲判断は、実は内容に対する否定評価ではなく、手続に対する否定評価なのだ」、と適切に指摘している。(28)「転轍手」の比喩は、条約の審査に関する一九五八年フランス憲法五四条の定式にとりわけよく当てはまるだろう。それは、条約が憲法に反する規定を含むと憲法院によって言渡されたときには、憲法を改正した後でなければその条約を批准あるいは承認することができない、としているからである。この定式化を法律を対象とする審査にも当てはめて一般化すれば、それは、違憲審査と主権者国民の意思という最終的な正統性根拠とを両立させるものとして援用できるであろう。

それに対しドイツの憲法裁判所は、実質上の価値内容=「自由で民主的な基本秩序」の擁護者としてとらえられているのであり、その意味で、ケルゼンの論理の忠実な相続人ではない。彼の相続人はむしろフランスの方だと言うべきであろう。

ケルゼンはカール・シュミットとの有名な論争の際、『憲法の擁護者は誰であるべきか?』(29)で憲法裁判所制度のために論じたが、そこで護られるべき「憲法」とは、本質的に、前述のように形式あるいは手続上の組織規範なのだった。ケルゼンは確固としたデモクラットだったが、同時に価値相対主義を自分の論理体系の中でも貫き、ワイマール体制の危機の中にあって、たとえデモクラシーを救うためであってもデモクラシーを棄てることを、拒否していた。彼の『民主主義の本質と価値』の最終章は、その帰結を、見事なまでに理性的でも感動的でもある仕方で読者に示していた。(30)

2　「最終審級に向けての転轍」という比喩の射程は？

「転轍」という比喩が説得的に状況を説明することを確認した上で、しかし、その定式化の射程を相対化する二つの事柄を指摘しておく必要がある。

(1)　「転轍手」の自己抑制の可能性

第一は、「転轍手」の自己抑制の可能性である。違憲の判断を下すことによって憲法改正という結果をひき起こすのを避けるために、列車にたとえたその法律を立法の形でそのまま進ませるか（合憲判断を下す）、あるいは、列車をそのまま駅にとどめて置くか（手続上の理由を根拠にして実体判断を回避する）、という選択がありうるからである。

政治諸機関の側からすれば、自分たちの行為を違法とする判断に直面したとき、二つの途のどちらかを選ぶ自由がある。違法の判断に服するか、違法判断をのり越える法的手段に訴えるか。それゆえ、「転轍」を頻繁にやりすぎると、憲法改正の日常化をひき起こす可能性があり、基本法の最高規範性を軽く扱うことにつながりかねないだろう。その脈絡からすれば、「転轍手」が慎重にふるまうことを簡単に批判するわけには行かない。そのようにして憲法不適合の憲法慣習、G・イエリネックとともに言えば憲法変遷が生まれるとしても。

「転轍手」がそのように慎重であるかぎりにおいて、憲法改正権者は、――良かれ悪しかれ――裁断を下す機会を持つことができないのである。実際、日本で最高裁判所の法律違憲判断が極めて稀なことは、少なくとも部分的には、そのような慎重さの現われとして説明できる。とりわけ最高裁は、日米安全保障条約と自衛隊の憲法第九条適合・不適合の判断を、一貫して避けてきたのだった。

試みに、フランスである法律が一七八九年宣言の一条項に違反すると判断され、そのことによって一七八九年宣言の当該条項の改正がひき起こされる、という場面を想像してみよう。実際にも、似た事例が、一九九三年八月一三日憲法院判決に関連して生じている。判決が庇護請求権に関する（いわゆる）パスクワ法の規定を一九四六年憲法前文の条項を援用し違憲としたので、首相（バラデュール）の提案により憲法改正が発議され、その結果、憲法五三条の一によって、一九四六年憲法前文四条の解釈が変更された。

(2) 本当に「最終審級」か？

もうひとつ、「最終審級」という観念の不確かさがある。およそ法のテクストの解釈の幅が常に残る、という問題である。

憲法裁判官と主権者国民の間には、一見して、かつての「裁判官＝解釈者」と、「君主＝「最後の言葉」を発する立法者」との間の関係の再現を見てとることができそうである。この類推に、われわれは賛成することができるだろうか。[31]

周知のようにJ・ボダンは主権を、何より、「他人の同意なしにすべての人にあるいは個人に法を与える」権能＝立法権として定義した（『国家論』第一篇第一〇章）。主権者は法を制定する者として、裁判官はその法を解釈する者として定義されることとなった。これはまさしく「ボダンの革新」だった。なぜなら、中世の思考にあっては法規範は制定されるものではなく、裁判する者の理性によって発見されるものだったからである。[32]こうして、裁判する王に代って、立法する王が登場する。――「真理でなく権威が法をつくる」（auctoritas non veritas facit legem）。

それでもやはり、ボダン自身、そのことからの論理的帰結を完璧に引き出すわけにはいかなかった。主権者（Souverain）により与えられた法を解釈するという名のもとに執行者（Magistrat）たる裁判官が主権を僭奪する可能性があるからである。主権者の手からこぼれてゆこうとする最後の言葉を取り戻すためにこそ、ボダンは、主権者たる君主自身に解釈権を留保する。「この、法を与えかつ廃する権力そのものの中に、主権のその他の権利・標識が含まれる……」として、その中に、「すべての執行者の判断を最終的に承認すること」をあげるのだから。主権者はここでふたたび、立法者でなく裁判官として立ち現われる。(33)

主権者＝君主はそのような解釈権を自分自身に与えることが可能だとしても、それと同じことを主権者国民はすることができない。主権者国民は一般意思の担い手である以上、憲法改正を以てしても、一般的規範を語ることしかできないからである。その一般的規範の解釈という次元で、ふたたび憲法裁判官が現われ、循環は無限に続くことになるだろう。そのような循環はアメリカ合衆国憲法史の中で一世紀にわたって展開した。Dred Scott 判決(一八五七)は憲法修正一四条(一八六八)によって克服されたが、同条の射程は Plessy v. Ferguson 判決(一八九六)によって限定されてしまい、その判決が変更されるためには Brown 判決(一九五四—五五)を待たなければならなかった。主権者国民が、自分の「最後の言葉」がおのれの手からこぼれてゆく可能性を文字通りに根絶することは、むずかしい。

三 3 さらにいくつかの比喩

フランス型「共和国」思考の枠組の中で違憲審査制をどう説明するか。

憲法条項として基本権規定を持たず、解釈によってそれを読み込む手がかりをも持たなかった第三共和制の下で、典型的な「共和国」思考を提示してみせたルネ・カピタンが、ひとつの発想をえがき出していた。彼は、憲法適合性の裁判統制を説いていたM・オーリウの議論を斥けて、元老院(上院)にその代替機能を託すことを示唆していた。(34)彼にとっては、裁判官、少なくとも司法裁判所のそれよりも、複選制の間接選挙によって議員が選出される元老院の方がまだしも受け容れ可能なものだったのである。当時元老院は共和派とりわけ左翼にとって攻撃の標的であり、彼自身、一時レオン・ブルムの近辺で人民戦線内閣を支える気鋭の学者という立場だったにもかかわらず、である。

三〇年以上のちに一九五八年憲法の運用の中で憲法院がフランスの法・政治風土の中で定着していったことは、カピタンによって提示されていた元老院への示唆と一脈通ずるところがあるのではないだろうか。「賢人」(sages)と俗称される憲法院構成員(正式名称は membre du Conseil constitutionnel)の選任方式、実際に任命されてきたメンバーとりわけ歴代の長官が政治家歴を持つ人物であることは、元老院との類推に説得力を与えよう。

憲法学者で憲法院構成員だったジャック・ロベールは、在任中に応じた私とのインタヴューで、次のような問答をしている。(35)

——憲法院の構成の話が出ましたが、法学教授と政治家それぞれの役割はどうでしょうか。

ロベール 最初は、政治家の存在は、妙な気がしました。しかし、やってみると、とても良いことなのです。法学教授は、憲法院に、法的文化、法的推論をもち込みます。しかし、法律は政治の所産でもあり、世論の反映でもあります。もと議員やもと閣僚が議論に加わるということは、有意義です。

——政治家といっても、大部分は法学部出身で、広い意味での法律家でもありますね。

ロベール 今の憲法院でも、一人を除いてそうです。職業司法官はといえば、九人のうち一人だけです。法技術に習熟していて、憲法院にとって大切なはたらきをしていますが、憲法院全体の構成としては、いろいろな職歴のひろがりが必要だとおもいます。

そのような構成でありながら憲法院が憲法裁判所のひとつとして内外から目されるようになった経過の中では、ロベールの前任者G・ヴデルの憲法学者としての声望が所定の九年の在任期間(一九八〇—八九)に果たした役割が大きかった、ということもつけ加えておかなければならない。

憲法院は違憲審査機関として、他国のそれと同じでない人的特性を持つ。ドイツの連邦憲法裁判所の裁判官は、法の定める裁判官資格を持つことが必要とされる。アメリカ合衆国最高裁の判事の指名は大統領在任中に行う最大の決定のひとつと目される政治的出来事だとしても、アングロサクソン法文化の伝統の中でlawyer(法律家)であること自体が政治にかかわるstatesmanであることと矛盾しない、と考えられてきた。

かような文脈からすると、憲法裁判と国民主権の共存を正統化するために「代表」の観念を援用することも、恣意的に過ぎるわけではない。憲法裁判官は一七九一年フランス憲法第三篇第二条における国王と同様に、一般意思の表明に加わり、立法の拒否権を発動できる、という説明である。ミシェル・トロペールが一九九〇年に提示したのは[36]、そのような図式であった。彼は、その図式を第五共和制の法状態を観察者として記述する次元で示したのであり、そのような見方を彼自身が政治上の命題として主張するのではないと言いながらであるが。規範的命題として主張するのではないにしても、「代表」の観念は、フランス型「共和国」の中に憲法院が受容されている現状を説明する記述命題として興味深い。

本節の基礎をなすフランス語論説を草する機縁となったルイ・ファヴォルーその人が、米国最高裁と大陸諸国の憲法裁判所に共通な要素を見事な表現で定式化したことを想起したい。いわく、そこでは「違憲審査をする裁判官が、政治上の動機に基づき政治機関によって選任されている」[37]。――もとより「政治」とは「党派利害」とか「恣意的」という意味ではなく、およそ国家機構の正統性の窮極的淵源である国民=有権者団に対して責任を負うことを説明できるような仕方、という意味で理解されなければならないが。

第三節　憲法にとっての経済秩序㊳
——規範形式と規範内容から見て

三九　前提——一九世紀近代の通念としての公私二元論と初期近代の一元論思考

議論の前提として、一九世紀型近代の通念としての公法・私法二元論の枠組に従えば、憲法と経済秩序がどのような間柄に立つのか。一方の憲法は、一九世紀型の図式では、イコール統治機構であった。ドイツ・フランスがそうであり、アメリカの場合も連邦憲法は、最初は統治機構だけのものとして出発した。すぐに追いかけてBill of Rightsが追加されたが、これら一九世紀型の憲法は、本質的にイコール統治機構なのであった。ケルゼンのVerfassungという言葉の定義が、いみじくもそれを示している。彼によれば、「国家の最高意思決定機関に関する規範」すなわち「組織規範」が「狭義の憲法」であり、加えて、「国民と国家権力の関係に関する規範」すなわち「いわゆる基本権または自由権の目録」が「広義の憲法」とされていたのであった。他方の経済秩序は、私法の下に服しており、経済秩序を維持するための刑事法も含めて、私人をルールの名宛人とする法秩序である。

二〇世紀に入ってくると、憲法イコール統治機構ではなく、基本権が多かれ少なかれ法的に意味を持つものとして受け入れられてくることになり、また、私法の領域には経済法、労働法、基本権の私人間効力というふうに公権力が介在してくる。そのことを留保した上で、単純化した一九世紀型のイメージを描くと、二つの領域の二元的棲み分けだったということになろう。このような二元論的な思考の枠組の下で、ドイツ流に言うと、一方ではSittlichkeit des

Staates＝「人倫の表現としての国家」、片方は bürgerliche Gesellschaft＝「市民社会」という、おなじみの構図が描かれることになる。

以下では、そういう図式にのって議論を進めるのであるが、ここで忘れてならないのは、そのような二元論の背景には、近代社会のいわば母斑(Muttermal)としての、公私二元秩序があったという考え方である[39]。

考えてみると、われわれおなじみの社会契約論が、state of nature から civil *or* political society の転化を説いていたはずであった。まさに civitas と polis は、or で結ばれるような一つのものとして考えられていた。そのような間柄にあった civil と political が分離した状況が、一九世紀型近代の二元論とぴったり対応しあっているのであり、近代社会のいわば母斑と言うべき在りようは、civil *or* political society という表現にあらわれていたはずである。

別の言い方で言えば、ここで civil は、political に対する対立語ではなく、nature に対する civil だったということにほかならない。それは憲法の領域にも反映しており、あまりにも引用されることの多い、一七八九年宣言一六条による constitution の定義がそれである。そこで constitution を持つか持たないかが問題とされているのは、société であった。権利保障と権力分立を有しない社会は、およそ constitution＝憲法を持つと言えない、という宣言である。その「社会」、同じ宣言の第二条の表現によれば「およそポリスの結合(toute association politique)」――とは、まさにそのような意味での civitas であり、かつ polis だったはずである。

しかし同時に、civitas と polis, civil と political は、分解する可能性をはじめから持っていた。同じ一七八九年宣言のタイトルは、Déclaration des Droits de l'Homme et du Citoyen であり、homme の権利と citoyen の権利を論理的に書き分けていた。そして、homme の権利と citoyen の権利は、かのルソーが『社会契約論ジュネーブ草稿』の中で、「われわれは citoyen となってはじめて homme であり得る」と言っているように、密接な関連にあるが、同時に緊張関係に置かれている。

homme＝人一般の権利は、自然状態から転化したcivitas, polisという公共社会に対する関係で、それからの自由を内容としている。そのような私的自治の空間で形成されるのが、二元論的構成のもとでの経済秩序にほかならない。この他方、citoyenのほうは、自然状態を脱して成立したcivitas, polisという公共社会を動かす権利の主体となる。はっきり宣言の条文の中で、人の権利として想定されているものと、citoyenの権利として想定されているものは、はっきりカテゴリーとして分けられており、前者は憲法学が「自由権」と呼んできたもの、後者は「参政権」・「国務請求権」という名前で扱ってきたものに相当する。そのように、hommeの権利とcitoyenの権利が書き分けられることによって、実はすでに、母斑は表面に見えるものではなくなったと言うことができよう。

一九世紀から二〇世紀にかけて、特にフランスの場合は、hommeの権利、「からの自由」のほうを強調する考え方は、libéral, libertéというキーワードでとらえられるようになる。他方、citoyenの権利を強調するほうは、みずから、républicainを名のる。王様がいようといまいと、そういうこととは無関係にrépubliqueという合言葉である。サルコジ体制のフランスでも、libéral側とrépublicain側の綱引きがあり、アメリカびいきのサルコジ政権の出発期にlibéralのほうに大きく傾いていたバランスが、二〇〇八年秋のアメリカ発の経済危機という変化の中で、大統領自身しばしばrépublicainとしての言説を発するようになった。libéralとrépublicainの対置は、バンジャマン・コンスタンの近代人の自由(liberté des modernes)と古代人の自由(liberté des anciens)とを対置する構図にも、対応しているといえるであろう。

法律学ないし法律論の一九世紀型近代を基調にした通念を確認するとともに、そういう通念にのって議論をするときも、近代社会のMuttermalという論点を心得ておくことによって、いろいろ入り組んだ事態を整理するのに役立つはずだ、ということが本論に先立つ私の前提である。

1　通念=公私二元論の枠組の下での規範形式論

⑴　二元論の枠内での架橋——「基本権の私人間効力」

通念としての公私二元論の枠組に乗った上で、経済秩序の憲法論ということになると、それは基本権の問題として論じられてきた。それは、一方で、憲法の規範内容を民法の適用領域に持ち込もうとすることを意味する（いわば憲法から民法への矢印）。民法第二条（旧一条の二）は、明示的に、憲法規範の価値内容（個人の尊厳と両性の本質的平等）を受け入れている。その効果は、とりわけ民法九〇条、七〇九条の運用にあたって発揮されるはずであった。

他方で、民法の運用を通じて成立してきた規範内容が、裁判所によって憲法規範として承認される、という場面がある（いわば民法から憲法への矢印）。訴訟当事者の主張するところを「民法において認められるに至った」権利と認定した上で、それを「否定することは、憲法上、財産権の制限に該当する」とした森林法違憲判決（最大判一九八七・四・二二民集四一巻三号四〇八頁）の論理がそれに当たるであろう。

私人間効力という論点については、アメリカとドイツを主な材料として議論されてきたが、その背景には、日本の司法権が、基本権の私人間効力という問題枠組自体に冷淡であるという共通認識があり、それでは外国はどうなのか、という問いかけが一九六〇年代から行われていたのであった。私自身は、日本の裁判所は、およそ私人間効力一般に冷淡なのではなく、ある特定の意味では大胆なところもあるという読み方をしているが、ここではその込み入った議論に立ち入ることはひかえておく[40]。

こうして、特に外国法についてのいろいろな知見、認識が、憲法学の中には蓄積されてきた。その場合にも、それぞれの国にそれぞれの両面があって、それぞれ簡単ではない、ということは銘記されなければならない。米国はステイト・アクション論をはじめとして、私人間効力の日本の議論を先導してきたが、その反面として、一連の立法、

Civil Rights Acts が整備されてくればくるほど、私人間効力について苦労する必要はなくなる、という事情がある。ドイツはといえば、一方では、私人間効力論よりもっと大きな前提として、そもそも私人に対する Verfassungstreue（憲法忠誠）を法的に要求するという大掛かりな土俵の設定があり、また、国家の基本権保護義務という考え方が受け入れられている。しかし他方では、抑制的な見解も決してないわけではなく、私人間効力について Drittwirkung＝第三者効力という考え方で説明する際にも、あくまでも裁判所という公権力を拘束することの効果にすぎないのだ、Drittwirkung という言葉自身がミスリーディングなのであって、依然として公権力を拘束するものとしての憲法という見方を維持すべきである、という主張が健在だという面もある。

フランスでいうと、すぐつぎに公私一元秩序思考の効果として述べる「基本権の水平効力」という考え方がある一方で、一九七〇年代のはじめに、行政法、行政裁判論の専門家であるジャン・リヴェロが、「私人間効力」というタイトルの論稿の冒頭で、「このタイトルは、ひとを驚かせるだろう。私人間で基本権が論ぜられるのか。フランスでは論ぜられることはない」という述べ方をしていた。その背景として、フランスには当時、違憲審査制がなく、とりわけ私人が訴訟当事者になる枠組での違憲審査制は、二〇〇八年の憲法改正ではじめて導入されたばかり、という事情があった。

⑵ 公私一元秩序思考の今日的意味

ところで他方では、先ほどから触れてきた母斑論がここで意味を持つことになる。というのは、国家が私人に対してしてはならない侵害を、私人が私人に対してしていいなどということはあり得ない、という考え方が、リヴェロの言明とは別の次元で一貫してきたからである。国家が法律を根拠として私人の権利を制限することには、普通選挙、人民の意思という正統化の根拠がある。それに対し、私人が私人の権利を侵害するということは、まさにホッブズが言うところのオオカミ同士が争うということであり、それが許されるはずがない、という発想である。八〇年代になってあらためて、エックスの憲法裁判学派のリーダーであるルイ・ファヴォルーが、それを基本権の水平効力(effect horizontal)と呼び、古典的な意味での国家に対する効力である effect vertical とならべて、「垂直」と「水平」という言葉で説明している。憲法院の裁判官をつとめた憲法学者のジャック・ロベールの教科書では、基本権が誰に対して向けられ、誰に対抗する関係で向けられているのかという説明で、まず第一に他の個人に対して、第二に他の集団に対して、第三に国家に対してという書き方をしている。書き方の順序は、必ずしも重要性の度合いを表しているのではないにしても、まず人は人にとってオオカミであるという事態に対応するために、自然状態から civil *or* political society、つまり公共社会を作ったのだ、という認識が絶えず想起されているのである。

そこで日本であるが、われわれの主題である経済秩序をどう位置づけるか。ここでは広中民法学の用語法を借用して、人格秩序と財貨秩序＝経済秩序を対置しよう。(41) 公私二元論の枠組の下で私的領域にとりあえず属するとされている家族と経済、身分法と財産法という二つの領域がそれぞれに対応するであろう。

そのうちの家族については、憲法二四条が、日本国憲法下の公序としての家族を設定しており、それに対応する形で、戦後改革で挿入された民法一条の二(現二条)が、「個人の尊厳と両性の本質的平等」を旨とする民法解釈を要求している。

その言葉は憲法の家族条項に対応しているが、民法一条の二(現二条)は、もとより民法全体にかかるはずであり、従って、当然、財産法の領域にもかかるはずである。実際には、民法九〇条や七〇九条の運用の中で、旧一条の二は十分には意識されてこなかったけれども、本来は意識されるべきであった。ということは、憲法二四条にだけ出てくる個人の尊厳と両性の本質的平等という価値は、民法旧一条の二を媒介として、憲法二九条に対応する民法上の財貨秩序の内容、森林法判決の論法を借りて言えば憲法二九条そのものの内容をも充塡しているはずだということにほかならない。このことは、われわれの主題の経済つまり財貨秩序を巡る議論のときにも必要なことではないだろうか。

四 2 経済秩序の規範内容とその推移

(1) 自由への規制——競争制限型と競争促進型

経済秩序の規範内容というとき、競争という概念をキイとして物事を見ていきたい。ここでの主題は広中流に言えば財貨秩序であるが、人格秩序についても競争を鍵概念として一言だけ、あとで付け加えることにしたい。

ここでの議論の本筋の財貨秩序について、憲法二九条二項は、公共の福祉による財産権の制限を定めるのであるから、競争制限の条項であり、それに対応するものとして、社会法型の国家介入が想定されてきた。憲法自身が、二五条、二六条、二七条、二八条という形で、一連の権利を表から設定しているが、それと裏腹の関係で、競争制限＝社会法型の国家介入が想定されていたはずである。

この点について、憲法論は、事のはじめから素直にこの構造を受け取ってきたといえるであろう。但し、特に確認しておくべきことがある。憲法二八条の労働基本権保障のもとで、ユニオンショップと組織強制を適法とした戦後改革は、素直に受け入れられた。これは労働力取引の自由に対する競争規制＝独占保護を意味したから、同じく戦後改革の目玉だった独禁法が競争促進＝独占抑制を意味したのとは対照的な論理に立脚していた。この二重基準は、一九八〇年代以降、新自由主義に向かう国策体系の中で、独占のグローバル化と労働力市場の自由化との結びつきという形で逆転の方向に向かってゆく。

それに対して、二九条一項の内在的な意味については、二九条一項が実は競争維持・回復機能を要求する法内容をも持っているのではないか、という論点が明確に意識されるためには、議論が必要であった。二九条一項に内在されている意味を問題にするときに、初期近代社会の母斑の問題が、ここでも顔を出す。この点を人びとの意識にもたらしたのが、一九七〇年代のいわゆる営業の自由論争であった。独禁法型の国家介入は社会法型の競争制限型の国家介入とは論理本質的に違うのだ、という論点である。社会法型の国家介入が優れて二〇世紀的なものだとすれば、独禁法型の国家介入は、まさに初期近代に前近代遺制＝Ancien régime を清算する段階で、国家の権力秩序によって貫徹されたものであり、それこそが営業の自由の歴史的意味なのだ、という見解を巡る論争である。

論争提起者だった西洋経済史学者の岡田与好は、独禁法は経済的自由への制限ではなく、まさに経済的自由主義そのものの問題なのだという意味合いを込めて、自らの書物に『経済的自由主義』というタイトルを付けたのであった[42]。経済的自由主義の表現としての独禁法による国家介入、というとらえ方である。この論点は、大きな論点に連動してゆく。一番大きく広げると、憲法学者・阪口正二郎がアメリカでの議論を引いて、積極的立憲主義という観念に注意を促した点にかかわる[43]。それは、国家介入を前提とした立憲主義であり、それも競争制限＝社会法型の介入とは全く意味の違う、自由の促進の問題としての国家介入なのだ、というとらえ方にほかならない。営業の自由論争の要点は、独禁法型介入をも二九条二項の問題であるかのように理解してきたことに対する、憲法学の外側からの批判であった。これが営業の自由論争のモチーフだったのである（前出㊂）。

(2) 反・市場原理主義か反市場・原理主義か――ネオリベラルへの対応をめぐって

二九条二項についてはどうか。その通説的な、いわば素直に定着していた理解に対して、九〇年代に入り、外側から、経済学それも特定の経済学の見方を、憲法規範の外から持ち込むような形での批判が出されるようになる。憲法学の中からも、それに反応し、通説的な二九条二項理解を、反市場原理主義だと難ずる文脈で受け止める見解がみられる[44]。ここで、反市場原理主義とは、反・市場原理主義ではなく、反市場・原理主義に憲法学はとりつかれているではないか、という文脈で使われていた。

これについてはどう考えるべきなのだろうか。反・市場原理主義ならば、それは、第二次大戦直後のヨーロッパの諸憲法との比較の文脈でも、市場原理主義にアンチなのは二九条二項そのものであって、それを素直に受け止めたのは憲法学が悪いわけではない、というように答えるべきであろう。同時に、但し憲法学は市場原理主義に対する反＝アンチではあるけれども、反市場の原理主義ではなかったはずだと答えることができるはずである。七〇年代の営業の自由論争を経た後の憲法学は、反市場の原理主義ではなかった。少なくとも日本国憲法の想定する財産権秩序が、独禁法の言い回しを借りれば、公正かつ自由な市場の維持を含んだ憲法二九条一項の財産権観の上に成立しているという問題意識は、学界で論議されてきたはずだからである。

そういう二九条一項、二項に関する憲法学のとらえ方が、今はどうなっているのか。二九条一項、二項の運用と見られる立法その他のプラクシスは、明らかに大きく様変わりし、単に動揺というような域を超えている。

二九条二項の社会法型の介入についていえば、二五条、二六条、二七条、二八条を含めて解体しつつある。憲法の解体というと、九条が連想されるかもしれないが、九条はいまだに決して規範力を失ってはいない。歴代の政権は、イラクやアフガニスタンに「戦争をしに行く」とは一度も言明したことがなかった。そのような規範力を九条が維持してきたことに比べると、二五条の領域については、現職の首相(小泉純一郎)が、生活格差があるのは当たり前で悪いことではないと発言するなど、九条について安倍政権以前は慎重であり続けていた政府答弁にくらべ、明らかに段階が違うものになっていた。二九条一項の独禁法型介入についても、巨大合併が留まるところなく進行している。そうなると、現在の状況は、本来の市場経済の枠からもはずれてしまっているのではないか。

(3) 人格秩序における競争制限と競争促進

ここで人格秩序のほうにもふれておきたい。憲法についていえば、家族と教育がそれにかかわる。教育にも家族にも財貨秩序の側面が多いが、ここではあえて人格秩序の問題として一瞥を加えておきたい。

教育については、国立大学の非国営化、中等初等教育の学区自由化の方向は、競争という観点をキイにした憲法論から見ると、どのように理解できるのか。それは、あえていえば、競争制限規定としての面を持っていたはずの憲法二六条や二三条に、競争という価値を正面から持ち込むことであった。それはもとより日本だけのことではない。近代社会の母斑の意味するところにこだわってきたフランスでも進行している教育改革と大学改革は、大学人たちの反対にあって、ある程度ブレーキがかけられてきたが、方向としては、日本だけの問題ではない。

家族についていえば、八〇年代以降、西洋諸国では、家族のあり方、それを反映して家族法制が、近代家族法のモデルからすると急激に解体的に動揺してきている。日本国憲法二四条を競争という概念をキイにして眺めると、この条文は、競争の制限として読むことができよう。家族はできればそれを維持するのが原則だという考え方が、基本に置かれているからである。但し、日本国憲法二四条には、個別条文としてはそこにだけ、「個人の尊厳」という言葉がでてくる。家族の維持と個人の尊厳の貫徹という二つの価値が衝突した場合には、個人の尊厳を優越させる論理が、そこには含まれている。その限りで、そこには家族解体の論理も含意されており、憲法制定時点でのヨーロッパの家族法よりも先に行っていたという読解が可能であろう。しかし常識的には、二四条を裏付ける社会的な意識からすれば、二四条は、競争制限あるいは競争否定による婚姻と家族の維持を意味するものとして受け取られてきた。今後の日本社会の動向がどうなってゆくのかは、それとして大きな問題であるが、ここでの議論の本筋からは離れるので、これ以上立ち入らないこととする。

四　3　規範内容の転換とそれへの対応

戦後経済秩序に対する対応として、戦後憲法および憲法学の傾向を全体として批判する側からの改憲の主張がある。

そのようなものとして既に自由民主党の「憲法改正草案」(二〇一二・四・二七)が示されている(後出六三)が、経済秩序についてここで確認しておこう。現行二九条二項(財産権への制約)と二二条一項(職業選択と居住移転の自由)の文言の変え方が、一点において共通でありながら他の点で対照的であり、その共通点と対照点の両方に、草案の基本性格が浮き彫りにされているのである。

共通点――　二九条二項と二二条一項から「公共の福祉」というキーワードが消される。それは、競争制限型の社会法的介入を否定しようとすることに他ならない。

相違点――　二九条二項では、「公共の福祉」にかわって「公益及び公の秩序」――何より表現の自由(二一条)の制約根拠として明記されることとなる新しいキーワードである――という文言が登場する。それと対照的に二二条一項の経済活動の自由は、「公共の福祉」による制限可能性が取り外され、「何人も、居住、移転及び職業選択の自由を有する」という言い切りの文言となっている。

競争を制限する社会法型国家介入の憲法上の根拠となる「公共の福祉」という文言をおよそ憲法条文から排除すると同時に秩序維持型国家介入の文言を明記しながら、経済活動の自由に対する関係ではおよそ制約根拠となる文言をあえて消去する。――それは、戦後の西欧型社会が共有した広義の福祉国家モデルから憲法上の正統性を奪うとともに、新自由主義経済の競争促進・強制秩序に憲法上の根拠を与えることを意味する。

新自由主義の憲法規範化は、草案の前文にも反映している。前文案は、「活力ある経済活動を通じて国を成長させる」という国家目標を掲げ、それに伴う生活格差の拡大と社会的緊張への癒し(?)として、草案作成者にとってそう考えられたであろう日本的なるもの(「国と郷土」「和」「家族」「助け合」い)に言及する。「公益及び公の秩序」は、そのような方向への非同調者の封じ込めとして、特に表現の自由や労働基本権への制約根拠となることを期待されているであろう。

そのような鏡に照らして再読することによって、逆説的ながら、現憲法の持つ意味が明瞭に映し出されるはずである。

立法論すなわち憲法解釈論の次元では、たとえば、二〇〇七年刊の『法と経済学』と題する書物の巻頭一頁目に、「経済学的知見が法律に十分反映されてきたとは言えない」という認識が示されている[45]。

経済学的知見にもいろいろあることは当然であろうが、憲法学では、一九六〇年代まで広い意味でのケインズ流の経済学的な視点が、二九条二項の解釈にほぼ反映していたはずであり、それに加えて、七〇年代の営業の自由論争を経ることによって、一定の経済学的知見が、憲法学の共有資産となってきていた。それに対し、別の「経済学的知見」からすると、憲法二二条一項と二九条二項が邪魔になり、その「知見」が憲法学の中に十分に導入されていない、という見方が成り立つであろう。そしてそれは、改憲論の、「公共の福祉」の文言を削除(二二条一項)し、あるいは「公益及び公の秩序」に変える(二九条二項)という「改正草案」の主張と相通ずる方向のものとして理解すべきであろう。

それでは、戦後憲法学の枠組の中では、どういう対応が考えられるだろうか。二九条二項については、社会民主主義的読解、二九条一項については、営業の自由論争を経た後の「市場」理解を前提とした上での市場経済としての受け止めが、枠組であった。社会民主主義といい市場経済というとき、「社会」という言葉の内実と、「市場」という言葉の内実を体系的かつ整合的に提示するということは、憲法学に、現に確かに問われている。一方で、二九条二項すなわち財貨秩序に限らず、全法秩序にかかっていく憲法の条文でいえば、一三条の個人の尊重がある。他方で、ドイツ、フランス、そしてヨーロッパ憲法条約のキーワードでもある人間の尊厳＝Menschenwürdeという観念がある。個人の自己決定という形式枠組の尊重と人間の尊厳という実質価値の間の困難なバランスを、どのように財貨秩序を巡る論議の中にも反映させていくのか、それが問われている。

今や social democracy ではなくて、social liberal でなくてはならないという議論がある。財貨秩序における social と人格秩序における liberal を意味する立場は、第二次大戦後の経済先進国に多かれ少なかれ共通した傾向であった。他ならぬ日本国憲法の条文構成もその現われであり、憲法運用上も「二重の基準」という言葉が肯定的な脈絡で使われてきた。それならばそれは広い意味での social democracy 以外のものではない。今あらためて持ち出される social liberal は、財貨秩序を論ずる内部での二つの項目の結合の仕方についてのものなのであり、それが一つのシステムとして持続可能なものでありうるかどうか、かつての social democracy の担い手にとっての試練が続いている。(46)

第三章　「近代」＝「普遍」が「歴史」に向き合うとき

第一節　法・歴史・記憶

Ⅰ　「記憶間の戦争」——なぜ

四三　問題の文脈

この節の記述は、日仏シンポジウム「植民地主義の過去——未来のための記憶」(二〇〇七年一二月東京日仏会館、『日仏文化』八〇号(二〇一一・九))での報告をもとに補筆したものである(Ⅲ3のみ、『世界』二〇一五年一〇月号掲載の論稿を用いた)。戦後六〇年の節目の前後、『読売新聞』と『朝日新聞』が相次いでそれぞれ大型の紙面企画で「戦争責任」「歴史と向き合う」という連載記事をのせていた。[1] フランスでは二〇〇五年成立のある法律(本文後出)をきっかけとして、歴史の記憶を法がどう扱うか、学界、論壇と政治の場で議論が触発されていた。そういう中で日仏の戦後を対象とし、双方から研究者が参加したシンポジウムが開催されたわけである。

なお、「植民地主義」という言葉は、とりわけ「ポストコロニアリズム」という言葉と連動するとき、近代史についての特定の史観に拘束されるという印象を与えるかもしれない。シンポジウムの企画者・三浦信孝はその点に注意を促し、colonialisme と言うかわりに passé colonial をフランス語の標題表示としたと述べていた[2](「植民地という過去」という日本語になるだろうか)。

四　1　ナショナル・アイデンティティvs憲法パトリオティズム

近代国民国家という基本枠組が、グローバリゼーションの進行するなかで、内と外の両方からゆさぶられている。内側では、服従に見合うだけの保護を提供し難くなってしまった国家は、過去の栄光——あるいは、少なくとももうしろめたい過去の正当化——を援用することによって、成員の同意を再調達しようとする。こうして、「ナショナル・アイデンティティ」が、あらためて強調される。

その際、主張されるアイデンティティが民族や宗教などの要素を中核とする（「血と大地」）ときには、国境の内側の他者を排除する方向への傾きが大きくなる。だからこそ、第二次大戦後のドイツは、「民族社会主義」ナチスの体験をふまえることなしに自己のアイデンティティを語ることができなかった以上、「ドイツ民族」ではない要素を探らなければならなかった。ハーバーマスによって世に広められた「憲法パトリオティスムス」、つまり、ドイツ連邦共和国基本法の掲げる価値へのコミットメントこそが戦後（西）ドイツのアイデンティティなのだという考え方は、それへの回答なのであった。フランスについていうならば、「ナショナル」アイデンティティではなくて「共和国」アイデンティティだ、という言い方が、これまでの答えであった。二〇〇七年の大統領選挙運動のなかで、サルコジ候補が「移民およびナショナル・アイデンティティ省」(ministère de l'immigration et de l'identité nationale)の設置を公約に掲げた（結局実現した）とき、彼を支持する保守良識派の重鎮シモーヌ・ヴェイユがただちに「共和国アイデンティティ」(identité républicaine)と呼ぶべきだと批判したのは、その文脈でのことである。

これら二つの考え方の違いは、かのマルク・ブロックの言葉とその生死の中から歴史家・二宮宏之が見事に掬い出してみせていた。(3) ドイツ占領下のフランスで、祖先がユダヤ出自との理由でソルボンヌの教授職を追われ、レジスタンスの地下運動に身を投じナチスによって銃殺されたかの高名な歴史家は、かねて自分の出自をかくすことなしに、しかし葬儀をユダヤ教で行うことを拒む遺書を残していた。二宮は、ブロックにとって国家は「一人ひとりが自らの決断により相互に結び合うことによってかたちづくられるものだということ」、「国家について、古典古代のポリスやキヴィタスにならい「政治的結合体」la Cité と呼んでいることからも、その意図は明らか」だったとして、こう続ける。――「ブロックが「遺書」のなかでくりかえしていた「祖国愛」が含意している「祖国」は、フランスならばどんな国でもよいというわけではありません。それはブロックが理念として追い求めてきた共和主義の国家、市民たちが相互に結び合うことを自らの決断によって選びとった結合体にほかなりません」。――こうしてわれわれは、ここでいう「共和国」が国王や皇帝の在・不在の次元のことでないことをも、確認することができるのである。(4)

外に対する関係でいえば、どうであろうか。地球規模の相互依存関係がエネルギー資源から金融にまで、あらゆる分野で密接さを増すとともに、それぞれの国家がその過去を含めて相互評価にさらされる度合が大きくなり、しばしば、みずから進んでであれ強いられてであれ、悔悟ないし謝罪という問題に対面することになる。「記憶間の戦争」(guerre des mémoires)は、とりわけ第三・第四世界が工業化の「成功」によってであれ、資源保有者としての優位によってであれその地位を高め、「援助より謝罪」を求めるようになってくるにつれて、長期的に見れば、それぞれの国家――より適切には「政治的結合体」――の生きのこりを左右するほどのものになろうとしている。

自己の過去についての悔悟・謝罪は、「ナショナル・アイデンティティ」の強調と衝突する局面をもたらすであろう。そこに起こるのはあまりにもしばしば、よりかたくななナショナリズムの反撥であり、そのこと自体がさらに誘発する相手方のナショナリズムとの相互応酬である。それに対し、「共和国アイデンティティ」の立場からすれば、過去の率直な清算のための営みこそが、人びとの意思――自分たち自身の意思――の力で誇りをとり戻す前提となるのだ、という言説が可能となるはずである。

過去への対応の仕方を日本について見ると、どうだろうか。一方で、「美しい国」日本が叫ばれ、美しくない過去を連想させることがらについては、忘却どころか、ことさらに、従軍慰安婦の強制は「狭義」のそれではないという類の弁明が試みられてきた。この弁明が内むきにとどまらず外にも発信される（アメリカのメディアへの広告掲載）に及んで、下院での委員会による日本批判の決議を触発することになった。内むきに消費されている限りでは主張者にとってそれなりに意味のある弁明だったはずのものをそのまま外に持ち出すことによって、「美しく」ない日本をかえって自己宣伝する結果となったのであった。

2 「想起の文化」と「忘却の文化」

「想起の文化は犠牲者の文化である。犠牲者の文化は、下の方で死んだ犠牲者たちを想起し認知する。が同時に、上の方からだれかが想起せよと要求すると、やりきれない気持ちになるのだ。逆に、忘却の文化は勝者の文化である。この文化では、勝者は相手に出させた犠牲者のことは忘れるが、自分たちが捧げた犠牲者のことは忘れず、現在と未来が過去を忘却させることにあれほど熟達しているにもかかわらず、想起の聖画像《イコン》をもっているのである。[5]」

――これは、自分自身が作家としてドイツの過去を題材とするベストセラーをも書いた憲法学者ベルンハルト・シュリンクが、「社会と政治が過去のことに関して行うあらゆる措置に法を動員することができる。法は想起を支援できるし、忘却と抑圧を支援することもできる」と書いたのにつづけて述べた文章である。

シンポジウムで私の報告は、犠牲者のために「想起」しようとするフランスの立法例をとりあげたが、その後、「上の方から」要求された「想起」の「やりきれなさ」に該当する実例が出ている。

二〇〇七年就任したばかりのサルコジ大統領が、学校教育の現場に向けてひとつの指示を出した。一九四一年一〇月ドイツ軍に銃殺された一七歳のコミュニスト少年ギ・モケ（Guy Môquet）の遺書を一〇月二二日に全国の高校で読ませよう、というのである。現代史の教訓を次世代に継承させるものとして、当初、たとえば社会党のオランド党首（当時第一書記）が支持の意思表示をするなどのことがあったが、次第に、公権力の側から歴史を「ひとつの道具箱」のように扱って「記憶間の戦争」[6]を都合に合わせて操作しようとするもの、という批判の声がひろがっていった。

同様な意味を持つ出来事が二〇〇八年二月にもあった。フランス・ユダヤ人協会連合（Conseil représentatif des Institutions Juives de France）の夕食会で、大統領が、新学年度からＣＭ２クラス（一〇歳児に対応）の子ども達一人ひとりに、ホロコーストで生命を失った同年代の子どもひとりそれぞれの名前をひきうけさせることによって、時代を追体験させることを提唱した。それに対し、成長過程にある子どもの心理にあまりに強烈なトラウマを与えるという教育上の観点からの反対、さまざまの分野での「犠牲者間の競争」を煽るという危惧が、強く出されたのであった。

他方で、「相手に出させた犠牲者のことは忘れる」（Ｂ・シュリンク）例は数かぎりないが、それどころか、それにとどまらず追い打ちをかける例もある。ほかならぬ「従軍慰安婦」についての前述の経緯はそれに該当するだろう。

Ⅱ　「想起」と「忘却」に法がかかわるとき

１　いくつかの法律例

ここで、フランスで一連の議論の発端となった法律ないし法律案について、簡単にでも要約をしておこう[7]。

まず問題とされたのは、二〇〇五年二月二三日法律四条二項の、「学校のプログラムは、海外領とりわけ北アフリカにおけるフランスの存在の積極的役割を特に認め（reconnaît）……」るとした規定であった。その議論の中で、さかのぼっていくつかの法律が俎上に載せられた。「アウシュヴィッツは無かった」という類のネガシオニストたちの言説に刑事罰を科す一九九〇年七月一三日法律(いわゆるゲイソ法)、一九一五年アルメニアでのジェノサイド(という事実)を「認める」二〇〇一年一月二九日法律、奴隷貿易と奴隷制が人道に対する罪を構成することを「認める」二〇〇一年五月二一日法律(いわゆるトービラ法)である。つけ加えれば、一九一五年アルメニアでのジェノサイドの存在を争う言説に刑事罰を科す法律案を二〇〇六年一〇月一二日下院の第一読会が採択したことをめぐって、議論はさらに再燃することとなった[8]。

これら事例を通じて、植民地支配(二〇〇五年法)、反ユダヤ主義(一九九〇年法)、ジェノサイド(二〇〇一年一月法、二〇〇六年法案)、奴隷貿易と奴隷制(二〇〇一年五月法)という、それぞれ重たい意味を担う過去の犠牲者を「想起」し「認知」することが、法律の内容であった。なかでも、〇一年一月法律、同年五月法律、〇五年法律の三つは、それぞれ過去の事実を「認める」(reconnaître)という表現をしており、「宣言する法律」(loi déclaratoire)——ひとによっては「言い立てる」という含意で loi déclamatoire とも言う——といわれる性格を示唆している。

2 「宣言する法律」の効果・無効果

およそ自然現象がそうであるように、過去の社会現象——一般化していえば過去の人間行動——の存否は、法によって「宣言」されたからといって、それに左右されるものではない。また、「宣言」されなかった無数の事柄が、過去に遡って消滅するわけでもない。そもそも法のテクストは「……べし」(Sollen)を語るのであり、「かくある」(Sein)世界を左右できるものではない。

なんらかの法的な効果を期待しながら「宣言」したはずのことが所期のとおりにはならなかった例が、議論の中であらためてとりあげられた[9]。栄光のレジスタンスを「想起」するのとは裏腹に、ヴィシー政権下のフランスを「忘却」しようとした例である。一九四四年八月九日の日付を持つド・ゴール臨時政権のオルドナンス(法律に代る政令)

の第一条は、「フランスの統治形態は共和国(République)であり、かつありつづけている。法的に、それは存在をやめたことがない」と述べていた。この文書は、そのような表現形式によって、ペタン元帥の率いたヴィシー政権(L'Etat français)の存在を消去し、従って自明のこととして、その正統性を否認したのである。ヴィシー政権の行為についてフランス共和国は法的責任を負わない、という法的意味がそこから引き出されてきた。

ところがごく近年になって、コンセイユ・デタ(行政最高裁判所)が、ヴィシー政権下の公務員の行為について、職務から区別されるべき彼自身の不法に帰せられない要素がある場合にはその限度で、国家の賠償責任を——公務員たる個人の責任とは別に——みとめた(二〇〇二・四・一二判決)[10]。

ヴィシー政権を法的に存在しなかったとして扱うことは、国家としての法的責任の否定にとどまらず、「否定」による「忘却」という効果を随伴するという可能性を否定できない。ド・ゴールからミッテランまでの政治指導者がヴィシー政権下の事態についての責任を否定してきたことと対照的に、シラク大統領が一九九五年七月にVel'd'Hiv事件(一九四二年、ユダヤ人を一斉連行して強制収容所に送った)へのフランス当局の関与につき謝罪と悔悟を表明したのは、「忘却」することへの警告を意味した。二〇〇二年コンセイユ・デタ判決がその解釈によって、一九四四年オルドナンスについてそれまで与えられていた法的意味を変更したのは、その社会一般に対する効果において同様な意味を持つものだったのである[11]。

法律が「宣言」しても、存在していたヴィシー体制を無かったものとすることはできない。一般化して、それでは「宣言する法律」を、にもかかわらず制定することに、どんな意味があるのだろうか。

本稿でとりあげてきた五つの法律ないし法律案の規定は、法律そのものは政府提案だったものを含め当該の条文についていえばすべて、議員提案にかかるものであった。一つの例についていえば、その背景にあったのは有権者というかたちをとる犠牲者集団であった(〇一年一月法と〇六年法案についてはアルメニアからの移民有権者、〇一年五月法についてはカリブ海旧植民地の有権者、〇五年法についてはアルジェリアからの引揚げ有権者たち)。

これらの提案者議員たちの行動が、集票という当面の利害関係と無縁だったわけではないであろうが、そのこと自体が非難されるべきではない。公共社会を構成する成員が過去の被害者(victimes)としての痛みを癒そうとする要求は、それとして汲み上げられなければならないはずだからである。

それはまた、被害感情の修復と同時に、公共社会の構成員一般に対し、将来に向けての教育的な役割を期待されるだろう。社会一般が、直接に加害者でなくともなんらかの意味で過去とのかかわりにおいて負い目を持つような場合は、とりわけそうである。九〇年法は、特定の有権者集合に対応するという度合はうすく、ナチスによる占領に「協力」(collaboration)した過去という体験にかかわって、社会一般に向けた教育的目的が読みとられるべきであろう。

被害者感情の修復機能と、社会一般の問題として反ユダヤ主義、ジェノサイド、奴隷制と奴隷貿易、植民地主義の克服のための教育的機能。——問題は、そのような課題に応えるための努力に対し、法がどのようにかかわるべきか、ということである。

四 3 法のかかわり方——立法か裁判か

「想起」であれ「忘却」であれ、事実とされているものの取扱いに法がかかわる場合、法律(立法府の制定にかかる)によるのか、それとも裁判によるのか。〇一年一月法はアルメニアのジェノサイドを立法府が「認めた」ことを意味したのに対し、九〇年法では裁判所が認定した事実、典型としてはアウシュヴィッツにかかる事実が問題となっている。物的証拠と証言に基づく一定の手続によって具体的な事実を認定することは、場合によって歴史家の証言や鑑定という参加をも得つつ[12]裁判所が行うべき任務である。そのような手続を備えない立法府が事実の存否を「宣言」することは、その任務ではなく、歴史家に委ねられるべき本来の仕事を妨げるおそれが大きい。アルメニアとトルコの歴史家たちが——それぞれ自国の公権力と世論に抗して——行いはじめた、共同研究によってより正確な認識を得ようとする営みが〇一年一月法律、まして〇六年法案の存在によってかえって阻害されていないか。〇一年五月法によって挙示された、「一五世紀以来」の「大西洋両岸間の黒人奴隷貿易及びインド洋奴隷貿易」という文言があったことによって、『奴隷貿易——地球規模の歴史試論』と題する「客観的な実証研究」に対し、当該法律による「癒やし」の対象となった被害者を傷つける言説として訴訟が提起されるきっかけとなったではないか。[13] 北アフリカ統治の中でフランスがしたなにがしかの「積極的」要素をことさらに挙示することによって、植民地主義をめぐる多様な諸論点から目をそらさせることにならないか。特にようやく近年、対ドイツ戦争に動員された旧植民地出身兵の「積極的役割」や、他方で植民地独立をフランスが承認した際に現地の協力者たち(harki と呼ばれる人たち)を切り捨ててきた、植民地解放に伴う「消極的」要素にあらためて人びとの関心が寄せられているだけに一層、そうではないか。……

裁判所による歴史事実の認定を前提とした法律についていえば、裁判の公正という条件が充たされているかどうかという一般論を別として、九〇年法の場合に即していえばつぎのような大きな論点がある。「アウシュヴィッツは無かった」という類の言説は「月はロックフォールチーズで出来ている[14]」という言明と同様、歴史事実の存否をめぐる言論相互の争いの土俵にのせるまでもないとするのが、常識であろう。それならば、刑罰を伴う言論規制によってその種の言説を言論の自由市場から排除することの是非はどうか。その態度決定は、ヨーロッパ大陸型とアメリカ合衆国型で対照的に分かれる。憲法原則にまで高めるか(ドイツ)、立法によって整備するか(フランス)の違いは別として、前者は規制によって一定の実質価値(たとえば反差別)を保護しようとし、後者はあくまで言論同士の争いに委ねる(more speach)ことを建前として掲げるからである。

その点に関して、日本の立法・裁判の公的な態度は、枠組としてはアメリカ型に属している。憲法九九条の掲げる憲法尊重擁護義務はもっぱら公権力の担当者に向けられたものであるという了解は憲法学説として一般化しており、ドイツのように憲法忠誠義務を私人にまで——特にその政治的表現としての政党にまで——課すものではない、と考えられている。立法の次元でも、人種差別撤廃条約（原署名国による署名は一九六六年）を一九九五年に批准する際に、差別言論に対する処罰の立法化を求める条約四条（a）（b）の規定の適用に当たり、「日本国憲法の下における集会、結社及び表現の自由その他の権利の保障と抵触しない限度において、これらの規定に基づく義務を履行する」という留保を宣言している。裁判の場面でもまた、判例の一般論の説示として、基本権保障の仕方として表現の自由が特に優遇されるべきものという枠組（「二重の基準」の考え方）を示している。経済的自由への制約を定める法律の合憲性が争われた事件で、「個人の経済活動の自由に関する限り、個人の精神的自由等に関する場合と異なって」それへの制約は憲法が予定し許容するものだ（最高裁一九七二・一一・二二大法廷判決）、としているからである。⑮

Ⅲ 「歴史」と「記憶」

四九

1 「記憶間の戦争」と「記憶の専制」

歴史事実についての言及を内容とする一連の法律が「記憶の法律」(lois mémorielles)と呼びならわされているように、「歴史」と「記憶」という二つの言葉は微妙に触れあっている。「歴史」は、たしかに、無数の「事実そのもの」を無概念的に羅列したものではありえない。しかしそれは、実証と反証のルールに服しつつ暫定的に確定される性質のものとして、「物語り」そのものからは区別されなければならない。他方で、「歴史」について人びとが積極・消極の評価を含めて抱懐するものが「記憶」である。「歴史」があくまでそれを語る個人それぞれにとってのものであるのに対し、「記憶」が集団によって担われるとき、それは「歴史」をゆがめるものともなる。「集団」が公権力＝国家であれ、さまざまの社会集団(人種、民族、宗教集団など)であれ、同様である。「記憶」が象徴の形をとって表現されるとき(フランス革命の「記憶」としてのラ・マルセイエーズと三色旗)、「歴史」との区別は一層はっきりするであろう。

ことがらが意思の要素にかかわるものである限りにおいて、それは政治の主題となり、「記憶」への同調は簡単に成立するわけではない。フランスの左翼にとって、「ラ・マルセイエーズ」と「インターナショナル」、三色旗と赤旗とを共に掲げる仕方でそれがなされるのは、ナチス・ドイツに対するレジスタンスを経てのことであった。今日では、かつての「階級」間闘争にかわって、民族ないしエスニシティや宗教という単位が、「記憶」の一元化に抵抗する要素をなしている。「一にして不可分の共和国 une République indivisible……」(憲法一条)の原則を掲げて、あくまで諸個人の統合を標榜し、communautarisme への傾向を強く警戒してきたフランスでも、もはや、それは単一の「記憶の専制」ではないか、という批判に応えないわけにはゆかなくなっている。

こうして、複数形で「記憶」が語られる今では、「記憶の専制」よりも「記憶間の戦争」へと問題が展開してきている。〇一年五月法律は、これまで「単一不可分の共和国」の「記憶」の外に置かれつづけてきた旧植民地の人びとの「記憶」の存在を公に「認め」(reconnaître)させることにほかならなかった。複数形の「記憶」がひとつの公共社会内部での多様性の尊重を支えるべきことが期待される反面、「記憶」を基準として分立する複数の共同体(communautés)がそれぞれの内側の個人を抑圧し、他の共同体との関係では諸記憶の相互無関心のままの並存、わるくすると「被害者集団の割拠主義」(communautarisme des victimes)による公共社会の分裂につらなるおそれを、どう克服するのか。

「歴史」に対する謙虚さと率直さを前提にしたうえでどのような「記憶」を形成してゆくのか。それは、自由な社会ではそれを構成する各人一人ひとりの考えを出発点として行われるべき事柄である。そして、「記憶」をめぐる見解の相違を前提とした政治闘争の過程で、法律という形で示される公共の意思が、個人の自由を保障すべき公権力の価値中立性という近代法の原則を越えない範囲内でどこまで介入すべきなのか、その度合をめぐる闘争も、自然かつ不可避というべきである。

五〇 2　戦後日本――「記憶」を共有できないための矛盾の循環

「記憶」という問題への対面の仕方について考えようとするとき、日本では、ほとんどもっぱら、ナチス体験とのかかわりでのドイツのことが、引照されてきた。その間、地球規模では、植民地支配の過去、奴隷制、そして近代国家形成時の先住民排除にいたるまで、犠牲の「想起」が促されるように、事態が進行してきている。他者――国境の内側に居る他者を含めて――に与えた犠牲を「想起」しようとする際に、にもかかわらず自己自身を支えるアイデンティティを提供するのは何か。本節の冒頭で述べたように、それは、血脈や地縁のような、人間の意思の外にある「ナショナル」アイデンティティではありえない。「共和国アイデンティティ」(フランス)、「憲法パトリオティスムス」(ドイツ)、アメリカ合衆国でいえば独立宣言と合衆国憲法が象徴する「建国の父たち」の理念こそが、それであった。そしてまた、そのようなアイデンティティは、それ自体に対する批判に対してもどれだけ開かれているかが問われつづけなければならないという緊張関係の中になければならなかった。そのような観点からすると、日本の置かれている状態はどのようなものであろうか。

戦後日本が象徴の立法化としておこなってきた一連の措置には、共通性がある。国民の祝日に関する法律(一九六六年改正による「建国記念の日」、二〇〇五年改正による「昭和の日」)、元号法(一九七九年)、国旗及び国歌に関する法律(一九九九年)はそれぞれ、必ずしも条文上に表現されているわけではないにしても、その制定の文脈からすると明らかに、戦後日本の「繁栄」から遡りつつ日本近代の経過を連続線でつなごうとするものであった。法律という形式をとってはいないが、明治一〇〇年記念祝典(一九六八年)や昭和天皇在位六〇年記念式典(一九八六年)についても同様であった。

そのような「記憶」の仕方は、植民地支配と侵略戦争によって相手方に与えた「犠牲」を「忘却」しようとする。ところでしかし、「忘却」しようとしている歴史はまた同時に、自分たち自身の苛酷な「犠牲」と表裏一体でもあった(一九三一年とりわけ一九四一年から一九四五年まで)。自分たち自身の犠牲をあえて過去と連続した仕方で「想起」させようとする靖国神社の国家護持法案が不成立のまま今に至っているのは、客観的に見れば、他者への「忘却」と自己の「想起」を同時に求めようとする矛盾のあらわれとも言えるであろう。もとより、靖国については政教分離という憲法上の明白な原則があって法制化を阻げる要素となっており、他の法制化についてと違う事情があったことは重要であるにしても、である。

その憲法は、どうであろうか。そこには、かねて「戦後」を「疑い」かつ「総決算」しようとしつつも、「未来」に向けての方向性を見出すことができないできた様相が浮かびあがってくる。

日本国憲法が——一七七八年合衆国憲法や一七八九年人権宣言や一九四九年ドイツ連邦共和国基本法と違って——日本社会全体のコンセンサスの対象となってこなかった本当の理由は、第九条という戦後日本に「特殊」な規定をかかえてきたからだけではないし、条文と現実が「特殊」なまでに乖離してきたからでもない。憲法を「政治結合体」(一七八九年宣言)としての公共社会の依拠基準とすることができないがゆえに、「記憶」を共有することができず、「記憶」を共有することができないがゆえに、「戦後を脱却」しようとする勢力がそのための憲法改変を実現することができない、という矛盾の循環に陥ってきたことが、肝腎の問題点だったのである。

その循環をどのようにしてぬけ出るか。あるいは、むしろその循環にとどまりつづけることになお意義を見出すべきか。

五一

3 ゴルディオスの結び目を断ち切る？

「……いろいろな国の人びとが、自分たちの歴史について、その中からある選択をして、私たちの国はこういうものであると考え、それを自分たちの生活を支え動かしてゆく情熱と理想の根本としている……。彼らの歴史というものも、拾えば、それと矛盾する事実がいろいろと出てくるだろうに、彼らはその中から、選択をして、自分たちとその歴史を語り、将来を形づくる目標とする」（吉田秀和『ソロモンの歌』）

日本の戦後社会が当面してきた矛盾の循環というゴルディオスの結び目。それを一刀のもとに断ち切ろうとする勢いが、戦後七〇年の節目に向けて、一見すると経済の浮沈だけに関心を集中する世相とは裏腹に、進行していた。その中で巡ってきた、第二次世界大戦の終りを意味した「玉音放送」から七〇回目の「八月一五日」（日本時間）。その日に向けて予告されていた安倍晋三首相の発語を、「中国・韓国のリーダーたちから米欧の知識層まで」（英誌『エコノミスト』二〇一五・八・一五）が憂慮と苛立ちの眼で注目していた。それは、旧敵国、旧植民地の側からの当事者としての関心とは別の、より大きな歴史的視野からの動機を含むもの、と私たちは受けとらなければならない。「戦後レジームからの脱却」を政治信条に掲げてきた人物が戦後七〇年の節目に首相として際会し、「過去の政治をどう扱うべきかについて現在受けいれられている世界規準」をどう「突破」（前出誌）しようとするのか。――それが問われていたからである。

実際、数カ月の間、国の内外からの節度ある要望や助言が多く寄せられる中で、首相の《political head》と《heart》（前出誌）の相克の模様がいわば世界の衆人環視の中で推移していた。そのこと自体、日本社会の指導者層の資質、ひいては国民の指導者選択（M・ヴェーバーとともに言えば Führerauslese）能力への信頼度を傷つけるものだった。加えてより以上に、実際になされる談話の内容が問われたことは言うまでもない。

問題は大きな座標の中でとらえられなければならない。

地球規模の相互依存関係がエネルギー資源から金融にまで、あらゆる分野で深まってゆくと同時に、それぞれの国家――より適切に一七八九年宣言の文言で言えば「政治結合体」――がその過去を含めて相互評価にさらされる度合いが大きくなり、みずから進んでであれ強いられてであれ、悔悟ないし謝罪という問題に対面することになる。

そういう中で、「歴史と記憶」というテーマを語ることは、地雷原の上を歩くにも似た仕事となる。自己の過去についての悔悟・謝罪は、それの反撥として「ナショナル・アイデンティティ」の強調、進んでかたくななナショナリズムを誘い出し、自国内での「記憶（複数）の争い」、悪くすると「記憶（単数）の専制」へと傾いてゆく。他方で、そのようなナショナリズムの高揚はさらに相手方のナショナリズムをかき立て、相互応酬の悪循環へとつながってゆく。そのような磁場の上で、勝者あるいは（敗者であっても）加害者の側は他者の歴史をもっぱら忘却しようとする方向に、敗者あるいは（勝者であっても）犠牲者の側は自己の歴史をもっぱら想起する方向に流されてゆくだろう。それを理性の力によって統御するには当事者たちの、とりわけ政治指導者たちの見識と明確な意思が不可欠なのである。

そういった問題意識と脈絡のもとで、八・一四安倍首相談話が国の内外に向け発信された。

談話に接しての私の感想は三点あった。

第一。長文であること。その長文の中に、戦後「我が国」がしてきたことの記述として「悔悟」「反省」「お詫び」という単語、「二度と」してはならないという脈絡で「侵略」という単語が、埋め込まれていること。

第二。「私が」「内閣総理大臣の私」「私の内閣……」という言い方を多発してきた首相が「私」という主語を慎重に避けていること。過去の事実については、国家としての日本がした行為として語られるよりも、受動態で語られることが多いこと。

第三。第一、第二の特徴にかかわらず、全体を通して首相のかねての言説に沿う内容は十分に読みとれること。

《political head》と《heart》の綱引きという言い方に沿って言うなら、第一点と第二点でheartとの正面衝突を迂回しながらheadを働かせたのだとすれば、第三点ではheartを満足させた、ということになる。

（実際にそうしたように）「百年以上前の世界」での西洋諸国による植民地支配から説き始め、それへの抵抗として日本の近現代史を描く構図を設定するのか。それとも七〇年前にようやく終った戦争の直接の発端だった一九三一年の「満州事変」から話を始めるのか。首相談話は、自由な立場での歴史概論の講義ではない。自国が他国で他国に対して始めた戦争のことをその国の現在の政治指導者がどう語るかが注目されている中で、談話冒頭での構図の設定は既に、heartに従って言いたいことを言うという構えを基本にしたことを意味するだろう。

それでは、「中国・韓国のリーダーたちから米欧の知識層まで」は、談話のどこを肝要と見たか。私自身の知識の偏り具合からしてここでは「米欧」に限ることにして、それを私はどう受けとめたか。

首相談話を報じた『ル・モンド』紙電子版の数十秒に限った動画は、次の部分をとり出して伝えた。

「日本では、戦後生まれの世代が、今や、人口の八割を超えています。あの戦争には何ら関わりのない、私たちの子や孫、そしてその先の世代の子どもたちに、謝罪を続ける宿命を背負わせてはなりません」

英米メディアの論説でも、同じ箇所を引いて標題あるいはインデックスの説明文とするものが目についた（『ガーディアン』電子版八月一四日のJustin McCurry論評。『ワシントン・ポスト』電子版同日のAnna Fifield論評、ほか）。

たしかに、ここが肝腎だった。談話の語り手にとっても、そうだったはずである。そして問題はその上でどうなのか、ということなのだが、それを問うのに先立って言及しておくべきことがある。談話のこの数行を透かして見えてくる二重の仕掛けが、私にとって重要と考えられるからである。

第一。かつての村山首相談話には出て来なかった、従ってその「継承」が問題とされてこなかった「謝罪」という言葉が、ここで登場している。「謝罪広告」が良心の自由を侵すことはない（最高裁一九五六・七・四大法廷判決）、というふうな、ゆるい言葉の使われ方があるにしても、「謝罪」には重い語感がある。あえてその言葉を使ったことには、どんな意味があったか。

村山談話のキーワード中でも「お詫び」という言葉だけは、今回の談話のための与党関係者間のすり合わせの際、首相の案になかった、と報道されている。結局は過去に「お詫びの気持ちを表明」してきた、という記述を受け入れることになったのだが、ここで、英語ヴァージョンで「お詫び」と「謝罪」に――文中で名詞として使われるか動詞として使われるかの相違はあるにしても――apology, apologize という同じ訳語があてられていることに注意を向ける必要がある。英語版を対照させて読む読み手にとっては、メッセージはこう伝わることになろう――apology＝「謝罪」を続ける「宿命」から「戦後生まれの世代」、「その先の世代の子どもたち」、従って首相自身が解き放されることによって、引き継ぐかどうか焦点とされてきた apology＝「お詫びの気持ち（の）表明」を打ち止めにする（なお前出『ガーディアン』と『ワシントン・ポスト』それぞれの論説の見出しは共通に“stop short of” apology という表現を使っていることに注意）。

第二。注意深い聴き手、読み手に対して、という限定付きだが、ひとつの誘導が用意されていた。というのは、こうである。

問題の数行に接して、一九八五年のワイツゼッカー（当時ドイツ連邦共和国大統領）演説の一節を連想する人がいるのは、自然であろう。現に談話にひきつづく質問（産経新聞記者）で、ワイツゼッカー演説との共通性がことさらに取り上げられていた。日本の国外から批判的な意味で注目された論点が、国内では、戦後ドイツの良識と智慧の象徴と見られてきた人物の名を引き合いに出しながら流布されるとしたら、それはどういうことなのか。使われている言葉に即して、事柄を明らかにしておくことが必要となる。

問題の箇所が対応しているワイツゼッカー演説は、こう説いていた。(16)

「一民族（Volk）全体に罪がある、もしくは無実である、というようなことはありません。罪といい無実といい、集団ではなく個人の事柄なのです……今日の人口の大部分はあの当時子どもだったか、まだ生まれてもいませんでした。この人たちは、自らが手を下していない行為について自らの罪を告白することはできません。」

この演説の論理構造については、すでに村上淳一による周到な論説「罪咎・謝罪・責任」が、読み手に注意を促している。[17] 同論文から示唆を得ながら、今回の首相談話を念頭に置きつつ私としての理解を述べよう。

問題の核心は、日本語で「謝罪」という言葉が使われる場合、その前提となる「罪」という語の意味理解にかかわる。

Richard von Weizsäcker（以下Wと略称）本人にとって、罪＝Schuldとは、法律上のそれであれ政治的意味でのそれであれ、それを犯した当人についてしか語ることができない性質のことがらであり、従って、「罪」の「告白」＝謝罪はあくまでそれぞれの個人の行為でしかありえず、集団の行為としては、初めからあり得ない。Wにとって「謝罪」とはそれほど重い行為なのだ。

そのように厳格な謝罪観の背景にあるのは、基本的に、個人と絶対者との間で成立する「罪」の意識に他ならないであろうが、加えて、博士号を持つ法律家としての、犯罪と刑罰との対応関係についての意識もあるであろう。さらにもうひとつ、父Ernst von WeizsäckerとW本人との間で共有された痛切な体験も無視できないのではないだろうか。父エルンストは高位の外交官としてナチス時代も外務省高官の地位にあり、ユダヤ人六〇〇〇人をフランスからアウシュヴィッツに送る文書に署名した廉《かど》で五年の刑の宣告を受けた（連合国内から異論が出て一年で刑を終えた）のだったからである。若きW自身、ニュルンベルク裁判で父の弁護の補助をつとめたという。

いずれにしても首相談話は、Wにとって「罪」を犯した本人以外には初めから考えられ得ぬ「謝罪」という重い言葉をあえて使うことを媒介項として、日本でのWに対する高い知的・道徳的評価をも自分に引き寄せるという可能性を組み込んだことになる。

ここでいちばんの本筋に戻ろう。

もとよりWは、厳密に個人主義的な「謝罪」の観念を示すことによって、祖父の世代の「罪」の重荷を若者たちの肩から外すことで終るわけではない。その箇所をはさんで演説全体が、「罪」なき者も「前の世代から重い遺産を受け継いでいる」ことを説き、「老人であろうと若者であろうと」「過去のもたらした結果」について「責任」＝Haftungを負わされていることを訴えるのだから。そしてW自身が（過酷な東部戦線体験を含めてであろう）「心に刻」んだ「ドイツ人」の過去、「ドイツ史の誤った流れ」を、繰り返し繰り返し、くわしく立入って想起するのだから。さらにまた大統領としての言動を通して、「責任」に応えることの具体的な意味内容を内外に示すのだから。それらのことは、演説の全文が早い時期から日本語に翻訳され多くの読者の目に触れてきた上に、彼について既に多くのことが語られていることからして、ここで改めて繰り返す必要はないであろう。

首相談話も、「過去を受け継ぎ、未来へと引き渡す責任」を言う。だが問題は、どんな「過去」観を、これまで首相が披瀝してきたか。また、未来に向けて「責任」へのどんな応え方を具体的に示してきたか。ぶ厚いものになるだろう安倍語録を、ここで引き合いに出すまでもなかろう[18]。

歴史の見方は歴史家によっても一様ではないだろう。しかし、事実を枉《ま》げて歴史を作り変えることはできない。学校教育での日本史、そして近現代史を重視する方向への変更が、取り沙汰されている。万一にも、（意図的にであれ錯誤によるものであれ）枉げられた歴史に基づく「記憶（単数）の専制」に向かうようなことがあってはならない。複数ありうる「記憶」間の対話を通して、「将来を形づくる目標」を見定めてゆくこと。そのための基盤となる地層が、日本国憲法のもとで歳月に堪える岩盤を形成しつつあったのではないか。それを壊そうとする力は、日本国憲法を全面的に書き変える憲法案を既に示している（二〇一二年四月二七日公表の「日本国憲法改正草案」）。それに対して、「老人であろうと若者であろうと」、そして旧来の「改憲」「護憲」の仕切りをも越える抵抗ラインが、すがたを現し始めている。

第二節　「歴史」にからめとられる「共和国」＝「市民」？

Ｉ　「普遍」としての近代立憲主義

五二

１　「自己統治秩序」の「近代ヴァージョン」の二つの型

国民国家単位に記憶され、あるいは忘却される「歴史」が一方にある。他方でその近代国民国家は、権利保障と権力分立を内容とする立憲主義を、普遍的価値として掲げる。

一九世紀から二〇世紀前半にかけ近代立憲主義の制度化を国内で整備していったイギリス（Rule of Law と Sovereignty of Parliament）とフランス（République）は、その過程を、植民地帝国の形成という歴史の「記憶」と「忘却」の組み合わせのもとで、正当化していった。コインの表側は文明の伝達者としての国民的記憶であり、裏側は侵略と収奪という現実の忘却である。「植民地は国際法上は国内（völkerrechtlich Inland）、国法上は外国（staatsrechtlich Ausland）」という言い方は、乗り遅れた植民地主義の側からの——それ自体としては的を射た——批判であった。植民地は、国際法上は宗主国の主権下にあって他国の干渉を許さず、憲法上は国内なみの自由も政治参加も否定されていた（権利保障と権力分立＝立憲主義の不在）からである。

一方で「歴史」、他方で立憲主義という「普遍」の間の緊張は、実は、国内＝立憲主義と国外＝植民地との間の問題には限られない。近代立憲主義を掲げる国内での、「普遍」と「歴史」の綱引きがそれである。

近代立憲主義の普遍性の端的な自己表現として、一七八九年の「人および市民の諸権利の宣言」第一六条は、権利保障と権力分立という二つの要素によって「憲法」を定義した。そのちょうど一世紀前、一六八九年の「権利章典」Bill of Rights が、マグナ・カルタ（一二一五年）に遡る自国の歴史を引き継ぐ仕方で、中世立憲主義と近代立憲主義を架橋していた(19)。前者＝断絶型と後者＝連続型という、二つの近代モデルである。

どちらの場合でも、時間の流れそのものはもとより継続している。しかし、前近代と近代の間には「自己統治秩序」から「支配秩序」への傾斜（三一）を見てとることができ、その傾斜は大きく分ければ二通りの外装のもとで行われたのだった。

イギリスの場合、自己統治秩序の「近代」ヴァージョンは、権利章典の文言上は「貴族及び庶民の古来の権利及び自由」であり、国会と国王の共同意思の表明（King in Parliament）としての法律の至高性であった。しかしその権利および自由は権利章典の同時代人ロックによって既に、各人に固有の property として説明されていたのであり、「国会における国王」という定式の実質は、やがてダイシーによって《Sovereignty of Parliament》と呼ばれるものに集約されてゆく（主権・人権システムに対応するイギリスにおける表現形態）。

五三　2　一七八九――主権・人権システムの範型

一三世紀マグナ・カルタまで遡る中世立憲主義の伝統を援用するイギリスと対照的に、自己統治秩序の近代ヴァージョンを体系的に開示して見せたのが、一七八九年宣言のフランスであった。それだけに、「普遍」を掲げる「人為」と「自然」を支えとする「歴史」との間の綱引きは、激しく明示的なものになるだろう（五四）。

一七八九年宣言が描き出した主権・人権システムは、主権の担い手としての国家と権利主体としての個人とを対置する。主権の淵源は「本質的に国民に存する」とされる一方、権利の主体は、宣言の標題そのものが示唆する通り、

「人の権利」＝人権の主体としての homme と、国民主権の行使にかかわる場面での権利主体としての citoyen という二つの面でとらえられる。憲法学の慣用語でいえば、homme の権利は国家からの自由、citoyen の権利は統治に参加する参政権ということになる。

ここで、宣言一七カ条の文言に出てこない二つの言葉の不在の意味を確かめておく必要がある。ひとつは、「人」権の列挙の中での結社の自由の不在であり、それは、革命そのものが身分制の解体を主題としており、結社の自由とは反対に結社からの自由こそが追求すべき課題だったからである。一七九一年六月一四―一七日のデクレ＝ル・シャプリエ法は、一七八九年宣言の結社の自由についての沈黙の意味を明らかにする。こうして、「人」権は、身分制秩序から解放された個人を主体とする権利であることが、確認される。

もうひとつは、「国家」という文言の不在であり、実際、前文と一七カ条の中に、Etat という語句は一度も出てこない。それに対応するのは、国家の目的すなわち存在理由を述べる第二条が言う association politique である。結社一般については前述のように扱う中で、association politique（＝ポリスという結合、政治統合）だけが特権的地位を占める。それこそが国家なのであり、それをあえて association と呼んだところに、近代以前の「自治統治秩序」の「近代的ヴァージョン」と言うにふさわしい志向性を読みとることができる。しかしまた同時に、実は国家に他ならぬものが、自分自身以外の association＝中間集団を解体したことの意味を読みとることも重要であった。そのようにすることによって、一方では個人という「人」権主体を析出すると同時に、他方で国家の手の中に権力を集中することによって、権力支配秩序という近代の基本構図をデザインしたのだったからである。

Ⅱ 「普遍」＝人為と「歴史」＝自然の綱引き

五四

1 「自己統治」から「支配」への傾斜と抵抗

自己統治秩序の近代的ヴァージョンとしての一七八九年体制は、しかし、主権・人権システムという形で、ひとつの支配秩序を明確に定式化した。自己統治秩序の近代版は、もともとそれ自身、「支配への傾斜」を内に含んだ「不安定な自己統治体制」だったのである。[20]

そのような「近代」の「支配」に対して、カトリシズム、ロマン主義、総じて復古主義の諸傾向が「歴史」の側から抵抗を続け、その抵抗を押し返す「共和国」との間で繰りひろげられる闘争が、一九世紀から二〇世紀はじめにかけてのフランス史を特徴づけることとなる。[21]

「王制待ちの共和制」として発足した一八七五年憲法のもとで第三共和制が共和派優位のうちに定着してゆく過程で、フランス社会を二分しながら進行する反教権主義(anti-cléricalisme)闘争が、それであった。王党派の色彩の強いカトリック教会の影響を政治から排除しようとする闘争は、何より、次世代の市民を育成する学校教育の場で推進されていった。その一連の経過は公立学校システムの創設に始まり、ドレフュス事件をめぐる激しい対立をはさんで一九〇五年の政教分離法によってひとまず決着する。

そのように形成されてきたフランス型の政教分離＝ライシテ(laïcité)は、憲法の文言には書き込まれないにしても、一九五八年憲法下の憲法院判決により「共和国の諸法律によって承認された諸原理」とされ、違憲審査の基準としての憲法規範にまで高められている。

とはいえ、社会の圧倒的多数の人びとの日常を包摂していたカトリシズムという「歴史」は、生命倫理や家族のありかたという場面で、新しい方向を志向する政治と対抗的な立場に立つことによって、ライシテの射程を相対化しようとする（たとえば二〇一四―一五年の、同性婚の法制化を主導する《mariage pour tous》の運動と、それに対抗する《manif pour tous》の運動）。

加えて、もともとライシテは社会の圧倒的な多数派だったカトリシズムを相手としてその政治における影響力を排除するという問題であったが、現在、イスラム教徒が問題の当事者となることによって、政教分離という争点が同時に社会的少数者の処遇をめぐる態度決定と連動するものとなっている。しかも、イスラム教のフランス社会内での存在感が必ずしも「マイノリティ」という用語が示す次元のものにはとどまらなくなるという予感が人びとの間に広まっていることによって、さらに問題が尖鋭かつ複雑なものとなっている(22)。

ライシテは、「自己統治」の「近代ヴァージョン」が析出したはずの「個人」の実質をつくりあげるために、宗教の社会における影響力の限界を設定する。そして、近代国家がライシテという挑戦を仕掛けることが必要だったというそのこと自体が、近代以前の「自己統治秩序」が実は、個人を宗教あるいは身分制という「秩序」によって包み込むものだったことを、あらためてあぶり出す。そして、前近代の自己統治秩序であれ、その近代ヴァージョンとしての近代国家という支配秩序であれ、秩序それ自体の含む強制という問題に、われわれをつれ戻す。

亖　2　自己決定からの逃避としての「癒し」

まさしくその点と重なる問題提出が、第二章第一節Ⅲでとりあげたフーコー＝石川によってなされていた（亖）。「仕組まれた「自己決定」」という観点からすると、「自己統治」が既に、実は「他者支配」の枠組の中に回収されているのではないか、という論点である。ここではしかし、「仕組まれた自己決定」を意味することとならざるをえない「自己統治の近代ヴァージョン」を前提とした上で、憲法学の議論の射程範囲内に、考察を限定しておきたい。

一七八九年秩序は自己決定秩序の近代版だったはずであるが、国家との対極構造のもとに置かれることとなった個人は、いわば危うい綱渡りを続けなければならないこととなる。[23] 個人は homme＝人として国家から自由な空間を獲得するが、その状態を維持するためには、今や自立し自律する citoyen＝市民としてみずからを陶冶しなければならないからである。「ひとは citoyen であることによって始めて homme でありうる」というルソーの言はまことに的を射ているのであり、その際 citoyen という言葉はルソーの定義通り、一体としての peuple＝人民を構成する諸個人、公共＝res publica（典型的には国家）の運用にかかわる諸個人に他ならない。

「人」と「市民」の連関と緊張」という副題をつけた私の著書『憲法という作為』に対し、かねて憲法と憲法学に並々ならぬ関心を寄せる研究者グループを主導してきた日本史家・小路田泰直が、論稿「ポストモダンに対しモダンを擁護する意味」によって、その標題が示すようにきわめて適切な仕方で、私の意図したところを受けとめた。

同論説は、「人は citoyen たらねばならぬとする、まさに近代的規範意識」が重荷として課せられたのだということ、そして、そのような「近代的規範意識そのものの解体」による「癒し」を求める言説がポストモダンの意味なのだということ、を明快に指摘する。小路田はモダン対ポストモダンという対置を「普遍」対「差異」という対語によってとらえるが、それは、ここでの私の用語での「普遍」と「歴史」に対応するだろう。同じく日本史家の住友陽文は、同じことを、「人為の意思」対「自然」の対比で表現する。まことに、「人為」は人を緊張させ、「自然」は人を「癒す」ことを期待させるだろう。[24]

小路田により「ポストモダンに対してモダンを擁護する」ものとして適切に定式化された私の考え方は、後続世代の憲法研究者たちによって、「強い個人」を前提にした議論として、その「息苦しさ」、抑圧性を指摘する批判が、少なからず寄せられてきた。その一方ではまた、同じ内容を逆むきにとらえて問題をとり出す設定があった。

憲法学者の中から蟻川恒正と私とを例に引いて、「「自由」、「個人の尊厳」など、バラ色のイメージで語られてきた事柄の、「苦しさ」を描出してきた」と受けとめる民法学者・小粥太郎の指摘[25]がそれである。それは、「漫然と、人権を保障すれば、自由を与えれば、人を幸せにできると考えてきたフシがある」「日本の憲法学」の中で、あえて「苦しさ」を問うことの積極的意味をみとめてのことであった。

もっとも、人権と自由がおよそ人を幸せにできると憲法学者たちが「考えてきた」とは必ずしもいえない。少なからざる憲法学者たちはそうだったかもしれない。しかし、それとは別に、つき放してとらえたとき到底「バラ色」には「考え」られない対象としての人権をもあえて「バラ色」の「イメージ」で示すことによって、「人を幸せに」近づけようとする立場を意識的に選びとる法実践も、あってよいはずである。「強い個人」の「権利のための闘争」を基本に置きながらも、時と場合によって「弱さ」を武器に成果を獲得しようとすることは、それ自体として非難されるべきではないからである。

さて、「苦しい」から「癒し」を求めるのは、確かに、「自然」の成り行きである。何より、「人」と「市民」の連関と緊張の循環に耐えるべきことを旗印に掲げた、あの一七八九年宣言の本家本元でさえ、そうである。実際、homme の私的性格が肥大すれば citoyen の公共性を窒息させ、citoyen の公共性がどう現われるか次第では、homme の自由を呑み込んでしまうからである。

西洋諸社会で、近年、「個人主義」という言葉が懐疑的、さらには否定的含意で使われることが多くなっている。ここでの文脈に即して言えば、homme の私的空間へのひきこもりであり、それへの対処として英語の表現で care（「癒し」！）という言葉も使われている。citoyen についてはどうか。ひと頃は、その公的性格の過剰と独走の危険という側面が論難され、「ルソーこそ二〇世紀の各種独裁の元凶」という議論の仕方が優勢だった。今日ではそれと現象的には反対に、citoyen の衰弱が脱政治と劇場化の漂流をもたらしていることが、強く意識されている。

「citoyen の衰弱」という論点については、われわれにとって目を引くもうひとつの重要な問題場面がある。それは、フランス型の「共和国」を基準点とすればこそ著しい変化として認識されているのであるが、ことがらとしては日本社会を考える際にも無関心ですませてよいという訳にはゆかない。

というのは、こうである。「共和国」の「市民」によってつくり出される公共社会は、「一般意思」を政治の場で形成する立法を中心として組み立てられてきた。それに対し、「立憲主義」「法治国家」が強調される中で、公共社会の構成員がそれぞれ訴訟当事者として——その意味で homme として——登場する裁判過程の比重が大きくなり、政治家の責任を司法手続によって追及する例が世間の注目を引くことも多い[26]。これまでの抽象的違憲審査——具体的事案にかかわりなく特定の申立権者の請求に基づいて審査が行われる——に加え、民刑事・行政訴訟の当事者からの違憲の抗弁に基づく違憲審査制度が憲法改正で導入され、二〇一〇年から作動し始めたことも、ここで挙げておくことができよう。

そのような方向は、一般には肯定的に受けとめられている。他方で、それを「citoyen の衰弱」の結果であると同時にさらにその衰弱を強めるものだと憂える論者は、裁判が政治にとってかわってしまうとして、「人権のデモクラシー」という皮肉をこめた用語法で批判するのである[27]。

そのような場面でいわば「裁判への逃避」という形での citoyen の衰弱が指摘されるとすれば、より大きな問題群を提起しているのは、「癒し」のための逃避先を宗教集団への帰属という「自然」、民族に求めるという、無視できないほど拡がってゆく流れである。こうして、一七八九年秩序によって解放された個人が、今や、個人であることからの解放を求める。「二一世紀は宗教の世紀か、それとも無くなるかだ」というアンドレ・マルローの予言が無気味にひびく。

幕末以降の近代化の過程で日本の知識人は、今、依拠してきた「準拠国」の動揺に対面している[28]。「逃げ去る準拠国」という現象が実在するそれぞれの国の当面する困難な実情を指している限りでは、これまでも人類史は深刻な危機を幾度となく乗り越えてきた。ここでの問題の中心は、「逃げ去」ろうとするのが「憲法」そのものではないのか、という疑念にある。「市民」であろうとすること、「人為」であろうとすることの苦しさを逃れ、「自然」の癒しを求めることの、問題性なのである。

Ⅲ 「洋学紳士」の逡巡——「普遍」適用の二重基準？

1 「洋学紳士」vs「雑種」？

小粥の指摘によって適切に言い当てられた「個人の尊厳」の「苦しさ」、そして小路田が受けとめた「癒しの拒否」。——そのような問題意識に立った上で比較憲法論の関心から加藤周一の「雑種文化」論をとりあげた私の研究会報告[29]への憲法学者・高橋雅人のコメント「雑種的コンスティテューショナリズム」は、「樋口陽一は「洋学紳士」である」と書き出し、しかし、「樋口陽一が「洋学紳士」であると言い切ることは、ますますできなくなった」と結んだ[30]。いうまでもなく「洋学紳士」は、中江兆民『三酔人経綸問答』の中で、多分にその著者自身の分身といえる「南海先生」および東洋的な「豪傑君」と議論する「酔人」のひとりである。

戦後解放に生きて立ち合うことができた加藤にとっての課題は、「孤立した少数の例外的知識人」が軍国主義によって「忽ち圧倒」された体験を繰り返してはならぬ、ということだった。彼のいう「民主主義の問題」、より正確を期せば「個人の尊厳と平等の上に考えられる社会制度」は、ことの性質上、その社会の「大衆」が受け入れなければ成り立たない。ところが「近代化即西洋化」と考えられてきた日本で、「大衆の意識が自覚的に西洋化に傾いたことはかつてなかった」。高度成長以降の日本社会では、生活様式と生活水準の「西洋化」が進行した反面、「知識階級」の広い層の「大衆化」を考慮に入れるとき、加藤の問題意識を受けとめて言えば、「大衆」と「知識階級」の両方からの「知識人」の「孤立」は、一層強まってきた。

そういう中で、「雑種」文化という発想そのものが、「洋学紳士」の孤立状況を克服しようとするものだった。魯迅について竹内好が言う「掙扎《そうさつ》」型の知識人に対し「棒くい」型を対置してみせた鶴見俊輔の用語に倣って言えば、「洋学紳士」の最も尊敬すべき生き方として「棒くい(原理)にすがる」ことで終始したたとえば「荷風という現象」(加藤)を自分自身どう受けとめるか、という問題意識が「雑種」という発想を規定している。

ことのついでにつけ加えておきたいのは、「近代主義」に対する俗流的論難に答えることがここでの問題ではない、ということである。その種の論難はしばしば、「近代主義」が「西洋」の理念を基準として日本の現実を批判することを、方法的混乱であるかのように描き出す。しかし、日本での議論が日本社会に向けての提言——法学についていえば立法論や解釈論——であるかぎりにおいて、「西洋に甘く日本に対し自虐的」とする非難はあたらない。西洋にであれ、あるいは竹内好のように中国の人民にであれ、日本の外の世界に議論の規準を求めることは、その結果の不毛さへの批判は別として、そのこと自体に問題があるわけではない。

それだけではない。歴史と時代の脈絡によっては、西洋の知的世界に向けて西洋の理念の普遍性をあえて改めて説くことすらもが、論争的な意味を持つからである。フランス革命＝一七八九年宣言二〇〇年記念の国際学会でそのような説き方をした私の報告に対し、歴史家モーリス・アギュロンが大会総括講演の中で、「われわれ西欧の歴史家は勇気づけられる」とのべたのは、まさしくそのような意味を正面から受けとめてくれたからであった。そのあと「九・一一」後の世界で、「普遍の終焉」を言う西欧の知識人に対し、それを言うこと自体が非西欧の非人間的現状を助長しているのだという強い訴えが非西欧の知識人から出されていることも、つけ加えておきたい。[31]ましていわんや、肝腎かなめの西欧文化圏それ自体の中で、非西欧にとっての準拠国であったありようからぬけ出してゆく(「逃げ去ろうとする準拠国」)流れがあるのであってみれば、一層のことである。

ここで議論の本筋に戻って言えば、加藤の「雑種文化」論は、「足して二で割る」俗流「雑種」論でない以上、まさしくひとつの知的格闘として、「掙扎」の試みにほかならないだろう。それも、文学・芸術の領域でのことならば、等しい価値のもの同士の間で新しい種を創ろうとする、順接続の関係が成り立つのに対し、「個人の尊厳と平等」を基本とする社会制度に関しては、つぎに問題にせざるをえないようなリスクを伴う逆接続という難問がある。

加藤が「近代化即西洋化という考えを破」り、「大衆との意識上のつながりを回復する」という課題を「民主主義」——より明確な彼自身の定義で繰り返せば「個人の尊厳と平等の上に考えられる社会制度」——について追求するとき、彼は、超越的価値を知らず「個人の自由が絶対化」されたことのない「歴史的背景と精神構造」を、前提とせざるをえなかった。そして、「確かなことは、おそらく西洋と同じ形では成りたたないだろう」という認識を示さざるをえなかった。同時に彼は、「そしてまた望ましいことも、西洋と同じ形にならないということ」だ、と続けるのだが、そういう評価にわたる点はのちにとりあげるとして、まず、彼の認識はその通りという他ないだろう。だからこそ、「個人」の不在を執拗に問題にしてきた日本近代の「洋学紳士」の困難があったのだった。

私自身の場合に即して言えば、民法＝法社会学者・広中俊雄との間での、私にとって貴重なものとなったやりとりがある。それについてはのちに改めて言及する(三七)からここで立ち入ることをしないが、「人間」を「個人」にまでつきつめたところに西洋近代の普遍性がある、という基本的考えから出た私の疑問が議論の発端にあったのである。フランスの憲法学者ベルナール・シャントブーとの議論のやりとりも、ここでの文脈であげて置きたい。彼の憲法概論書は、「個人の尊重の政治的組織化」としての憲法が非西欧世界でどう受けとめられているか、につき一章を設け、「アフリカでの失敗」「イスラームによる拒否」とならべて、「日本における伝統との総合(synthèse)」の節を置いていた[32]。その表現は、私との議論の交換を経た二〇〇二年版（第一九版）では、synthèse から conciliation（協調、折り合い）に、さらにその後の二〇〇六年版（第二三版）では superposition（重なり合い）へと、本文の記述の基本は変わらないままに変化している。この変化は、「西洋と同じ」とはいえない日本の現状についての彼の理解の変化を反映している。

そのような現状認識をした上で、なおかつ「個人」を「棒くい」型に追求しようとするのが、「洋学紳士」の純粋種だったであろう。それに対し、「三酔人」の南海先生の線に立ち戻って、「恩賜的民権」でしかないものを「恢復的民権」と同じ域にまで——シャントブー流に言えば conciliation の積み重ねを通して——高めてゆこう、というのがもうひとつの行き方であろう。

憲法学者・駒村圭吾の論稿「人権は何でないか——人権の境界画定と領土保全[33]」が、ここでの文脈で参照に値する。彼は、「実存的生の voice と適切な距離を保ちつつ、人権の理念の普遍性を確保する戦略はないか」を探って、二つの方向の可能性を示唆する。

一つは、「集合的クレームに溶解されない、確固たる理論的拠点を築くこと」、「民族や共同体の「類的同質性」を、「個人の析出」を通じて、個人と個人の自発的連帯のネットワークとして再編する」試みである（＝方向A）。駒村は日本国憲法一三条が「人間の尊厳」でなく「個人の尊厳」を語ってこの方向を「後押ししている」とすると同時に、しかし「樋口陽一が標榜する「強い個人」への批判が提出されている」、と付け加えるのを忘れていない。

もう一つは、「基本善構築ゲーム」、すなわち、「善の観念が持つ、いわば完成要求的な契機（「生きざま」の上に開き直る倨傲や「文化の衰退は民族の死滅」と叫ぶ煽動）を馴致し、公共的熟議に自らの善の構想を相互にさらし合う、いわば開放要求的な契機を引き出すための理論や技法」を創造してゆく方向である（＝方向B）。

駒村は、私がこれまで日本社会を念頭に置いて繰り返してきた（洋学紳士型の）言説を前者＝方向Aに属するものとして——正確に——位置づけると同時に、かねて私がひろく第三・第四世界を含む文化多元主義との対話を想定して

「批判的普遍主義」と名づけてその「擁護」を語ってきたことを――これも正確に――読みとっている。そしてこの、日本と第三・第四世界という、対象のちがいによって普遍主義の適用を仕分けする二重基準の提唱が駒村の言う方向Bと「類似」することを――これまた正確に――読みとっている。その上で、「もっとも、近代立憲主義の虚構性に耐え、実存の誘惑に抗することを核心とする樋口流の批判的普遍主義からすると、実存的要求を公共的討議に招き入れ、それにテストの機会を与える[という]戦略は、実存的生の誘惑に耳を貸すことになりかねず、従って、一線を画されるかもしれない」、と肝腎かなめのするどい指摘をつけ加える。

実際のところ、「一線を画」すかどうかこそ、「洋学紳士」のいわば純粋種と「雑種」を分ける分岐点にほかならない。一方で「一線」を越えて「雑種」に近づこうとするのは、加藤が、前述のように、「確かなことは、おそらく西洋と同じ形では成りたたないだろう」という認識を示すと同時に、〝そうしかなりようがないからだ〟ではなくて、「また望ましいことも、西洋と同じ形にならないということである」という評価を下していることにかかわる。そうであってこそ、たしかに、他ならぬ「個人の尊厳と平等」を目指す日本の特定体験が、本当の普遍を形成してゆく人類規模の課題に貢献することができるからである。

他方でしかし、駒村が私の逡巡を先どりして指摘することを別の言い方で言えば、「一線」を越えることによって、「雑種」を成立させるためにそれ自身不可欠な「洋学」の要素そのものを危うくすることにならないか、「洋学」が総崩れし、「癒し」の世界にすべてを委ねることにならないか、という論点がある。[34] それは、四〇年近く前に森有正との対照という文脈で周到な加藤周一論を公にしていた海老坂武が、摘出せざるをえなかった論点でもある。加藤の「雑種文化」論が「変化を可能にする継続」としての文化の「伝統」を強調することに関連して、彼は、「……もしも文化が伝統の継承のうちにしか花咲かぬとするなら、そしてもしも文化をあくまでも擁護しようとするなら、その伝統の母胎である民族の精神構造をそれが何であれ――それが〈内なる天皇〉に通じているにしても――否定することは難しくなる」[35]と問題点を衝いていた。たしかに、勅撰和歌集ぬきに日本の文化の伝統を考えることはむずかしい。

だからこそ、一九四六年の加藤周一にとって、旧い日本を激しく拒絶することにおいて、万葉集・源氏物語と天皇制が、同等にその対象だった。その後六〇年を日本文化の伝統の解剖に充てた加藤は、圧倒的な量と質の作品を私たちにのこして去った。その深みに分け入って、文学・芸術の分野だけでなく社会制度の領域でも、それしかないから〝雑種でも〟なのではなく、それこそが〝望ましい〟ものとしての雑種を創りあげてゆく「理論や技法」(駒村)を追求すること。それはなお、これからの課題である。

最後に触れなければならぬ論点がある。加藤が「西洋と同じ形」にならないことが「望ましい」というとき、彼は、これまで点検してきた論点——手本といわば対等に並ぶことのできる「雑種」の価値創造——をもうひとつ踏み越えて、「手本より、ある意味でましなものをつくりあげ」る可能性に言及していた。「どういう点で西洋の解決した問題を解決せず解決しなかった問題を解決するか」という形で「雑種文化」論を提示してから三十余年を経た一九八八年に、「日本国憲法の歴史」が「「伝統」となるか」と自問した彼にとって、憲法第九条こそが、「西洋の解決しなかった問題」の解決をめざす試みだったはずである。[36]

もともと加藤にとって、「西洋の解決した問題」を解決しようとするときの障害として意識されてきたのが、超越的基準となる価値の不在ということであった。そのような価値と正面から向き合おうとする個人の自立と自律、そしてそれら諸個人の間でとり結ばれる公共、の擁立が阻まれてきた、と考えるからである。彼は、鎌倉中世仏教の衝撃が近世社会の中に呑みこまれてゆく跡を追って、「伝統的現世主義が三〇〇年の平和を利用し、儒教倫理によって巧妙に合理化され、やがて圧倒的に大衆を支配するようになった」と書いていた。

対照的な西洋では、窮極的価値基準の存在を前提とした上で、価値相互の間の不寛容を緩衝する人為の相互抑制としての寛容を制度化した。政教分離から思想の自由一般まで、それが「個人の尊厳と平等の上に考えられる社会制度」に他ならない。憎悪と報復の連鎖＝〈自然〉を死刑廃止という〈人為〉によって切断するのも、そのひとつの現われといえる。その一方でしかし、西洋は、「正しさ」を基準としそれ故に行う戦争行為を否定することはなかった（キリスト教正戦論から「人権のための戦争」まで）。それに対し、日本国憲法第九条は、なんらかの――当事者にとってそう信じられた――窮極価値を前提として成り立つ「正しい戦争」自体を、否定しようとする。そこに、加藤の表現をそのまま借りれば、「寛容と不寛容との区別のない一種の経験主義」（加藤）を読みとることは、的外れではないだろう。少なくとも、この条文を七〇年を超える期間、ありとあらゆる有力な論難にも耐えて維持させてきた日本社会は、まさしくそのような「一種の経験主義」を反映してきた。

「西洋の解決した問題を解決」するのを妨げてきたその要因をいわば逆手にとって、「西洋の解決しなかった問題」を解決しようという試みは、容易ならざる力業の試みである。個人の尊厳それ自体を窮極的価値として選びとることなしに、その試みは展望を持つことができるだろうか。加藤自身、雑種的日本文化への「希望」を語りながらも「癒し」を拒む、醒めた地点に立ちつづけていたはずである。逡巡する「洋学紳士」もまた、最後のところで踏みとどまらざるをえないようである。

五七　2　「個人」の尊厳vs個人の「尊厳」？

逡巡しながらも洋学紳士に踏みとどまろうということは、「逃げ去ろうとする憲法」をひきとめ、つかまえ直そうとすることを意味する。逃げ足の速さは一様ではないが、「普遍」＝人為を去って自然＝「歴史」への逃避に向かう流れは、二〇一五―一六年の中東とりわけシリア難民問題に当面したEU諸国の中に、「ヨーロッパ」という言葉が含意する使命感と、それに対する内側からの反撥の交錯する中で、複雑なあらわれ方をした[37]。

そのような状況の中でいま日本で、「癒し」を拒否して「洋学紳士」であることに執着することに、どんな意味を託するのか。もともとの出発点は、知識人の孤立がもたらす先の破局を何とか喰い止めようということではなかったのか。孤立にますます拍車をかける方向に、なぜあえて向かうのか。第三世界に向けては、「批判的普遍主義」という立場から接しながら、自国についてそうした二重基準による「癒し」を拒否しつづける「棒くい」であろうとするのはなぜなのか。

二〇一二年四月に「日本国憲法改正草案」を掲げ、事実上の新憲法の制定に向けて次々と段階をすすめている政権が、選挙という正統性根拠を手にし続けてきた現時点で、二重基準の線までの後退――アジアにはアジア流の、日本には日本流の民主主義があればよいではないか――は、抵抗線の決潰を意味するだろうからである。

そのような選択が問題となる次元とは別のアプローチを読みとることができる提言が、示されている。「個人の尊厳」というキーワードの中でとりわけ「尊厳」の意味しうるものに注目する、蟻川恒正の言説である。

かつて、広中俊雄と私との間で、「個人の尊厳」と「人間の尊厳」という二つの表現の理解をめぐってのやりとりがあった[38]。端緒は、広中俊雄の著書『民法綱要　第一巻　総論上』(創文社、初版一九八九)の冒頭の記述(一頁)が、「市民社会」を定義する三つの要素のひとつとして「人間(人格)の尊厳」をあげていたことについての、意見の交換であった。「人間の尊厳」よりも「個人の尊厳」の方が広中法学にふさわしいのではないのかという感想を私が述べたのは、「人間の尊厳」を「個人の尊厳」までつきつめたところにこそ、近代法の想定する「市民社会」の特徴と、それゆえの困難さがあるのではないか、と考えてのことであった。個人を犠牲にして集団のために尽くすことにこそ「人間らしさ」「人間の尊さ」があるのだ、という考えが、ほかならぬ日本社会で少なからず共感を集めてきたように思えたからである。

この論点は、「個人の尊厳に反するような機能を営む「人間の尊厳」ルール(たとえば、一般ルールによれば成立する人格権侵害に基づく損害賠償請求権を例外的に否定するために役立てられるような「人間の尊厳」ルール)の存立可能性はない」

とした上で、「人間の尊厳」ルールが解釈論上ひきうけるべき役割を示唆した広中の対応によって、双方が納得できる帰結に達したのだった。[39]

そのような議論に関心を寄せて「個人」の強調を共有した上で、しかしむしろ「尊厳」に重きを置く思考を展開するのが、蟻川恒正である。蟻川は太宰治『走れメロス』を糸口として、ヨーロッパで描かれ続けてきた物語の中から「身分の尊厳」という論点をとり出し、「高い身分の普遍化」という概念を梃子として、「近代」に潜在する困難にメスを当てる。[40]

これまでの叙述の文脈の中に置き入れて言えば、もともと尊厳の担い手は、近代が「個人」を析出するために解体した「身分」だったのであり、それを人一般としての個人にまで拡張しようとするのが、「自治統治秩序」の近代ヴァージョンが描く「個人の尊厳」なのだ、ということになる。

蟻川の出した問題の射程は、大きい。「尊厳」は「果たすべき義務」という観念から離れることができない(Noblesse oblige)。それゆえ、個人の「尊厳」の強調は、とりわけ法解釈論上は「権利一辺倒の日本の憲法論」への批判(蟻川)へと連なってゆくだろう。そのことに対してはすでに、「非常に腑に落ちる一方で、ご自分が一番ご承知だとは存じますが、危ういことをおっしゃってますね」という指摘が「私は法学者ではない立場から」稲葉振一郎によって向けられ、「危うい」とされるような言説が「文脈を切り離されて独り歩きすると」生ずるであろう「困った」事態への警告が述べられている。[41]

警告には、十分以上に理由がある。「尊厳」の強調は、「個人」の尊厳を一層むずかしくする。その困難は、しかし、あらかじめ織り込みずみのはずであった。一七八九年宣言の「市民」は、自己統治秩序の担い手としての「身分」の近代版に他ならなかったからである。[42]

ここでも、議論はその内容の濃度をゆたかにすることを求めながら、循環を続ける(後出六五)。

第四章　学問・政治・憲法のトリアーデ[1]

第一節　戦後史の中の憲法学
――一局面の概観

一　問題の所在

「学問」と「憲法」――その関係はさし当たり、研究の主体と対象の間の関係、と言い換えておくことができる。その際、「学問」とは必ずしも一般に「憲法学」という名で呼ばれている専攻分野でのことには限られないし、「憲法」とは、研究主体の関心と方法に従って選択されるだろう対象を広く含む可能性がある。

「憲法」と「政治」――憲法は政治によって形成され、動かされ、変化を促され、その変化は時として前後断絶的なものにもなる。反対むきに、憲法はもともと政治を規制することを目的としており（「立憲主義」という約束ごと）、実際にも、政治のありように多かれ少なかれ、多様な仕方で作用を及ぼす。いずれにせよここで「政治」とは、選挙を正統性の源とする狭義の政治機構（「民主主義」の最小限の要請）の行動だけでなく、裁判部門のそれを含み、さらには、国家機構に限られず社会的権力の機能までが問題とされよう。

「学問」と「政治」――ここで「学問」としては、さきに述べた意味での憲法学を指す。憲法と政治の間の相互作用を媒介する諸要因の中で、憲法学が、多かれ少なかれ無視できない役割を演ずる。その役割の大きさの度合に比例して、政治からの憲法学への反応が、時として無関心、時としては反対に介入・抑圧と言うべきほどのものになる。

以上のようなトリアーデを下絵に置きながら、憲法学という学問が憲法というひとつの価値の体系に対面する仕方を問題にするのが、本章第二節の主題である。それに先立って第一節では、憲法学・憲法・政治のトリアーデが戦後史の中でどう展開してきたかについて、政治＝改憲論への憲法学の対応に即して私自身の認識の概要を示しておくことにする。

Ⅰ　前史②

1　一九一二―三五　立憲主義憲法学の成立と挫折

帝国憲法下の立憲主義憲法学が通説化する一九一二年（天皇機関説論争）と、一転して国禁の説とされた一九三五年（天皇機関説事件）に挟まれた時期こそ、憲法が憲法学を仲立ちとして政治に働きかけ、それゆえにこそ憲法学が政治の側からの反撃をこうむる、という点で典型的な展開を見せる。

大日本帝国憲法（一八八九）は、「建国ノ体」に「基」づくという大義に応えながらも、「海外各国ノ成法」を「斟酌」し、第一条以下の文言は、基本的に一九世紀後半のヨーロッパ規準に沿う内容を持つものとして制定された。だからこそ、憲法典の半公的註釈書『憲法義解』（伊藤博文著〔宮沢俊義校註、岩波文庫〕）は、文言上は似ていても「欧州輓近」の憲法と同じように受けとってはならぬ、という注意を促す必要があったのである。

帝国大学で最初の憲法講座担当者となった穂積八束とその後継者・上杉慎吉が「一国独立ノ解釈」（穂積）を主張するのに対し、「西洋の諸国に共通する立憲主義の原則」を「基礎としなければならぬ」とする美濃部達吉の学説が対抗する。その対抗が論争の形をとり、この論争を境として美濃部の説くところが学界の通説となり、大学教育を仲立ちとして官界、政界上層部、そして宮中に受け容れられることになる。論争が最高潮となった一九一二年が明治という元号の最終年に当たったことは、大正デモクラシー下の立憲政治への扉を開くという意味で象徴的であった。

美濃部の天皇機関説は、法人としての国家を統治権の主体と考え、普通に「主権」と言われているところのものを、法人の最高機関の権限として枠づける意味を持つものだった（美濃部『憲法講話』初版一九一二）。その論理はまさしくそのようなものとして、藩閥政権の政治運営、のちには軍部の政治介入に対し、「非立憲」としてそれを批判する立憲主義の骨格を支えた（佐々木惣一『立憲非立憲』初版一九一八）。

他方ではしかし、その間も、学校と兵役という二つの局面での義務教育が、「我カ國體ノ精華」（教育勅語一八九〇）を、草の根の臣民の心性の中に押し広めていた。その中で美濃部達吉も佐々木惣一も、「国体」が法の世界で超法的・非理性的役割を演ずることを――その論理の運びは同じでなかったが[3]――封じこめようとしていた。そのようにして、「民族ノ確信ノ結晶」（穂積八束）という法外の要素を法の世界に持ち込むものだった「国体」の観念は、いったん克服されていたはずだった。その「国体」が治安維持法（一九二五）の保護法益として法の世界に呼び戻されたとき、「思想の自由」「立憲政治」の名において抗議した美濃部は、その一〇年後あらためて、「国体」の報復に直面しなければならなかった。「国体明徴」政府声明（第二次、一九三五・一〇・一五）は、機関説を、「漫リニ外国ノ事例ヲ援イテ」「神聖ナル我国体ニ悖」るものと弾劾した。

六〇　2　一九四五―四六　「民主主義的傾向ノ復活強化」要求に対する反応・無反応

戦前の立憲主義憲法学を主導した美濃部達吉と佐々木惣一は、「日本国国民ノ間ニ於ケル民主主義的傾向ノ復活強化」（ポツダム宣言一〇項）という課題に、どう対応したか。

美濃部は「民主主義の政治の実現」は憲法改正を急がなくとも「十分可能」との論旨を公にした（『朝日新聞』一九四五・一〇・二〇、二一、二二）。他方、佐々木惣一は、東久邇宮内閣の国務相・近衛文麿公爵の委嘱を受け内大臣府御用掛として、「政治上の民意主義」の実現のために必要な憲法改正を構想したが、その「改正要綱」(一一・二三奉答)は、事態が転回してゆく中で内大臣府の廃止と近衛公の自決により、結実することなく終わった。

美濃部の改正不要論と佐々木の改正構想に共通したのは、帝国憲法の根本原理、統治権の総攬者としての天皇の地位に変更を加えない、という点であった。帝国憲法下での立憲政治の推進のために力を尽し、「国体」の圧迫にもかかわらず節を枉げることをしなかった両者にとって、そうだったからこそ民主主義的傾向の——「強化」よりも——「復活」こそが問題だったのである。

政府のもとに設けられた「憲法問題調査委員会」(美濃部を顧問のひとりとし、憲法学者の委員として宮沢俊義・清宮四郎・河村又介が参加)が連合国軍総司令部に提出(一九四六・二・八)することとなる改正草案も、委員長・松本烝治国務相が帝国議会で示した「憲法改正の基本構想」(一九四五・一二)の枠を踏み出すことができないまま、帝国憲法の根本原理を変更しようとするものとはならなかった。

「民主主義的傾向」の十分な「復活」にとっても必要だったはずの「強化」のための構想をアカデミズム憲法学の側が示すことができなかった一方で、在野の知識人グループによる「憲法研究会」は、総司令部の憲法案(一九四六年二月一三日政府に手交されることとなる)起草に参考とされる「憲法草案要綱」(一九四五・一二・二七)を作成していた。「日本国ノ統治権ハ日本国民ヨリ発ス」と明記する案を書くことができた憲法研究会の中で唯一の憲法研究者だった鈴木安蔵は、「民本主義」の主唱者・吉野作造の早すぎた晩年に明治憲政史研究の後事を託され、自由民権運動史への関心を深めていたのである。(4)

Ⅱ　改憲論への戦後憲法学の対応

六一

1　一九五五—五八　「悔恨共同体」の抵抗

平和条約の発効(一九五二・四・二八)とともに長期の占領が終了すると、「占領下につくられた憲法」の改正を主張する声が政治の前面に現われてくる。

「軽々しく改正いたすべきものではない」としていた吉田茂政権に代った鳩山一郎政権(一九五四・一二成立)は改憲を旗印に掲げたが、ほかならぬ同政権下で行われた二つの選挙(一九五五年衆議院、五六年参議院)の結果、衆参両院で、憲法改正の発議を妨げることのできる「三分の一の壁」が形成された。改憲をめぐる論議は岸信介政権下で発足した憲法調査会(一九五七・八発足)の場に移されるが、会長に擬された民法学の大御所・我妻栄は求めに応ぜず、憲法学者の代表格・宮沢俊義と清宮四郎も参加しなかった。

当時の改憲論の大勢は、敗戦によって「押し付けられた」憲法の改正が必要という前提に立ち、憲法一条(天皇元首化)、九条(国軍の設置)、二四条(血族共同体の保護尊重)の改正を骨格として主張するものであった。そのように濃厚な戦前回帰色を基調とする改憲主張の高まりに対し、我妻・宮沢・清宮のほか、大内兵衛(経済学)、茅誠司(物理学)、恒藤恭(法哲学)、矢内原忠雄(経済学)、湯川秀樹(物理学)を発起人として、「憲法問題研究会」が結成された(一九五八・六発足)[5]。

研究会は、会員の高齢化によって一九七六年に活動を終えるまで、世論に大きな影響を与える啓蒙的役割を果たした。そこには、自由民権運動と大正デモクラシー、そして立憲主義憲法学と民本主義政治思想が紡いできた歴史を持ちながら破局を防ぐことができなかった知識人たちの、「悔恨共同体」という意識ないし無意識が働いていたであろう。憲法学について言えば、それに加えて、戦前高い水準の理論憲法学研究を積み上げていた宮沢や清宮にとって、敗戦に伴う変革期という絶好の機会に、自分たちの研究を反映する憲法構想を現実化することができなかったことへの思いが、この時期の行動を支えていたに違いなかろう。(6)

62　2　一九六〇―八〇年代　modus vivendi

はげしい政治対立の中で、相互防衛体制の強化を志向する日米安全保障条約改定が強行され、その代償として退陣した岸政権に代って、「寛容と忍耐」を語り「所得倍増」を掲げる池田勇人政権が登場する(一九六〇・七)。加速される高度経済成長の果実を広く国民各層に配分する経済優先の政治路線の下で、憲法改正論議は後景に退いてゆく。

内閣憲法調査会法(一九五六年)にもとづき設置され一九五七年八月に第一回会合を開いた同調査会は、大部の付属文書を添えて最終報告書を提出した(一九六四・七)。報告書は複数の見解を併記し、会としての結論を出さない形式のものとなったが、(7)いずれにしても、政治過程に大きな刺戟を及ぼすまでにはならなかった。池田内閣以降、歴代の首相は、「この内閣では」改憲に着手することはないという言い方を踏襲し、のち一九八〇年代に入っても「個人としては改憲論者」と語る中曽根康弘首相を含めてそうであったし、「憲法を改正しないという鈴木〔善幸〕内閣の姿勢が政治家の信念として相いれないという閣僚がいるならば、内閣を去ってもらわねばならない」とまで述べた首相もいた(『朝日新聞』一九八一・二・一七の報道による)。

いわゆる保守合同と左・右社会党の統一(一九五五)によって成立した「五五年体制」は、六〇年代に入って安定する。外見上は自由民主党の長期政権が続くが、それは時に「一党独裁」と呼ばれたにもかかわらず、実際は「派閥」という名の中小政党間の合従連衡による連立政権というべきものだった。「万年野党」はともかくも両院議席の三分の一を占めつづけ、それを支える労働運動の裏づけを得て一定の抑止力を及ぼすことができた。国政次元での野党は地方自治次元では多数派を形成した事例も多く、少なくない場合に、「憲法とくらし」を旗印に掲げた。

こうして、憲法改正は自由民主党の「政綱」(一九五六)には記されていたものの、政策課題として提示されることはなかった。その一方で、憲法条文そのものの改正という方法では獲得できない事柄を条文解釈を通して実現してゆく手法が、立法・行政・司法の権力行使で用いられた(「解釈改憲」)。それを「憲法規範の形骸化」として批判するか、「柔軟な憲法解釈」として容認するかは、時、所、争われている問題の質、などにかかわるのであって一概には断定できない。たとえば一九七〇年代に内閣法制局が憲法九条につき、法律論の論理の組み立てによって解釈の幅を広げると同時に「専守防衛」を超えるそれ以上の解釈の弛緩に歯止めを掛けてきたことの意味は、二〇一〇年代に入りナマの政治上の主張を法解釈の形に仕立てようとする要求が向けられたときに、あらためて強く意識されることになる。

こうして五五年体制は、国内的には自由と生存の価値を前提とする共通の政治の場を広げ、東アジア規模では軍拡競争を未然に制御して共存と安定を可能にしていた。そのような私の認識は、政治学者の筆によって、「樋口氏は、五五年体制、特に一九六〇年以降の自民党による一党優位体制を、日本の身の丈に合った民主政治と評価していま す」と——的確に——紹介されている(8)。

その通りであり、国外での講義・報告や外国語での論著の際には特にそのような認識を発信することを私として心掛けてきた。国内では逆に、日本の状況を批判的に分析することが多かったとしても、それは、自国の現状に責任を感じなければならない法解釈学の立場からは私にとって当然のことであった。その意味で、日本国憲法五〇年の「回顧と展望」を主題とした一九九六年日本公法学会の記念講演で、戦後憲法解釈学の主流を受けつぎ六〇年代以降の憲法解釈学の指導的存在だった芦部信喜が、彼自身を含めた憲法学のありようを振り返って次のように述べた通りなのであった。芦部は、「改憲論およびそれとセットで打ち出された軍事、公安・労働、教育、福祉あるいは選挙制度改革などの諸政策を前にして、自由主義的・立憲主義的憲法学は批判の学ないし抵抗の学としての性格を強めざるを得なかった」と指摘し、「私も非力ながら私なりに、厳しい憲法状況と向い合い、それを常に意識しながら、憲法価値の実現を目指して学ぶところ多かった五〇年のように思います」と述べなければならなかったのである。(9)

「批判の学」「抵抗の学」としての性格は、「建設の学」であろうとすることを難しくする。九六年公法学会でのもう一人の記念講演者・伊藤正己は、著書の題名『裁判官と学者の間』(一九九三)が示唆する英米法講座担当者と最高裁判所裁判官としての経験をふまえて、「憲法学と憲法裁判の乖離の現象とその原因と考えるもの」を問題にしなければならなかった。(10)「憲法学と憲法裁判の乖離」は、アメリカ連邦最高裁やドイツ連邦憲法裁判所の場合との比較を考えるだけでもあまりに明白であるが、そのこととは別次元の事柄として、指摘しておくべきことがある。それは、憲法学が基本において「批判の学」「抵抗の学」であったというそのことが、政治過程での憲法を楯にした批判言説を力づけ、(11)「日本の身の丈に合った民主政治」をともかくも可能にしていた、ということである。

憲法学という分野から眼を論壇ないし思想の言説世界に移すと、いささかならず違った風景が展開していた。

一九六八年前後、パリやバークレーやフランクフルトで展開した「学生の反乱」は、近代批判の思潮の媒介役を演じながら日本にも伝わってきた。日本の大学紛争の中で学生運動が時として呼号した「憲法ナンセーンス!」という標語は、およそ知的刺戟をもたらす内容を含むものではなかったが、政治思想・社会思想の分野での近代批判は、その流れの一つとして反・近代、反・理性の言説を増殖させた。さらには、そのような、それ自体ひとつの知の主張と言えるものの次元を越えて、およそ知的なものを貶しめる風潮も、その行き着く先だったとして理解できるだろう。

そこまで行くかどうかは別として、二〇〇四年段階で当時の二大政党(自由民主党と民主党)が競うようにして憲法改正構想を示したとき、両者に共通するひとつの方向性があった。一方は「憲法という国の基本法が国民の行為規範として機能し、国民の精神(ものの考え方)に与える影響」を重く見る憲法(自民党・憲法改正プロジェクトチーム「論点整理」

二〇〇四・六・一〇)であり、他方にとってもまた、「国民一人ひとりがどのような価値を基本に行動すべきかを示すもの」としての憲法(民主党憲法調査会「創憲に向けて」二〇〇四・六・二二)なのであった。

そのような方向は、憲法諸原理のうち「国家からの自由」を特に強調してきた日本の近代憲法学にとって、容易には同調できるものでなかった。しかし、ポストモダン型の議論に強く影響を受けるようになっていた人文・社会科学の分野一般にとっては、国民国家の「主権」性に疑いの目を向け、「人権」の主体としての「個人」よりも性別・宗教・民族等への帰属を重視して「共生」を説く主張は、理解になじむものだったろう。そのような知的傾向を仲立ちとして、憲法学の分野にも、ポストモダン型の思考は滲入してこなかったわけではない[12]。

そのような脈絡の中でのことではあったにしても、この段階での主要な改憲論は、憲法学の大勢にとっても、通話不可能なものではなかった。状況を一変させたのは、「二〇一二年四月二七日決定」として公にされた自由民主党「日本国憲法改正草案」である。

六三　3　二〇一二年以後――「決める政治」の強行に対面して

二〇〇九年衆議院議員総選挙の結果として自由民主党から民主党への政権交代がおこなわれたが、次の総選挙で自民党は政権に復帰し、安倍晋三内閣が成立した(二〇一二・一二)。自民党は政権復帰前に「日本国憲法改正草案」を決定(二〇一二・四・二七)し〈Q&A〉を付して広く広報しており、「二〇〇八年以降」「五十数回」もの各種会議での議論を経て決定(〈Q&A〉による)した同草案を、政権の基軸与党として掲げている。かねて憲法改正に党内でもぬきん出て強い意欲を示してきた首相は、国会での安定多数を背景として、事あるごとに憲法改正の必要を言葉と行動を通して主張しており――但し選挙キャンペーンの主要な争点となることを回避しながらであったが――、ここではもはや改憲論一般ではなく、二〇一二年草案を掲げる主軸与党と政権が目ざす改憲主張こそが、憲法学が対座を迫られる

「政治」となってきた。

この草案については、公表された当初から、多様な観点から多様な仕方で批判的検討が公にされているが、ここでは、草案を貫く論理が、近代法の全体系の大前提とされてきた基本思想を否定する地点から出発していることを、あらためて指摘しておこう[13]。

草案は現行憲法前文の全部を差し換え、それはQ&Aによれば「天賦人権説に基づく規定振りを全面的に見直す」ためなのである。

こうして「人類普遍の原理」(現行前文)への言及は姿を消し、そのような文脈の中で、「長い歴史と固有の文化」、「天皇を戴く国家」、「国と郷土」を「自ら守」る「誇りと気概」、「和」、「家族」など、草案が日本の特性として教えようとする価値を示す文言が綴られる。現行憲法本文の核心をなす一三条の、「すべて国民は、個人として尊重される」の文言の「個人」が「人」に替えられることは、「人類普遍の原理」を拒絶することの意味を、一層鮮明にするだろう。それは、個人を出発点として公共社会を想定してきたホッブズ以来の近代国家思想そのものの拒否に他ならないからである。

「改正草案」を大日本帝国憲法への逆戻りとして批判する論法が少なくない。しかし帝国憲法の本文は一九世紀後半のヨーロッパ基準に沿ったものであり、そうでなければ不平等条約の改正という至上の課題に対応できるはずもなかった。実際、憲法を含む日本帝国の法制度の設計者たちにとって、近代法の原則は共通に理解されていた(「今日ノ立憲政體ノ主義ニ従ヘハ君主ハ臣民ノ良心ノ自由ニ干渉セズ」井上毅「教育勅語ニ付総理大臣山縣伯へ與フル意見」〔一八九〇・六・二〇〕)。「憲法ヲ創設スルノ精神」として「第一君権ヲ制限シ、第二臣民ノ権利ヲ保護スルニアリ」と論じたのは伊藤博文だった(森有礼との問答〔一八八八・六・二二〕)。それに引きかえ、国旗・国歌に加え元号までを憲法本文に条文化しようとする「改正草案」は、時間、すなわち歴史の支配権の所在までを第一章「天皇」の中に書き込んでいる。

他方「改正草案」は、前文で日本の独自性をいやが上にも強調すると同時に「活力ある経済活動」と「成長」を掲げ、本文二二条一項で注意深く前文を裏づけている。現行二二条一項が居住移転と職業選択の自由に対する制約として明示している「公共の福祉」という文言を削除することによって、である。実際、草案が他の権利条項では権利制約を可能とする条文化を周到に行いながら、経済活動の自由については「……の自由を有する」と言い切りで終わっている対照は、グローバル化の下での新自由主義の端的な表現となっている。

もともと日本国憲法（一九四六）は、仏（一九四六）、伊（一九四七）、西独（一九四九）の諸憲法とその基本性格を共有し、近現代憲法史の嫡流に属する。これらの憲法は、マックス・ヴェーバーが見通していた「近代法の形式的諸性質の発展」の中に現われる「反形式的な諸傾向」を反映し、二〇世紀後半のグローバル・スタンダードを形成した（同じ傾向は、英、米の場合憲法典の上でのことではないにしても、立法や判例等の形で現われる）。一九八〇年代以降次第に全面化する新自由主義という名の政策努力は、そのような現代法の蓄積を排除するために集中されてきた。その経過は各国それぞれに深刻な社会的緊張を伴いつつ争われている（ニューヨーク「一パーセントの反乱」からEU内部での南・北対立、イギリスのEU離脱まで）が、「改正草案」は、「近代」＝国家からの自由プラス「現代」＝経済分野での国家介入の二重基準から経済＝新自由主義と思想・表現の自由の制約という逆二重基準への転換を、他国に先がけて憲法規範化しようとしている。

復古的な標語の羅列と「世界で一番企業が活動しやすい国」（現政権が好んで語る表現）への志向とは、容易には整合しがたい。実際にも、「伝統」を語る中で「郷土」は荒廃し、女性は「家庭」から廉価な労働力として市場に動員され、自国通貨の価値低落は「経済成長」を促進しながらも「国民」の「誇りと気概」の足をひっぱる。

矛盾は外に対する関係では既により明瞭に現われている。「改正草案」を推進しようとする勢力に愛好されてきた「戦後レジームからの脱却」という標語は、日本国憲法からの脱却にとどまらず、ポスト一九四五年世界秩序からの脱却を目指している。平和条約一一条で極東軍事裁判所の裁判を「受諾」したはずの日本国の最高の政治指導者が、自己の内閣の成立一周年を記念して裁判の刑死者を祭神として祀る神社に参拝した。その行為は、かつてヴェルサイユ条約体制からの「脱却」を強行したドイツを、米欧の識者に連想させるだろう。当時唱えられた「ワイマール（憲法）・ジュネーヴ（国際連盟）・ヴェルサイユ（平和条約）との闘争」にあえて倣って言えば、「日本国憲法・サンフランシスコ（平和条約）・ミズーリ号（降伏文書署名）との闘争」とでもなるだろうか。

しかも前述のように、「戦後」からの脱却が自国の戦前の「近代」受容史への無理解のまま主張されることによって、「近代」そのものの拒否までを意味するものとなっている。それは、「価値観を共有する」「先進国」世界からの撤収までを、——論者の主観的意図がどうであれ——表明することに他ならない。

現政権・与党の改憲論の漂流状況は、ごく最近も「まず抵抗の少ない論点として環境権から始めよう」という形で繰り返されているが、ここで一つのエピソードに言及するのは無意味でなかろう。フランスは二〇〇五年に憲法改正の手続を経て「環境憲章」を制定し、一九五八年憲法、一七八九年宣言、一九四六年憲法前文と並ぶ位置をそれに与えた。その時上院議員R・バダンテール（もと法相、憲法院長）は、環境憲章の採択をよしとしながらもそれに憲法としての効力を与えることに強く異議を唱え、一七八九年の革命家たち、困難なレジスタンスを闘いぬいた一九四六年の憲法制定者たちに比べて、二〇〇五年のわれわれは同じ高みに位置しているのだろうか、と述べている。まさしく憲法にとって求められるはずの Legitimität——秩序の正統性——の問題の問いかけであった。

六四　4　国際環境の推移　Quo vadis, constitutio?

ここまで、憲法学が対面する「政治」として、主として改憲論をとりあげることに限定し、国内でそれを条件づける政治、さらには国際関係の大状況にはあえて触れないできた。とは言え、一九六〇—八〇年代の、改憲論をめぐる綱引きの modus vivendi＝暫定妥協状況を可能にした国内的条件について、日本の高度成長には言及してきた。その状況は主要諸国に共通であり、第二次世界大戦後の「黄金の三〇年」と呼ばれた成長経済が資本と労働の階級対立を緩衝し、大戦終結前後に各国で構想された二〇世紀後半に向けての西側憲法モデルの実質化を可能にした。Welfare State, Sozialstaat, Etat providence とそれぞれの言葉で呼ばれた、共通の国内平和である。[14] それはまた、国際規模ではヨーロッパでの東西緊張緩和をもたらし、「平和の配当」によってそれぞれの国内統合をさらに促進することが期待されることにもなっていた。

東側諸国の一党支配体制の解体と冷戦の終りは、フランス革命＝「人および市民の諸権利の宣言」の二〇〇年記念という節目と重なり、一九八九年の祝祭的雰囲気は、「憲法革命」、さらには「歴史の終り」という楽観までを一部にもたらした。そのような状況は東アジアにも波及し、中国内戦から朝鮮戦争を経てヴェトナム、アフガニスタンでの東西代理戦争まで、「冷」戦ならざる熱い戦争との緊張を強いられてきた日本国憲法第九条をめぐっても、ようやくコンセンサスが成立するかにも見えた。

しかし九〇年代から二一世紀に向けて様相は一変する。

一九九一年のソヴィエト連邦の解体は世界新秩序よりも、むしろ世界無秩序へのきっかけとなる。相互に対抗モデルを失った旧・東と西は自己抑制の作用しないグローバリゼーションの波にまき込まれ、マネーと民族あるいは宗教の力の優越の中で、主権の担い手としての国家も、人権主体としての個人も、その存立根拠をゆすぶられる。その中で〈九・一一〉(二〇〇一)とそれへの報復を引き金とした西アジア・中東・アフリカの混乱は、戦後憲法モデルを編み上げてきた諸国の国内にも困難を持ち込むことになった(大量の難民・移民の取扱いとテロリズムの国内化)。

そのような大状況の中で進行するグローバル化はその受益層と非受益＝被害層との国内亀裂を深め、比較憲法史の中で準拠理論を提供してきた諸国の内部で、——前述した「憲法革命」への期待と対比であえて言うならば——「憲法反革命」への傾斜が、多かれ少なかれ目立つほどにもなっている（前出三五）。

そうした流れは、共通する症候を日本にももたらしている。「成功した戦後日本」のアイデンティティとしての「経済大国」の自己過大評価（「外国に学ぶものはなくなった」）は「経済大国」の交代によって逆転し、劣後者の攻撃的心情を託す「ナショナリズム」（ヘイト・スピーチの公然化など「何でもあり」）が、自国の戦後史を全否定する言説と結びつく。準拠理論を提供してきた諸国が当面している「憲法反革命」の様相は、日本のそうした状況をさらに後押しすることになるのだろうか（「憲法や人権などを語る時代ではない」？）。

たとえばヨーロッパ連合（ＥＵ）の困難な状況をどうとらえたらよいのか。より広く、「法による民主主義」を標語とする欧州会議（Conseil de l'Europe）の理念はどこへ行ったのか。見方は多様にわかれるだろうが、表層に氾濫する反ＥＵ言説や続発する衝撃的犯罪についての情報の洪水だけに、目を奪われてはならないだろう。

第二節　憲法に対する憲法学の向き合い方

㊅　前提――「文化の解放」と「現実の解放」⑮

およそ知のいとなみは、既成の知、より直接には先行する学問上の業績に対する懐疑から出発し、それに対する批判、場合によっては破壊までをも回避しないことによってこそ発展する。そのようにしてこそ、文化の創造――古典の再解釈を含めて――という、人類社会の存続に意味を与えるいとなみが可能となるはずであろう。

芸術や文学の領域でそのことはおそらく――この領域での仕事の奥深いいとなみは想像するほかないから、「おそらく」としか言えないのだが――、留保なしにあてはまるのではないか。それに対し他の分野、少なくとも国家や法や政治を対象とする分野では、ことは簡単でなくなる。そのような対象を観察し記述し原因結果の連関を明らかにしようとすることとは別に、規範の定立にかかわる学知――立法論・解釈論にたずさわる場面での法学はそれに当たる――となると、事柄はさらに深刻となる。

というのも、この分野では、既存の達成物からの文化的解放を果たすというそのことが、人類社会が犠牲を払いつつ積み重ねてきた現実社会の解放の実績の足をひっぱる、ということが起こりうるからである。そこでは、「人権」や「国民主権」という「貴重な価値」をも懐疑と批判の場にあえていったん曝した上で、それでもなお擁護するに足るものを探り当てるという、「自ら好んで戦いにくい戦場を選ぶような」「大変困難な」課題⑯を自らに課すことが求められる。

そして、「自ら好んで戦いにくい戦場を選ぶ」ことは、その「戦場」に臨む当事者本人にとっての「困難」の問題を超えて、より重たい難問を誘い出す。さきに言及しておいた、憲法学者・蟻川恒正の研究会報告に対して「法学者でない立場」=稲葉振一郎から向けられた「困った事態」への憂慮の指摘(前出五七、第三章註(41))は、その点にかかわるものであった。

それは、真剣に受けとめなければならない、法学の外からの問いかけと言わなければならない。戦後憲法学はしばしば「護教の学」と批判され、「憲法神社の神主」などという悪意に満ちた誹謗にさらされることがあったが、それは、国外の観察者から見れば「対抗権力としての憲法の役割を知った日本の世論は、専門家たちの憲法学説に、フランスでは想像するのがむずかしいほどの反応を示してきた⑰」と言えるような状況の、反映でもあった。そのような役割をあえて縮減さらには放棄することにつながる危険をどう考えるか、という憂慮の問いなのである。

蟻川が提出した論点と直接に関連してではないが私の言説についても、稲葉はそれを適切な仕方で紹介した上で、「それがある程度普及して、俗流化」され「希釈された」ときの危うさを指摘している。私自身としては、一九八〇年前後の改憲論をめぐる状況を見渡しながら、そのような問に対するとりあえずの考えを「批判的峻別論」というかたちで問題を出しておいたつもりである⑱。

憲法学史を遡れば、大日本帝国憲法を可能な限度まで立憲主義的に解釈運用しようとした典型例が美濃部憲法学だった。帝国憲法をも「大体に於て西洋の諸国に共通する立憲主義の原則を採用して居ることを確信し、憲法の解釈に於いても必ず此の主義を基礎としなければならぬ⑲」とする立場からあるべき法を語っていたそのような「実践的な学説」に対し、現にある法の認識に徹しようとする次元で現実を蔽うイデオロギーの仮面を剝ぐ「理論学説」の意義を強調したのが、美濃部の後を襲った宮沢学説(後出六六)だった。美濃部憲法学から宮沢憲法学への展開は、一段と豊饒な学説の蓄積を意味するはずであったが、一九三五年という転回点(天皇機関説事件)は、その可能性を学説の世界の外側から一挙に押しつぶしてしまった。ここでの問題は、そのような外力がかりに直接に破壊力を発揮しなかったとしても、美濃部学説のいわば健康で抵抗力を備えた枠組を相対化した宮沢学説の「危うさ」がどういう効果に結びついただろうか、ということである。

「自ら好んで戦いにくい戦場を選」び、あえて「危うい」議論をぶつけ合って憲法学の基礎体力を強固なものとすること。しかし同時にその「危うさ」に十分に自覚的であることによって学説の説き手としての社会と歴史に対する責任に応えること。――私としての前提をそのように確認した上で、憲法学の場合に即して[20]問題の所在をたずねることにしよう。

I　価値を疑う知と価値を擁護する知

六六

1 「法の理論的認識」と「解釈論的な学説」

価値――たとえば「人権」――を疑う知とそれを擁護する知、それを言い換えて理論知と実践知。この二者の対比は、法学の場合、潜在的には実は日常的に思考の中で、法学特有な仕方で現われる。

「人類普遍の原理」(前文第一項)を実定化した日本国憲法を手にした憲法学は、その対象にどう向き合ったか。次の記述は、その行論の明快さにおいてぬきん出ているが、当時の――必ずしも明確には自覚されていなかった場合をも含めて――状況を的確に伝えている。

「本書は……文書に書き記された「日本国憲法」一一章一〇三ケ条の条文の意義を正しく理解しようと試み……

国民の政治的権利をより強く認め、その政治的自由をより広く保障し、このようにして国民のために平和を確立しようとする立場から、その規定の解釈を行ったものである。[21]」

それに続けて著者は、「それはある意味で政治的法律学であると同時に、その政治的立場を憲法自身の存在の中に発見したという意味で、すぐれて法律的な憲法学である」と書くことができた。そのような幸福な一致が見出せない場合を含めて、法学は、それぞれの時点で所与のものとして扱われる法――「実定法」という表現は普通そういうものを指して使われる――について「条文の意義を正しく理解」したところのものを提示することを、主な仕事としてきた(ここで言われる「正し」さの論理上の身分こそが問題なのであるが、そのことはすぐあとでとりあげる)。法学が提示する解釈学説は、一般に裁判という法適用の場面への働きかけを通して、公共社会の法運用に協力する。その度合は法分野によってさまざまであり、日本国憲法下の憲法学については、「実務との乖離」(六二)が指摘されてきた。違憲審査制を備えていなかった帝国憲法のもとで裁判の場に働きかける可能性自体を持たなかった憲法学は、その反面、帝国議会の内外での憲法運用にかかわる度合は、日本国憲法下の状況にくらべて大きく、それゆえにこそ受難の標的となったのだった。いずれにしても、裁判という場の外でも、「世論」を通して一定の影響を及ぼす可能性がそれとして意味を持つことは、過少に見つもることができない。

それにしても、法学一般にとって、裁判という場面に向けての解釈学説の提示が主要な任務――従って大学での講義の主要な内容――とされてきたことは、諸国に共通である。時代と国によっては、法科大学教授団が訴訟記録の送付を受け上訴事件の判決を下す制度(Aktenversendung)があったほどである。その一方で、それとは別の次元での法学を構想する立場がありうる。憲法学に即して言えば、一九三〇年代、さきにその名を挙げた宮沢俊義(六五)による尖鋭的な問題提起があった。

恩師・美濃部達吉の後を襲って一九三四年に憲法講座を担当することとなる宮沢は、その年、美濃部還暦記念論集に論文「国民代表の概念」を公にする。[22] 同論文は師説を含めた内外の「国民代表」概念を検討に付し、「人が国民の代表者と呼ぶところの者と国民との間には実定法的には何らの関係がない。国民代表の概念はそうした実定法的な関係の不存在を蔽う「名」であるに過ぎぬ」とし、そのような認識に達する前提を、次のように示す（以下［　］は樋口による補足説明）。

「法律学と一般に呼ばれる人間の精神作用の中においてわれわれは法の解釈の技術と法の科学を、あるいは法の創設と法の認識とを厳格に区別しなくてはならぬ」。そして、「全くその性質を異にする精神作用」である両者のうち、「現実の法——それが良いにせよ、悪いにせよ——を正確に認識することだけ」を目的とするのが「法の科学」である。［他方、法学は伝統的に ars boni et aequi（善と衡平の術）としての役目を課され、「良い」解決を目指してきた。宮沢によればまさしくそれゆえに］「人間の主観的な希望・欲求」を反映する「イデオロギー」と「現実」との不一致が生ずる。

「従来法の科学において用いられる概念にはこの意味のイデオロギー的性格をもつものがきわめて多い。イデオロギーは本質的に非科学的である。イデオロギー的性格をもつ諸概念のイデオロギー的性格を指摘し、その現実との不一致を暴露すること、すなわち右にのべたような意味においてイデオロギーを理想にまで転化させることは、真理にのみ仕える科学の当然の任務でなくてはならぬ。」（「国民代表の概念」一九三四）

宮沢の提言は、それまでの法学のあり方を相手どった、「文化の解放」に向けた革新の宣言であった。加えて、「イデオロギーは社会的には常に支配層に奉仕する」（強調は宮沢）という認識に立っていた宮沢自身にとって、イデオロギーの仮面を剝ぐことは、窮極的に「現実の解放」につながるはずであった。しかし当時の日本の現実の中でこの提唱は、美濃部達吉の天皇機関説や吉野作造の民本主義が展望していた「現実の解放」への可能性が逆転する時点と重なってしまっていた。

実際、まさしく「国民代表の概念」が公刊された一九三四年から三五年にかけてを転機として具体化してゆく美濃部の受難が示すように、憲法学は端的に抑圧の対象となってゆく。

「法の科学」が国民代表の虚構性をあばくことは、もともと、帝国議会を担い手とする立憲政治の足を引っぱる危険を冒すという方法内在的な問題性をはらんでいた。しかし実際には、そのような問題性に直面する可能性さえ、憲法学は奪われてしまうのである。

六七

2　理論知と実践知

宮沢の考える「法の科学」――一般化して言えば理論知――の眼からすれば、法の解釈は「理論的認識の作用ではなくて実践的意欲の作用」であり、そのような性質のものとして、「その内容において十人十色」である。〝それでは困る〟として、〝正しい解釈があるはずだ〟、〝解釈には枠というものがあるはずだ〟といった反問が出てくるのは自然であり当然でもある。しかしそれは都合の悪い真実に直面した「解釈学説」＝実践知の立場からの応答であって、「それが良いことにせよ、悪いにせよ」「正確に認識することだけ」に徹しようとする「科学学説」＝理論知の観点からすれば、問題は次のように立てられるはずである。――文字通り無限に多様なものになってゆく「十人十色」の可能性がありうるのに、大量観察からすれば実際には解釈がおのずと一定の幅の中に収まってくるのが普通だとしたら、そのことはどう説明できるのか。[23]

この問に対する答えは、「法の科学」の提唱者が戦後、日本国憲法の解釈学説の説き手として中心的責任を担う立場に立った状況の中で、彼自身の一九六四年論文「学説というもの」により、学説が持つべき「ある種の客観性」

「そういう理論性」に基づく「説得力」にかかわる問題として示された[24]。

それでは、「説得力」というキーワードの意味するところは、解釈学説についてだけでなく、権限を持つ国家機関の示す法解釈についても当てはまるかどうか。

判例変更の是非をめぐって激しく対立した全農林警職法事件の大法廷審理で（一九七三・四・二五刑集二七巻四号五四七頁）、田中二郎裁判官等五裁判官の「意見」は、「最高裁判所の示す憲法解釈は、その性質上、その理由づけ自体がもつ説得力を通じて他の国家機関や国民一般の支持と承認を獲得することにより、はじめて権威ある判断としての拘束力と実効性をもちうる」と述べている。この言説それ自体は五裁判官の解釈論上の主張であり、それに対しては対抗的な解釈論上の再批判が可能であるが[25]、「説得力」を重視する解釈論が国家機関の内部に存在しつづけるというそのことが、法的には限定されることのない最終的有権解釈権者の解釈を、事実上枠づけるだろう。

もとより、「説得力」の効果は大きいこともあり小さくもなり、端的には無ともなる。権限を持つ国家機関という「力」が決定すれば、解釈論上の争いはいったん決着する[26]。そのことを含めて、〈都合のわるい真実〉を蔽いかくしてきた「仮面」を剝ぐことは、「立憲主義」や「法治国家」や「法の支配」[27]への信頼感を傷つける。それは、一九三四年の宮沢論文が「国民代表」の観念の仮構をあばいたことと同じ効果を、もたらす可能性を意味する。それはまた同時に、だからこそそのような効果を抑止するために「説得力」という「ある種の客観性」を求めることの持つ意味をも、示唆しているはずである。

理論知の世界からの批判に接する以前の「解釈学説」によって、法解釈の「正」「誤」があたかも〝真〟と〝偽〟に対応するものであるかのような形をとって示されてきたのは、そうすることによって、法というものへの一定程度の健康な信頼が維持されることを期待してのことなのだった。

その擬制が現実にともかくも機能してきたのは、いわば〝法律家共同体〟、〝解釈共同体〟の中で一定のゆるい約束事が成り立ってきたからである。法解釈それ自体の論理的整合性(〝つじつま〟の合うこと)と、その社会の法体系全体の中での無矛盾性についての説明可能性を必要とする、というゲームのルールの共有がそれである。〝共同体〟という言葉が巷間〝〇〇ムラ〟と言われるような事態を連想させるとしたら、もとよりその反対の意味でのことである。ゲームのルールからの逸脱を互いに自制し合いつつも議論をぶつけ合おうとする場を指す。〝公〟を〝共〟に前提とするという意味での、法律家の〝共和国〟(res publica)と言いたいところである。[28]

二〇一四—一五年、集団的自衛権の行使を憲法九条に違反するとしてきた政府解釈をめぐって、その旧解釈と新解釈の関係について激しい議論の応酬が——主として政治の当事者と法律家との間で——なされたが、「旧解釈」も「新解釈」も、〝真〟であることの論証が可能な「正しさ」を主張できるものではない。遡って、第九条の文言に素直に従っていた憲法案審議の際の吉田首相答弁の解釈(いわば旧旧解釈)も、「正しさ」を特権的に主張できる性質のものではない。特定条文の文言の意味を立法(憲法の場合は〝制憲〟)過程とその歴史文脈に照らして一つの歴史文書として確定することは、容易ではないが始めから不可能というわけではない。しかしそれとても解釈論上の「正しさ」の保証にならないことは、古くから〝立法者意思説〟と〝法律意思説〟の対立という形で知られてきた。

そうであればこそ、法解釈の説き手はそれぞれに、ゲームのルールの一環として、自己の主張を対抗者に対して優位に置くための〝理論〟を述べることによって、説得効果を強めようとしてきた。

そのような論理の仕掛け=「理論」は、多様であった。

同一の効力段階にある法規範相互間の抵触、同じように、一つの法規範についての旧解釈と新解釈間の抵触は、後法優越のルール(lex posterior derogat priori)により、新法あるいは新解釈が旧法あるいは旧解釈を排除することで決着する。そういう原則にもかかわらず、法秩序の安定を志向する立場からは、旧法あるいは旧解釈が新法あるいは新解釈の登場をおしとどめる法状態がありうるのではないかが論じられてきた(「違法の後法」論、「約束法」論)。反対向き[29]

に、法秩序の現実対応の必要に重きを置く立場からは、下位の法規範が上位の段階での「一種の実定規範」となりうることを承認する主張も、憲法学の法理として議論されてきた(「憲法変遷」論、「憲法慣習」論、「事実の規範力」論[30])。

もとより、これらの〝理論〟は、経験記述命題の性質をもつものでなく、真偽判定のテストによって決着がつくわけではない。それを承知の上で議論の循環を続けてゆくのが、法律学的思考の約束ごとなのである。そのような「理論」の応酬に参入するかわりにもっぱら実質上の正当化理由(たとえば「国民の安全の確保」)を持ち出して議論の循環を断ち切ろうとするならば、それは、〝必要は法を与う　それ自身は法[の制約]を受けず〟(necessitas dat legem, non ipsa accipit)の古諺通りを、その「必要」の内容を説く労を省いた上で主張するものと言うほかない。

「解釈学説」は、言ってみれば、不確かな約束ごとの上に、そのフィクション性を実は暗黙のうちに承知しながらも、公共社会の秩序を維持してゆくためのゲームに参加する当事者の言説なのである。法律家共和国という imperium にとっての秘かな了解＝arcana imperi が建前としてであれ共有されていること。――これが、「ある種の客観性」によって担保される解釈主張の「説得力」の前提なのである。

そうした前提が「解釈学説」からはじまって広い範囲の法実務家に、そして権限ある国家機関を構成する法律家の間に広められる――少なくとも理解される――ことによって、選挙を直接間接に正統性の根拠とする政治部門に対して、「法原理部門[31]」が相対的に自立した存在理由を持つことができるはずである。「法原理部門」の「非「政治的」・非「権力的」」性格という命題の擬制性を理論知の観点から指摘することは容易であるが、実践知の観点からすれば、擬制の上に成り立つ相互了解こそが「法の賢慮」(juris prudentia)の支えとなるであろう。

六　3　法認識の体系化と法実践上の選択との間

理論知と実践知の間での緊張が、法学の分野では、「法の理論的認識」と「法解釈学」との間で特有のあらわれ方をする(六六)。とりわけ、理論知の成果を――ありうべき反証によって覆えされるまでの暫定的なものであるにせよ――体系化して示そうとするとき、どんな問題にぶつかるか。さきに言及した水林彪がR・ドゥブレと私の「自由」論に寄せて「共和国」＝フランス型「自由」の意味を「国家からの自由」と対比して摘示したとき(三〇―三三)、憲法を論ずる仕方として「国家からの自由」を基本に置く日本での通念を相手どり、「共和国」の視点から日本国憲法を解読し、それを含みこんだ比較憲法史の体系的理解を示してみせた。それに従えば、「共和国」と「自由主義」――私の当初の表現で言えば「ルソー＝ジャコバン型」と「トクヴィル＝アメリカ型」――の対置こそが基本的な分界線となり、比較憲法史の体系的理解における「共和国」＝フランスの典型性ということの意味が、これまでの通念と違った鋭さであぶり出される(32)。

通念的理解は、近代化の先進例としてイギリスを基準とし、それとの対比で相対的に後発のフランスが、そうであったがゆえに近代憲法の諸概念を明示的・体系的に打ち出すこととなったと考えた。主権・人権システムを鮮明に掲げた一七八九年宣言・一七九一年憲法の典型性は、そのような意味でのものと受けとめられていた。しかしそうした理解であっては、「フランス革命を民主主義が世界的な規模で出現するための単なるローカルなステップとして説明」することになってしまう、というドゥブレの指摘を水林は自らのものとして主張する。

そのような観点に立つことによって、一方で英米仏の自由主義、他方でドイツ(および日本)の外見的立憲主義という一九世紀比較の伝統的図式に代えて、もう一つのヴァージョンが描かれることとなる。一方がフランスの「国家による自由」、他方が英米の「国家からの自由」であり、ドイツと日本は、「社会成員の自由の度合いは著しく低」かったけれども、「自由の観念が「国家からの自由」という形で存在する限りにおいては、英米の立憲主義と同質であった」、という構図である。

水林は、私が「ルソー＝ジャコバン型」「国家による自由」と「トクヴィル＝アメリカ型」「国家からの自由」という対概念を用いてドゥブレの論旨に対応する議論を――ドゥブレの問題提起とは無関係に――展開してきた研究上の軌跡に周到な注意を向けると同時に、それが比較憲法史の体系の補正にまで及んでいないことを適切に指摘する。課題が残されていることを自覚しながらも私がそれに手をつける端緒をも得ていないのは、『比較憲法』初版(一九七七)の構図が基礎としている比較経済史の枠組から離れるという作業のむずかしさがあまりに大きいからである。現在の時点で著者の問いに対する回答のかわりに可能なこととして、彼によって指摘された『比較憲法』第三版による補正をはさむ前後の研究の軌跡の自己点検を、簡単にでも記しておくことにしよう。[33]

『比較憲法』初版(一九七七)は、水林がその論文の冒頭で「日本憲法学における欧米憲法史論の最大公約数と思しい」と呼んだものを下敷として書かれた。ひと言加えれば、それぞれの歴史社会の社会経済的構造に対応して形成された歴史的存在として(憲)法のありようをとらえるという点では、「最大公約数」より多少とも意識的であろうとしていた。その一方で、「近代立憲主義を何よりも「個人主義」という思想的特徴でとらえ」る観点からの比較憲法論については、他日を期していた(同上初版「はしがき」)。そのような方向での比較憲法論へと向かうための予備的なデッサンを、NHK大学講座『近代憲法の思想』(一九八〇年四—九月)で試みたのだったが、その内容を規定したのは、一九六〇—七〇年代に吸収した二つの研究上の系譜を通して得られた、「個人」の発見であった。

その一つは、ルネ・カピタン(パリ大学留学時の恩師)の両大戦間期の研究内容とレジスタンスを闘いぬいた知識人としての個性(前出五—九)と、その両方から教えられた「個人」であった。もう一つは経済史家・岡田与好が提起した営業の自由論争(前出四一)から引き出した、国家による・集団からの・「個人」の解放という視点であった。他ならぬ日本社会の現実としては、高度経済成長の始動とともに、国家による社会へのあからさまな抑圧は後景に退く一方で、先端テクノロジー産業の担い手といえる分野を含めた「会社社会」の現実は、「イエ」と「ムラ」による個人の抑圧と保護の現代版というべきほどのものとなっていた。〈political oppression〉にもまして個人の精神生活に介入してくる〈social tyranny〉という問題性（J・S・ミル）が、何にもまして私にとっての「日本という問題」の中心を占めることになったのである。そのような思考を経て、フランス革命二〇〇年記念のパリ国際大会報告（一九八九）での、フランス型とアメリカ型という二つの近代像の提示となり、『比較憲法』全訂第三版（一九九二）は、それを組み入れながらも、――水林が指摘する通り――体系的記述の組みかえにまでは至らなかったのである。

残されたままの課題を迂回して「個人」を軸とする比較憲法論の模索を試みた記録が、『国法学――人権原論』（二〇〇四、補訂版二〇〇七）となった。『比較憲法』の記述が統治機構論を主内容とし、かつ社会・経済的構造を基準にした歴史的類型学に沿ったものだったのと対照的に、『国法学』の内容は基本権論であり、歴史的類型学の拘束から相対的に解放されて、「共和国」思考と「自由主義」思考の対照の中で「個人」を位置づけようと試みている。

私自身が「共和国」への執着を持ちながらも比較憲法史を「共和国」と「自由主義」の対抗図式によって体系化することとの困難さの前で立ち止っているのは、体系的記述の組みかえのむずかしさという、私自身の学問に内在する理由による。しかしそれだけではない。中間団体の敵視の上にいわば力ずくで「個人」を析出させた「ルソー＝ジャコバン型」モデルの意義について、「そのもたらす痛みとともに追体験する」必要までを含めて強調しながらも、憲法論の体系を「共和国」型に組み替えることをしないできているのは、別の理由が加わるからである。そしてそのことについてもまた、水林はこう指摘するのを忘れていない。――「憲法解釈学者は、状況に対応すべく、科学的認識とは次元を異にして存在する実践知に志向しなければならないからである」。こうして、juris scientia＝法の科学とjuris prudentia＝法の賢慮との間の緊張という、「法学」につきものの課題に対面することになる。

「憲法解釈学」の立場で「状況」をどうとらえるかは、「憲法解釈学者」といっても一様ではないだろう。私自身は一九九一年に次のような一節を書き、二〇〇九年の『憲法という作為』の中でそれを改めて確認した。

——近代立憲主義の「国家からの自由」は、人民の意思による国家権力の掌握があったうえで、国家権力＝自分たちの意思をもあえて他者として見る緊張関係のうえに成立してきたはずである。「国家からの自由」への私の執着は、そのような立憲主義の王道の文脈での選択ではなく、国家権力が他者でありつづけているからそう余儀なくされているのである。

それからさらに一〇年近くを経た二〇一七年の「状況」は、私にとって、右に掲げた文意を一層強く確認しなければならないものとなっている。もっとも五年ほどの間に政治権力は既に五回の全国規模の国政選挙を通して「民意」による正統化を得ており(二〇一七年現在)、私の認識と反対に、国家権力をもはや「他者」とは見ない憲法解釈学者も存在するだろうことは不思議ではなく、およそ「学」はそれぞれの個体の営為だと答えるしかない。

こうして私は、著者が批判の対象とする「自由主義」型の近代憲法図式の中にとどまっている。その上で、「国家からの自由」の享有主体として「個人」を特定的につかみ出すという点で「共和国」思考の核心をひき継ぎ、そのことによって「自由主義」を「新自由主義」から区別する枠組を構想している、と言えよう。

Ⅱ「立憲主義」or/and「民主主義」という問題

㊇ 1　理論知——立憲主義 or 民主主義

理論知の観点からは、立憲主義と民主主義を別次元の二つのことがらと考えることが役に立つ。

(1)　まず、論理上の区別を確認しよう。民主主義は権力が人民の意思に基づくべきことを意味し、近代憲法においては国民主権という形をとる。立憲主義は権力が制限されなければならないということを意味し、近代立憲主義は個人の人権の確保を目的とする。その上で言うなら、次のようになろう。——

「立憲」は「民主」ともその反対物(「君主」ないし寡頭支配一般)とも論理上両立できるし、「民主」は「立憲」ともその反対物(独裁ないし専制支配一般)とも論理上両立できる。他方で、論理を極端に押しつめた「民主」は国民意思に基づく権力を絶対化するから「立憲」と対立し、「立憲」がその論理を押しつめようとすればするほど国民意思の発動に対する抑制要因を強めようとするから「民主」と対立する。世上一般に「民主主義」と呼ばれているのは、一方でほどほどの立憲＝権力からの自由、他方でほどほどの民主＝人民の参加によって正統化される権力を念頭に置き、その両方を含みこんだものとしての「民主主義」なのだ、ということになる。そのような言葉の使われ方があることを承知した上で、しかし、「立憲」と「民主」が論理上別のことを意味するのだ、ということでの用語法を確認しておこう。

そのことに加え、注意しておくべき点を、「立憲」と「民主」の両方について述べておく必要がある。

立憲＝権力からの自由、といっても、政治権力すなわち国家からの自由だけで問題が尽きるわけではない。憲法運用の場面で私人相互間での基本権保障が問題となるとき、そこには、社会的権力からの自由という論点が浮上してくるからである。一九世紀自由主義の段階ですでにJ・S・ミルにより指摘されていた、政治の圧迫(political oppression)にもまして人間精神を傷つける社会の専制(social tyranny)の問題である。その問題への対処は、二〇世紀後半に基本権の私人間効力(第三者効)として実定憲法の裁判実務上の取扱いの対象となるのであり、遡れば、「万人の万人に対する闘争」の調停者として国家の成立を論理化する社会契約論にまで至るだろう。そもそも国家による社会権力の解体こそが、近代政治システムの目的なのだったことが、想起されるべきである(「はじめに」前出)。そこでは、同じく「権力からの自由」という論理を共有しながらも、社会的権力からの自由を追求することが、「国家からの」自由

の要請に反して「国家」を呼び出す、という緊張を生み出すことになる。(34)

民主＝人民による権力については、その論理の徹底がつねに一切の制限の否定までを意味するとは限らないことを、つけ加えておく必要がある。人民の自己決定権をつきつめれば、たしかに、人民の意思表示としての法律(loi)をその上位にあって制限する規範としての憲法(constitution)という存在は否定される。しかし、主権者によって発せられる「一般意思 volonté générale の表明」としての法律は、特定対象につき定めたものであってはならぬという意味で一般的規範であり、そのことによって「主権の限界」をルソー自身が語ることができたのだった(本書第一章第三節)。以上のことに留意しながらも、「立憲」と「民主」は論理上別のこと、という用語法の基本に立ちかえっておく。

(2)　歴史上も、立憲主義と民主主義は別のことがらだった。

一二一五年という日付とともに広く知られるマグナ・カルタ(Magna Carta)は、権力は制限されるべしとする後世の言説によって依拠されることとなる。王権を制限し封臣の権利と自由の保障を約束するこの中世立憲主義の文書は、国王ジョンが封建諸侯に強いられて(＝「押しつけられて」!)承認したものだったから、権力の担い手たち相互間の問題であり、民主主義とは無関係なことがらであった。

そうであればこそ、イギリス近代の憲法像を総括的に提示して基準学説の位置を占めたダイシー『憲法研究序説』(初版一八八五)は、その第一部で民主＝国民主権のイギリス流表現といえる「国会主権」(Parliamentary Sovereignity)、第二部で権力制限の論理としての「法の支配」(rule of law)を、別々に並べてとりあげなければならなかった。「法の支配」の理念を最高法規としての成文憲法という形で受けとめたアメリカ合衆国憲法は、権力制限の基準としての憲法の優位を裁判所による違憲審査という手段で具体化し、そのことによって、「民主」の要請との緊張という問題に直面しつつ今に及んでいる。

権力相互間の制限という中世出自の立憲主義の意味をいわば素直に引き継いだと言えるのが、一九世紀ドイツ諸国であった。そこでは、身分制国家(Ständestaat)での特権身分層相互間の制限という伝統が引き継がれたからである。一八五〇年プロイセン憲法から一八七一年ドイツ帝国憲法へという系譜の中で立憲主義(Konstitutionalismus)というシンボルは、君主権力の制限を意味すると同時に、議会を通して進んでゆく「民主」(Parlamentarisierung)の伸長を抑制するという役割をも託された。

ほかならぬ日本ではどうだったろうか。

「今魯国ヲ除クノ外君主若クハ民主ノ国ニシテ開明旺盛ヲ以テ聞ユル者ハ皆立憲ノ政ヲ用ユ」(一八七六年「国憲」案作成を命じられた元老院の復命書)。――欧米列強を後追いして近代化を推進しようとする日本近代にとって、「立憲」政治を掲げることは至上命題であった。手本としたドイツ語圏諸国での「立憲」シンボルの機能の二重性――君主権力の下降と議会権力の上昇の均衡――とくらべると、このキーワードは、「民主」に近い実質を「民本」の名において主張する側＝大正デモクラシーによって援用され[35]、そうであっただけにまた、それを「立憲政体」としては「変態」と論難する批判が向けられた[36]のであった。

国民主権を正面から掲げた日本国憲法のもとで、「立憲」が忘れられたコトバとなったことについては、そのような背景があった。「民主」のいわば代用であった「立憲」は、本物の「民主」＝国民主権の世の中では無用なものと目され、さらに、かつてのドイツで「民主」を抑制する役割を期待された「立憲」は今や日本で有害と目されたのであろう。

権力相互間の制限という中世立憲主義の伝統が多元的な権力秩序を前提していたことからすれば、国民主権という集権的な近代憲法構造のもとで、それはどういう位置づけになるのか。「立憲」と「民主」が別物だからこそ生ずる難問への答えを求められたのは、フランスだった。大革命前夜にシイエスによって展開された「万能の憲法制定権力」論は、「民主」の論理をあますところなく徹底的に示すものだったからである。実際、憲法制定権力を行使する国民の意思は「表明されさえすれば」「いかなる実定法も、その意思の前に効力を失う」というその思想は、旧体制に向けての破壊力を全面的に解放したのだった。

にもかかわらず、革命から生まれた一七八九年の「人（homme）および市民（citoyen）の諸権利の宣言」は、「権利の保障が確保されず、権力の分立が確立されていない社会は、憲法（constitution）を有しない」（一六条）という文言の形で、立憲主義をみごとな定式として近代に引き継いだ。こうして、自己統治の近代ヴァージョンとしての国民主権（三条）という難問は、〈立憲〉と〈民主〉が別のことがらだからこそ、両者の間の緊張という形で、それ以後の近代憲法史をつらぬいて引き継がれることとなる。その難問への答えの成否は、権力行使の枠組の制度設計（憲法制定の段階）と、それを前提とした制度運用（憲法の解釈運用）での実践を通して模索されつづけるだろう（前出三三—三六）。

七〇　2　実践知——立憲主義 and 民主主義　「自己統治の近代ヴァージョン」という難問

(1)　「立憲」の要素と「民主」の要素の制度上の表現

制度枠組として「民主」と「立憲」のうち後者を基軸としたものとして、旧ドイツ帝国、そして日本の帝国憲法は、国民主権を採用しなかったから、憲法の枠組は「立憲」君主制として説明されることになる。それらの「立憲」性を積極的に評価し、「日本国国民ノ間ニ於ケル民主主義的傾向」（ポツダム宣言一〇項）までをその中に認識するか、反対に、それらは「外見的立憲主義」にすぎなかったと評価するかは分かれるとしても、である。現行の諸憲法としては、どうだろうか。

イギリスは国会主権の法原則を掲げ、しかも「政治的主権者は有権者」という実質をつくりあげながらも、「法の支配」の原則を掲げることによって中世立憲主義の伝統を引き継いだ。「法の支配」という「立憲」の原則を成文憲法と違憲審査制という法形式で受け継いだのはアメリカ合衆国であり、「合州」国（United States）という分権構造もそれを裏打ちした。

一九四九年ドイツ連邦共和国基本法は、「すべて国家権力は国民から発する」(二〇条二項)としながらも、国民自己統治の原則に先んじて「人間の尊厳」の「不可侵」(一条一項)を宣言し、権力の制限を重視する「立憲」寄りの統治構造を定めた。そこには、先行した一九一九年ワイマール憲法が「民主」の運用の失敗を招いたという歴史的体験が反映している。

「立憲」を定式化した一六条を含む一七八九年権利宣言をそのまま現行実定憲法の一部としている現行フランス(一九五八年)憲法は、違憲審査制を導入し「立憲」の要素を制度に組み込んで、それまでの自国のやり方からの変化を見せているが、他国と比較するならば、はっきりと「民主」に傾いている。「非宗教的、民主的かつ社会的な不可分の共和国(une République indivisible……)」(一条一項)という規定は、君主国との対比で用いられる辞書的な語義を越えた、フランス独特の意味での「共和国」の思想を反映したものとして読むことができる。それは、宗教ないし経済力という社会的権力からの個人の解放を、普通選挙によって正統化される「一般意思の表明としての法律」(一七八九年宣言六条)によって確保しようとすることを意味してきた。この国で「民主」の要素はそのような「共和国」という独自の形で強調され、実はそのことの中に、社会的権力からの自由の追求という意味で、「立憲」の要素を他国とは異なる仕方で含むものとなっている(37)。

日本国憲法についてはどうだろうか。「日本国国民ノ間ニ於ケル民主主義的傾向ノ復活強化」(ポツダム宣言一〇項)を国民主権の明文化という形で憲法原理とすることは、簡単ではなかった。そうであっただけに一層、憲法を——「立憲」ではなく——「民主」の観点から解読することの意義が何にも増して強調されたことは、自然のなりゆきであった。

憲法の運用上もまた、「民主」が優越する中で「立憲」という言葉自体が忘れられた状況となった。こうして、「民主」という至高の正統化原理を背景に持つ「政治」に対する司法の謙抑が、もっぱら強調される傾向となる。違憲審査の仕方の面で、統治行為論(苫米地事件)ないしその変型(砂川事件)、より一般的に立法裁量の尊重がそうであり、司法判断の内容の面では、利益集団民主主義の思考(八幡製鉄政治献金事件)を挙げることができるだろう。さらに、裁判の独立という、より根本的な問題場面で、浦和充子事件にかかる議院の国政調査権行使をめぐる経緯の中で示された参議院法務委員会見解があった。——「民主主義的な主権在民国家では司法権の独立ということは、その生まれ出た当時の歴史的政治的目的を失い、その意味では無意味なものとなっている」(!)

行政権に対する関係では、たしかに官僚制の支配という現実が戦前から引き継がれたが、次第に「官」に対する「政」の優位が、強く主張されるようになる。その際「政」は選挙という「民主」の正統性根拠を援用するだけでなく、「民間」というキーワードを効果的に引き合いに出してきた。そのような経過を背景にして、二〇一二年以降の政治過程に向けて「立憲主義」の名による異議申立てが広がったとき、政権・与党の側からは、「立憲主義とは王権に対して主張された時代性を持つものであって、民主主義の下では意味がない」という趣旨の反論が繰り返されることとなる。

そのような戦後の状況の中で私自身は、「立憲」の意義を強調する見方を基本にしてきた。私にとって最初の単行著書(一九七三)にあえて『近代立憲主義と現代国家』(勁草書房)という標題をつけたのは、上述の意味での「民主」シンボルの過剰に対する異論提出の意図を託してのことであった。[38]

(2)　立憲主義と民主主義——それぞれのオモテとウラ

前述のように私は、「立憲」と「民主」の間の緊張を伴った共存点を、立憲主義の復権に力点を置く仕方で設定しようとする考え方をしてきた。それに対しては、〝「民主」のウラをきびしく指摘しながら「立憲」についてはもっぱらオモテを語る二重基準の論法ではないか〟、という批判が予想される。[39]

たしかに、「民主」のウラを批判するならば「立憲」のウラをも知った上でのことでなければならない。「民主」について「多数の専制」を語るならば、「立憲」については「少数の専制」の問題を知っていなければならない。統治機構の内部で「民主」の表現としての政治に対し最重要な抑制機能を担うのは裁判部門であるが、その独立が独善に陥ることはないのか、というふうに。同様なことは、統治機構の外にいて政治に関する批判的公論を形成することが期待される表現機関についても、言われなければならないだろう。

もとより、それぞれのウラの逸脱可能性に対しては、それぞれ自身のオモテが備える、ということが本筋であり、実際これまでも、それが広義の(「立憲」と「民主」を含めた意味での)民主主義論の主題であった。

(A)　**民主のウラに対して民主のオモテによる補正**

①「民主」の原則的表現手段である選挙と国民(住民)投票について言えば、統治過程の公開性と表現の自由の保障の下で公正な運用を求めるための諸要求は、そのようなものであった。①+投票という手段にとどまらない重層的な「民主」実現の方法の試みは、ルソーの警句(選挙する間だけの自由)に答えようとする意味を持つ。さまざまな形態での市民運動、「カウンター・デモクラシー」などは、選挙の意味を相対化することによって「民主」の内実を充実させるという意味を持つだろう。

(B)　**立憲のウラに対して立憲のオモテへの依拠**

②「立憲」のウラの可能性への「立憲」自身の側からの対処としては、結局は、「民主」から多かれ少なかれ独自の地位にあるその担い手のあり方に帰着するであろう。②+裁判官の独立について語られてきた「任命権者への忘恩」の倫理がそうであった。また、司法権に限らず国家機構の内(「全体の奉仕者であつて、一部の奉仕者ではない」(憲法一五条二項)公務員一般)と外(報道機関についての「内的自由」)を問わず、公共のことがらについてそれぞれの責任を担う者の職

業倫理がそうである。「民主」の場面での主要な当事者である議員についてすらも、「民主」に還元し尽くされない要素(「全国民を代表する」議員(憲法四三条一項))が想起されてよいはずである。

その上で、「立憲」のウラにあえて「民主」のオモテ(＝①$^{+}$)を、「民主」のウラにあえて「立憲」のオモテ(＝②$^{+}$)を対置することによって、「立憲」と「民主」の間の緊張を目に見える形にすることが、「立憲デモクラシー」を活性化させる、という関係が成り立つのではないか。

(C)　立憲のウラに対する民主のオモテ

司法権ないしより広く裁判権力、とりわけ違憲審査制が「立憲」の制度化として念頭に置かれるとき、その積極的運用が「民主」の活力を弱めてゆくおそれを「後見人つきデモクラシー」と呼んで問題とした、一九七〇年代はじめのアメリカの政治学者の言説[40]は、「立憲」の強調がもたらすことあるべきウラの面を指摘する意味を持っていた。フランス憲法院による違憲審査が基本権保護機能をみずからに引きうけ、積極的評価のコンセンサスの対象となりつつあった一九八〇年代に「法治国家なのか、後見下のデモクラシーなのか」を論じ[41]、あるいは、「人権は政治でない」とする立場から「人権が政治になるとき」を批判[42]する論客の説くところも、それと響き合う。

「立憲」のウラが問題とされる脈絡は一様ではない。上述の例は、違憲審査制が社会一般から積極的に評価されるように運用されることによって「民主」の活力が失われる、ということへの憂慮だった。逆に、違憲審査への不満(たとえば一九八〇年代以降アメリカ最高裁の「保守化」に対するそれ)は、「人民立憲主義」(popular constitutionalism)という積極的主張となる。

憲法を裁判官から人民(people)の手に取り戻す、というその主張は、その「人民」とは誰か、という問いに当面せざるをえない。制度上の「人民」は、アメリカ合衆国の場合、既に、合衆国裁判所裁判官の大統領による指名への同意権を行使する合衆国議会上院に代表されている(フランス憲法院やドイツ連邦憲法裁判所の裁判官についても、それに対応する一定の制度がある）。それに満足できないからこそ提唱される制度外の「カウンター・デモクラシー」の形態は多様でかつ有用でありえようが、無定形に拡大する可能性を含む「人民」を「立憲主義」の主体に擬することは、「立憲」＝権力への制限という観点からすると言葉の濫用と言わざるをえないであろう。

(D) 民主のウラに対する立憲のオモテ

他方で、戦後日本での状況をむしろシンボルとしての「民主」の過剰として読みとり、「立憲」の側からの制御の意味を強調してきた私の主張は、「民主」のウラに「立憲」のオモテを改めて対置するものだった。二〇一二年に成立した日本国の政権が選挙という「民主」の手段を根拠としてその正統化を調達しつづけてきたという状況があり、その政権運営に異議を申立てる言説や行動が「立憲」というシンボルを援用し（＝②$^{+}$）、「民主」の運動（＝①$^{+}$）と結びつくことによって、少なくとも、問題をあぶり出し、社会一般の一定の関心を引くこととなった。二〇一五年夏、国会前での「立憲主義を壊すな」と「オレ達の民主主義！」という声の交錯は、そのことを確かめるものだったろう。

その状況はまた、「立憲」（＝②$^{+}$）の役割の意味と限界を教える。「立憲」は「民主」（＝①$^{+}$）と結びつくことなしには、同時代の社会に働きかける力となることができない[43]。封建諸侯や自治都市など「立憲」の担い手がそれぞれの意味で権力主体そのものであった中世立憲主義とは対照的に、自己統治の近代的ヴァージョンに他ならぬ近代国家を前提とする近代立憲主義は、論理という武器しか持たない[44]。日常時には制度的に表現される「民主」（＝前述①）が、そして場合によってはそれを補正（＝前述①$^{+}$）し、窮極的には制度上の「民主」を全否定することもありうる「民主」（＝①$^{-}$）が、最後に決める力を発揮する。

そうであればこそ、「立憲」のウラに甘く「民主」のウラに辛い二重基準に向けられる批判を知りながらも、「民主」のウラへの警告の方を強調して「民主」のオモテを引き出し、「立憲」を保守しようとする。――そのことの意味を重要と考えるのが、私の言説座標の立て方なのである。

「ポストモダン」になぞらえて〈The Post-Truth Era〉という表現が一種の流行語にまでなる現在であり、そして〈Fair is foul, foul is fair〉(『マクベス』の魔女)の台詞を思わせるほどの「何でもあり」が政治の言説の舞台を横行する現在である。あえて二重基準の保護を求めた上でもなお、「立憲」の進路はけわしい。

人類が積み上げてきた「立憲」という遺産が完全に破壊された一〇年余をはさんで、つぎの二つの文章がのこされている。

……民主主義救済のための独裁などを求めるべきではない。船が沈没しても、なおその旗への忠誠を保つべきである。「自由の理念は破壊不可能なものであり、それは深く沈めば沈むほど、やがていっそうの強い情熱をもって再生するであろう」という希望のみを胸に抱きつつ、海底に沈みゆくのである。

——ハンス・ケルゼン　一九三二年(長尾・植田訳『民主主義の本質と価値 他一篇』(岩波文庫)一七一頁)

……すべての政治的教理に関し完全な思想と宣伝の自由をみとめることに伴う危険にもかかわらず、それらすべての自由をすべての市民に承認することを、むしろ好ましいと考える。

——フランス共和国臨時政府憲法委員会　在アルジェ一九四四年

前者は、「民主」の手続を踏んで「立憲」のあらゆる要素の破壊が進み、さらには人民の自由な自己決定の可能性までが否定し尽くされようとするその前夜、しかしその「民主」を捨てることはできない、と説く[45]。その予見どおり、ケルゼン自身は亡命を余儀なくされ、ワイマール憲法という「船」は海底深く沈んだ。後者は、まさにそのことにより敗戦とナチスによる占領という苦境に耐えなければならなかったフランスが、それにもかかわらずあえて、自由な自己決定という「民主」の本質を動かしてはならぬ、という立場を宣明する。

戦後(西)ドイツが「民主」より「立憲」に重点を置く実定法制を選んだのに対し、フランスの選択は、みずからのレジスタンスが解放を可能にしたという自負の表現という意味を持った。「民主」の暴走の結果に窮極的に対抗したのは、人民の武装抵抗を含む闘争という、「民主」の極限の現われ以外のものではなかった。そしてそれ自体、「民主」の旗を掲げる諸国家の圧倒的な「力」によって支えられなければならなかったのである。繰り返すが、最後に問われるのは「民主」という力であった。「にもかかわらず」ではなく、「だからこそ」、窮極的な選択を余儀なくされる前に、「立憲」を選ぶ者がその持ち場で担うべき責任は大きい㊻。

註

はじめに

（1）　そのような書き方をあえて短い「はしがき」の中でしていたのは、一九六〇年代後半から七〇年代はじめにかけての、憲法をめぐる時代状況があったからである。一方では「憲法ナンセーンス」を叫ぶ急進派の主張があり、他方では、「従来日本の憲法学・行政法学の主流」が「個人権利の擁護のために国家統治の正統性原理としての「公共の福祉」を制約ないし対決する視座を中心に構成されてきたこと」を批判し、より建設的な方向への「公法観念の再編」を求める提言があった（松下圭一「市民参加と法学的思考」『世界』一九七三年七月号）。これら正反対の方向性を持つ二つの志向について、拙稿「法学的思考の任務は何か――松下圭一氏の憲法学批判に触発されて」（『社会科学の方法』六五号（一九七四）一一頁）は、日本国憲法をめぐる前者の破壊志向を拒否した上で、後者に対しては権力へのペシミズムを改めて表明し、「従来の」権力制限＝自由の要請を基本に置く立場を示そうとしたのだった。それと基本的に同じ観点に立ちつつ、松下と樋口の見解に言及したものとして、藤田宙靖「法現象の動態的考察の要請と現代公法学――R・スメントについての覚え書き」（藤田『行政法学の思考形式』（木鐸社一九七八）所収、三九六―三九七頁、初出一九七七）。

　なお、本書の読み手の多くに対する関係では贅語と知りつつ、念のため、戦前から戦後初期にかけて使われていた用語法につきひと言つけ加えておく。旧著の「はしがき」からの引用文中の「イデオロギー批判」とは、ある観念、ないしそれに基づいてなされる言説に含まれる「イデオロギー」性を摘出するという批判の仕方を指す。K・マンハイムの「知識社会学」が、論者自身の思考を含めおよそ思考の「存在拘束性」を明らかにしようとする方法的枠組を提唱したことに由来する。法学の分野では、宮沢俊義の一九三四年論文が重要であった（後出第四章六六）。

（2）　かねて「立憲主義へのアフェクション」（佐藤幸治『憲法』青林書院一九八一「はしがき」）をその概説書に記していた著者が、あらためてより広い読者層のために『立憲主義について――成立過程と現代』（左右社二〇一五）、『世界史の中の日本国憲法――立憲主義の史的展開を踏まえて』(左右社二〇一五)を書かなければならなかったのは、そのような脈絡でのことであった。ちなみに、著者はその中で、「一九七〇年代前半に高校の政治・経済の教科書を執筆した際、立憲主義の表現の下に説こうとしたが、なかなか理解を得られなかった経験がある。その用語は「古臭い」という理由であった」と、自身の経験を記している(『立憲主義について』一六頁註2)。その体系書に「立憲主義」という言葉を用いたことの説明として、高橋和之『立憲主義と日本国憲法』(有斐閣、初版二〇〇五)の第二版(二〇一〇)「はしがき」をも参照。

(3) そのことについて、のちに、法制史学会二〇〇〇年研究大会でのシンポジウム「法律学における歴史的思考の意味」で「憲法学の場合」としておこなった報告で述べた(『法制史研究』五一号(二〇〇二)一八〇―一八三頁)。

(4) 拙稿「第三共和制フランスの公法学から見たナチズム法思想の論理構造――現代法思想における個人主義の役割についての一考察」(東京大学社会科学研究所編『ファシズム期の国家と社会5　ヨーロッパの法体制』(東京大学出版会一九七九))が、一九三五年と三六年のルネ・カピタン論文を引いて、ナチズム思想の反個人主義性とホッブズ(レヴィアタン)の近代個人主義性との対照を強調している。その後発見され二〇〇四年に論文集に収められたカピタンの一九三九年講演草稿をふまえた上で、鍵概念としての「共和国」に焦点を合わせたものとして、『憲法という作為――「人」と「市民」の連関と緊張』(岩波書店二〇〇九)の第一章「「個人」と「共和国」思考」。

(5) 私自身による日本語訳「四つの八九年――または西洋起源の立憲主義の世界展開にとってフランス革命がもつ深い意味」に「付記」を添えたものとして、J＝P・シュヴェヌマン・樋口陽一・三浦信孝『〈共和国〉はグローバル化を超えられるか』(平凡社新書二〇〇九)五〇―七一頁。

(6) 愛敬浩二「通常法と根本法――M・ラフリンの問題提起を踏まえて」長谷部恭男他編『岩波講座　現代法の動態1』(岩波書店二〇一四)六三頁。「異形」という愛敬による適切かつ巧みな表現は、阪口正二郎『立憲主義と民主主義』(日本評論社二〇〇一)がS・ホームズの「積極的立憲主義」を検討する文脈で日本での議論に言及し、「主権と自由の間の緊張関係を、「国家からの自由」という定式に執拗なほどのこだわりを見せる形で強調しながらも、他方では、身分制社会を克服し「人一般の権利」という形で「個人」を析出したのは「主権」に他ならない」として、「主権と自由の間に存在している親和的な関係を鋭く描き出」した、と私の議論を受けとめた(二二九―二三六頁。傍点強調は原文)ことを引き継いでいる。もっとも、愛敬が

「樋口憲法学のこの「異形」性は一九八〇年代後半以降、若干弱まってきている」と見ていることについては、一言しておく必要がある。私の議論の中で、イギリス・フランス共通に人権が法律に「対して」でなく法律に「よって」保障されるということの意味を強調した点での「異形」性は、たしかに、フランス憲法院の活性化（後出㉒—㉘）によって稀釈されている。しかし、より本質的な点で、「ルソーの立憲主義」（後出⑯—㉑）を論ずるまでに、私の議論は「異形」性を強めているはずである。少なくとも私自身はそう考えている。

（7）「本稿は近代立憲主義「批判」の稿である」の一文で始まる論説・江藤祥平「近代立憲主義と他者（一）—（五・完）」（『国家学会雑誌』一二九巻七・八号—一三〇巻一・二号、同五・六号（二〇一六—一七））に接した。「批判」の意味を「否定」ないし“criticism”でなく「吟味」ないし“critique”と説明（（一）一—二頁）するこの力篇は、そのような「批判」を経た上での「希望」に言及することで締めくくられている（（五）五一頁以下）。

全篇を規定する江藤の認識、「従来の近代立憲主義における他者の不在」、他者の「欠落」が「近代立憲主義に動態が失われていること」の「原因」となっている（（一）一八頁）という基本認識を、私は、「はじめに」本文でとりあげた戒能の指摘と重なる意味を持つものとして受けとる。また、松本三之介の近業『「利己」と他者のはざまで——近代日本における社会進化思想』（以文社二〇一七）が「生ける法」（エールリッヒ）という観点の重要さをあらためて示唆することと相通ずるものを、そこに読みとる。

江藤は、近代立憲主義論が「個人」を析出するその仕方を批判的に問題とするに際し、特に蟻川恒正『憲法的思惟——アメリカ憲法における「自然」と「知識」』（初版創文社一九九四、岩波書店版二〇一六）の場合をとり出す。江藤によれば、「蟻川の析出する普遍的な「個人」とは、一切の実体性を削ぎ落とされた言説上の仮構としてのみ存在する」ものであることによって、「［歴史に言及する——樋口補記］樋口憲法学の抱える理論的困難を克服する可能性を秘めている」が、「その析出の過程に一切の無駄がないために、かえって近代立憲主義の限界を裏側から示唆する形となっている」、とされる。

「従来の立憲主義」論が（蟻川の場合は「無駄」なしに、私の場合は「無駄」を伴いつつも）「他者」を捨象していることが問題とされるとすれば、とりあえず私について言うなら、〝他者という陥穽〟に注意を促し続けることが必要と考えているのだ、と答えておきたい。長篇にわたる労作を十分に「吟味」するにはなお時間を要するので、ここでは、江藤の適切で明快な表現に添った形で、〝他者という陥穽〟を問題にし続けることの意味をどう考えているか、述べておくにとどめたい。

蟻川がJackson判事の言説に焦点を当てることによって取り出して見せたBarnette判決は、「何らかの実体性を孕む」「カタログ化された諸自由」、従って「エホヴァの証人という属性」を「削ぎ落とした」。それは当事者の敬礼拒否の「動機」に、従って「信仰の自由を勝ちとろうと熱心に関った」者たちの「生の衝動に目を向けない」ことを意味した。そのような近代立憲主義は「果たして自由の駆動力を確保できるのか」。

それ自体として重要な問題指摘である。しかも、そうした「生の衝動」は当事者にとってのことであるだけでなく、「精神的観念的基礎のない国家・公共は可能か?」(駒村圭吾編『テクストとしての判決――「近代」と「憲法」を読み解く』(有斐閣二〇一六)所収・石川健治論稿の標題)という問いにまで、つながってゆく。石川論文を含めて駒村編著所収の作品の「読書ノート」という形で、近代理性と宗教が近代立憲主義とどうかかわるかについての寸感を『思想』一一二一号(二〇一七・九)に寄せているので参看して頂ければ幸いであるが、それはともかく江藤論文に戻って言えば、それならば近代立憲主義の実践は、裁判上であれ社会運動を通してであれ、「カタログ化された諸自由」の持つ意味の大切さを少しでも否定してきただろうか。それどころか、その諸自由こそを、国家に対する個人と集団の自由の「駆動力」として提供してきたはずである。Bernette判決をもそのような構図で読む大方の見方に対して、蟻川→Jacksonは、あえてマイノリティ対個人、一般化して言えば帰属単位対個人という潜在していた構図を掘り起こしたのだった(樋口『国法学――人権原論』(有斐閣、補訂版二〇〇七)一六〇頁註3)。歴史過程としては、初期近代が遂行した社会からの個人の解放という場面があった。論理としては、その論点が、帰属単位(集団)の自由と個人の自由の間の窮極における非和解性を想定し続けるか否かの問いとして、立憲主義の近代性にとっての試金石であり続けているはずである。Bernette判決の事例そのものについて言えば、帰属単位の自由からのアプローチでも、個人の自由からのアプローチでも結論に違いは出ない。帰属単位vs個人が問題になるとき、あえて蟻川→Jackson読解の意義が顕在化するのであり、そうであればこそ、「自由の駆動力」にとっての消極的効果が責めを問われることになる。近代立憲主義を論ずることは、決してバラ色の図柄を描くことを意味しない。そのことが、ここでもあぶり出される(後出五五。その問題こそが本書の基調となっているはずである)。

（8）　本文でとりあげた多元主義批判の論点に関してだけでも、木庭の二〇一七年本の記述の背景には二〇〇三年本というぶ厚い地層があり、少なくとも「序――デモクラシー論の系譜」（『デモクラシーの古典的基礎』三―六一頁）の参照が必須に求められる。たとえば、二〇一七年本（三九頁）は『国家学会雑誌』九五巻三・四号（一九八二）一〇五頁以下の拙稿（『権力・個人・憲法学』（学陽書房一九八九）第Ⅴ章に収めた）に言及しつつH・ケルゼン『デモクラシーの本質と価値』第二版（長尾龍一・植田俊太郎による『民主主義の本質と価値 他一篇』岩波文庫版新訳（二〇一五）がある）の中に多元主義批判を読みとっているが、それに対応するのが二〇〇三年本の四四―四九頁である。とりわけ四七頁註五一―二一―二がケルゼンの論理を腑分けする簡潔な手法の鮮やかさは、"Chapeau!"（脱帽）という他ない。

（9）　基本権の私人間効力論によって対応しようとしてきた問題が、民法第二条の積極的活用によって解決できる可能性がかりに現実的になったとすれば、社会的権力論という裏づけも不要になるだろう。このことに関連して、前出註（4）で引用した『憲法という作為』一五二頁註8を参照。

（10）　その点についての私の基本認識として『憲法』（創文社、第三版二〇〇七）四〇三―四〇六頁。より詳しくは、栗城壽夫・樋口陽一『憲法と裁判』（法律文化社一九八八）の私の担当部分（第一部「裁判と裁判官」）三―一二六頁。

（11）　世良晃志郎『西洋中世法の理念と現実』（創文社一九九一）九七頁。

第一章

（1）　より一般的に、知とモラル（知りすぎることの責任）、そして知のモラル（知ろうとしなかったことの責任）という問題の立て方について、樋口陽一「「知」の賢慮に向けて――知とモラル そして知のモラル」小林康夫・船曳建夫編『知のモラル』（東京大学出版会一九九六）一九―三二頁。

（2）　そこでとりあげられているルネ・カピタンについては、後出註（3）所掲のシュミットⒷ一四頁。シュミットとカピタンを対に置いての考察は、本節Ⅱで主題としてとりあげる（後出五―九）。

（3）　Carl Schmitt, *Der Leviathan in der Staatslehre des Thomas Hobbes*, 1938（以下「シュミットⒶ」とする）および"Der Staat als Mechanismus bei Hobbes und Descartes", 1937（以下「シュミットⒷ」とする）。われわれはこの両者とも、長尾龍

一による達意の訳文で参照することができる（長尾龍一編『カール・シュミット著作集Ⅱ 一九三六―一九七〇』（慈学社二〇〇七））。以下の註では、シュミットⒶ・Ⓑにつきこの訳書の頁を引用する。

（4） シュミットⒶ七三頁。

（5） シュミットの別の論稿「中立化と脱政治化の時代」（初出一九二九）長尾龍一訳、長尾龍一編『カール・シュミット著作集Ⅰ 一九二二―一九三四』（慈学社二〇〇七）二〇四頁での表現。

（6） シュミットⒶ六六頁。

（7） ホッブズ『リヴァイアサン』（原著一六五一、水田洋訳（岩波文庫一九五四、第一刷））。

（8） シュミットⒶ七四―七五頁。

（9） シュミットⒶがスピノザを援用するその仕方と意図については、後出註（12）および本文[illegible]で問題にする。

（10） ホッブズとスピノザの関連そのものについては、柴田寿子『スピノザの政治思想――デモクラシーのもうひとつの可能性』（未来社、第二版二〇〇五）の簡潔・適切な指摘を引用しておきたい。――「……スピノザは聖書解釈によって、そうした政治的目的（連邦制の擁護と王政の批判）を果たしたにとどまらず、同時に、主権者と臣民との一元的な権力関係を基礎づけるホッブズの社会契約論と主権者樹立の理論を、多元主義的で分権主義的な柔軟な政治構造をもつ権力論へと転換させる理論的作業を遂行することにもなった」（一八四頁）。

（11） 単に刑罰的な法律。法に服従する動機を問わず、外面の行為として服従が得られればそれでよいとする考え方。なお参照、宮沢俊義「法の義務づけよう――Leges mere poenales の理論について」宮沢（『法律学における学説』（有斐閣一九六八）一―三二頁、初出一九三二）。人の良心を法によって義務づけようとする権力の方向があらわになってくる時期に宮沢がこの主題をとりあげたことには、意味があったはずである（治安維持法の成立は一九二五年）。

（12） シュミットⒷ（一九三七）に比べ一年後公刊の同Ⓐ（一九三八）が際立っているのは、分量（紙幅）の違いだけではない。シュミットⒷは「……「保護と服従の相関」こそホッブズの国家論の支点である。これに一面的な全体国家観のレッテルを貼ることはできない」という主張を、「すぐれた公法学者」「自由民主主義的フランス人」ルネ・カピタンの一九三六年論文を援用しつつ簡潔に説くものであった。シュミットⒶになると、カピタンへの言及は短い注記だけとなり、その反面、スピノザをはじめ「ユダヤ人思想家」の一群がホッブズやデカルトの英雄時代を裏切ってゆく、という論法が正面に現われる(後出註(31))。

(13) シュミット(B)一四頁。

(14) カピタンの一九三六年論文については、後出七参照。

(15) シュミット(B)一四頁。

(16) 樋口陽一訳『現代議会主義の精神史的状況 他一篇』(岩波文庫二〇一五)。

(17) 同前。

(18) 長尾編・前出註(3)『カール・シュミット著作集Ⅱ』に、「ジャン・ボダンと近代国家の成立」という標題のもとに収められている(長尾龍一訳)。

(19) 「友・敵」思考については、カール・シュミット「政治的なものの概念〔第二版〕」(初出一九三二)菅野喜八郎訳、長尾編・前出註(5)『カール・シュミット著作集Ⅰ』。

(20) 長尾龍一「シュミット再読――悪魔との取引?」長尾編・前出註(3)『カール・シュミット著作集Ⅱ』三四六―三四七頁。

(21) フランス公法学が古典的代表観念に対置させた「半代表」の拒否として、カール・シュミット『憲法理論』尾吹善人訳(創文社一九七二)二六五頁。

もっとも、そのシュミットが他方で、モーリス・オーリウの制度理論に言及し具体的秩序思想に向かっていることを、どう整合的に説明することができるか。シュミットと関連づけて言及されることの多い制度保障の思考(この点については、石川健治『自由と特権の距離――カール・シュミット「制度体保障」論・再考〔増補版〕』(日本評論社二〇〇七)による、これまでの議論に対する根源的な批判を参照)についてもまた、それが中間集団による秩序形成を意味するはずである限り、同じ論点が浮上する。長尾編・前出註(3)『カール・シュミット著作集Ⅱ』三五七―三五八頁によるシュミットへの疑問をも参照。

(22) シュミット『憲法理論』尾吹訳(前出註(21))六四―六五頁。

(23) 但し、「ユダヤ人」という「類」を「人種」「民族」と考えるのは通俗的に行われていることにすぎない。

(24) 後出註(30)に所掲のR・グロスの本が、それを跡づけている。

(25) 例外として第二次大戦前のルネ・カピタンがいたことについては後出(本文五―九)。戦後フランス憲法学の一時期を主導したモーリス・デュヴェルジェがアルジェリア戦争の危機状況の中で『独裁論』(一九六一)を公にした際、シュミットの『独裁〔第二版〕』(一九二八)にふれてはいるが、「パンフレット」と形容しているにすぎない。もっとも、ドイツ占領下のパリでシュミットが一部の文化人たちにとってスターだったことは、別のことがらである。たとえばGeydan de Roussel、彼を介して特にBernard Faÿとシュミットとの接触について、Antoine Compagnon, *Le cas Bernard Faÿ. Du Collège de France à l'indignité nationale*, Gallimard, 2009. この本につき直接の教示を受けた松本礼二氏の学恩に感謝する。

(26) 『政治的なものの概念』『パルチザンの理論』(一九七二)に続いて、『陸と海と』(一九八五)、『政治神学』『現代議会主義の精神史的状況』(一九八八)、複数の論文を集録した『政治論』(一九九〇)、そして『憲法学』(一九九三)。シュミットを主題としてとりあげる著書・論文も数多く公刊されるようになり、そのような状況を、知識層に読まれる日刊紙『ル・モンド』がそのつど、長文の書評欄を提供してフォローしてきた。

(27) Carl Schmitt, *Le Léviathan dans la doctrine de l'Etat de Thomas Hobbes*, traduit par Denis Trierweiler, Seuil, 2002. ラウンド・テーブルの記録は、雑誌 *Droits, revue française de théorie de philosophie et de culture juridique*, n° 38, 2003.

(28) *Le Monde*, le 6 décembre 2002.

(29) Yves Charles Zarka, *Un détail nazi dans la pensée de Carl Schmitt*, PUF, 2005.

(30) ようやくシュミットの仏訳が出揃い始めた時点でのジャック・ジュリアールの評論(*Le Nouvel Observateur*, le 20 décembre 1988, p. 73, 75)の標題である。その問いに、前出註(29)のザルカは、シュミットのすべてを読んでその反ユダヤ主義のありのままを知るべきだ、というのである。シュミットの「すべて」を知るためのものとして、Raphael Gross の大部の書物の仏訳が出版され、ザルカが序文を書いている。*Carl Schmitt et les Juifs*, traduit par Denis Trierweiler, PUF, 2005.

(31) シュミット(A)八四—八六頁。

「ユダヤ人哲学者フリートリヒ・ユリウス・シュタール＝ヨルゾン」という表記の仕方にも注意されたい。そのシュタールのユダヤ名をGolsonでなくJolsonと表記することについて、シュミットはわざわざ註をつけている。

(32) かつて「資本主義」と呼ばれていたものが、その後「市場経済」と称されるようになった。前者にあっては経済構造が生産関係を基準としてとらえられ、後者は交換関係に着目した呼び名になっている。前者はもともと、そのような生産関係は克服され他のものによって取って代えられるべきだという文脈で使われた。後者は、いわば永遠のものであるべきであり、またそうでありうる、という含意でそう呼ばれてきた。それとはまったく逆の脈絡で、「生産様式」ではなく「交換様式」という概念を鍵概念として「経済的下部構造」をとらえるのが、柄谷行人『世界史の構造』（岩波書店二〇一〇）の提唱である。そこでは、「交換様式」の四つのタイプが区別されて、資本主義はそのうちの商品交換という標識によってとらえられ、その克服の方向が探られる。

（33）　そのような標題をもつ冊子のことについては、さしあたって、拙稿「いま、大切だと思うこと――〈苛立ちと不安〉から〈いきどおり〉〈義憤〉へ」『世界』八二六号別冊『破局の後を生きる』（岩波書店二〇一二）六―一一頁。九三歳の誕生日に『いきどおれ！』という標題の冊子を出版した著者ステファヌ・エセルは、ゲシュタポの拷問に耐えて強制収容所を脱走し、戦後は外交官のキャリアをふみ、とりわけ、ルネ・カッサンのもとで一九四八年世界人権宣言の作成にも関わった人物である。

（34）　《pouvoir constituant》＝「憲法制定権力」という観念が憲法論の重要論点の一つとなる端緒をつくったのは、フランス革命前夜に匿名で出版されたシイエス『第三身分とは何か』稲本洋之助・伊藤洋一・川出良枝・松本英実訳（岩波文庫二〇一一）だった。二〇世紀前半にカール・シュミットにより時代性を担うことを託されて再び登場したとき、ドイツ語表現での verfassungsgebende *Gewalt* は、そのまま *pouvoir* constituant に言葉の上で対応していた。他方でカピタンが法の効力の根拠を論ずる際の鍵概念として使う用語表現は、*force* constituante である（後出七）。言葉の問題として pouvoir は Gewalt に対応し、Gewalt はまた force に対応する。以下の論述でカピタンを直接に引用するときは「憲法制定力」と訳しながらも、私自身の記述では〝カピタンの憲法制定権力〟という言い方をするのは、三つの用語の言語上の変換可能関係のゆえだけのことではない。シイエスやシュミットの憲法制定権の非日常性と対照的な、日常的に機能するカピタンの憲法制定「力」の含意を伝えつつも同時に、シイエスやシュミットに共通する現状破壊的性格をカピタンも共有することを認識した上で、その相違を論ずる、という設定が重要と考えるからである。

（35）　『第三身分とは何か』の憲法制定権力論が、旧体制に対する破壊力を発揮し終えて新しい実定法秩序に適合を遂げる法的論理については後出三。政治思想史家リュシアン・ジョームは、エトノスとしての実在から「国民」議会の国民への変換として、状況を説明する。――「シイエスは自分で自分を否定する。まさしく一七八九年まで、彼は国民（nation）を、まとめあげることができる歴史上の実在、生きた集合(un corps vivant)でフランク族由来、と言っている。だがその後の彼は、国民とは国民議会(Assemblée nationale)に組織され集会した代表者(représentants)のことであり、彼らだけが、国民意思(volonté nationale)を現出させることができるのだ、と断言する。ホッブズのレヴィアタンの場合と同様、代表こそが、代表されるものの一体性をつくるのである」(Aux sources de la laïcité et de la nation française: émancipation ou influence du religieux?—Dialogue croisé entre Lucien Jaume et Bertrand Bourdin, in *Transversalité*, avril-juin 2017, n° 142, p. 99-122 でのジョーム発言〔p. 112〕)。

(36) カピタンは三年間にわたって東京日仏会館フランス学長(Directeur français)として在任した(一九五七—六〇)。日仏会館九〇周年記念行事のひとつとして、「ルネ・カピタンの知的遺産——共和国・憲法・ルソー」と題し、本文の記述でのちにとりあげるオリヴィエ・ボーと私との対論講座が開催された(二〇一四・一〇・二四、日仏会館)。ボーと私の基調発言の記録として、『日仏文化』八五号(二〇一六・三)七—二二頁がある。司会者・三浦信孝による「樋口・ボー対論の余白に」は対論講座を設定した趣旨を説明しており、三浦作成によるカピタンの主な著作目録および関連文献選とともに参照されたい。

なお、日本学士院客員としてのカピタンを紹介して、『日本学士院ニュースレター』の求めに応じて書いた私の寄稿がある(No. 13, 2014. 4)。

(37) René Capitant, *Introduction à l'étude de l'illicite: L'impératif juridique*, Dalloz, 1928(この稿では、後出註(39)掲記の論文集 *Ecrits d'entre-deux-guerres*, p. 59-297 により引用する)および Carl Schmitt, *Verfassungslehre*, Duncker & Humblot, 1928(この稿では、尾吹訳『憲法理論』、前出註(21)により引用する。他に阿部照哉・村上義弘訳『憲法論』〔みすず書房一九七四〕がある)。

(38) シュミット死去の翌年に出版された山下威士『カール・シュミット研究』(南窓社一九八六)二一五—二八五頁が、一九八三年までの時点でのシュミットの著作、および彼をとりあげた内外の文献を——網羅的な書誌を意図するものでないと断りながらも——提供していて、当時として貴重であった。

(39) Olivier Beaud の編纂による二冊の論文集 R. Capitant, *Ecrits d'entre-deux-guerres (1928-1940)*, Editions Panthéon-Assas, 2004(ボーによる長い序文「偉大な法学者を発見する——《初期ルネ・カピタン》」は p. 7-53)、および R. Capitant,

Face au Nazisme: Ecrits 1933-1938, Presses Universitaire de Strasbourg, 2004.

第二次大戦後のフランス憲法学の大勢は、第四共和制下の政治学的傾向（M・デュヴェルジェなど）から第五共和制下の憲法裁判学派（L・ファヴォルーなど）へと移行してきた。一九五八年生まれのボーは、そのような流れの両方に批判的な世代に属する。そのことについては、同様な志向を持つフランス、ドイツの研究者たちの論稿を集めた論文集『フランス憲政学の動向――法と政治の間』山元一・只野雅人編訳（慶應義塾大学出版会二〇一三）に寄せた私の「はしがき――「憲法学の法律学化」と「政治学的傾向」をこえて」を参照されたい。なお私はそこでJus Politicumを「政治法」と訳すことへの私としての留保を、――ルソー『社会契約論』の副題が《ou Principes du droit politique》であったことに注意を促すという仕方で――述べておいた。法の効力論や国家論までを射程に入れた第三共和制期の学風に強い関心を持つボーは、カピタン家に遺されていた未公開原稿を含めて両大戦間期の論文の集成に尽力し、『戦間期論集』の冒頭に四七頁に及ぶ序文を書いて、「偉大な法学者・初期ルネ・カピタンの発見」（序文の標題）を、後続世代の研究者たちに求めたのだった。

(40)　Olivier Beaud, Préface, Carl Schmitt ou le juriste engagé, in Carl Schmitt, *Théorie de la constitution*, traduit par Lilyane Deroche, PUF, 1993, p. 5-113.

(41)　O. Beaud, René Capitant, juriste républicain, Etude de sa relation paradoxale avec Carl Schmitt, in *La République, Mélanges en l'honneur de Pierre Avril*, Montchretien, 2001, p. 41-66. ボー本人から校正段階の論文コピーの献呈を受けていた私は、彼を日本に招いた折の東大での研究会でその要旨の報告をすることを求めた（二〇〇一年四月。フランス語論文掲載の論集も二〇〇一年四月公刊）。その日本語訳が「ナチス期におけるルネ・カピタンとカール・シュミット――謎めいた関係について」（南野森訳『日仏法学』二三号〔二〇〇四〕一頁以下）である。訳文の標題に「謎めいた関係」とあるのは、報告者自身が論文の「逆説的（paradoxale）」をmystérieuseと言い換えたからである。

(42)　O. Beaud, idem, p. 44. 南野訳五頁。

(43)　前出註（36）の『日仏文化』八五号所収のボー講演。彼は、博士論文審査や教授資格試験の際の指導・被指導関係が意識されることの多いフランス（ドイツも同様であろう）の慣行を念頭に置いている。そしてたしかに、そのような意味での後継者がフランス国内で教授の職につくことはなく、ボーは「外国人の門下生」としてW. Leisner（ドイツ）と樋口（日本）の名を挙げるにとどめている。

(44) 野田良之『フランス法概論』上巻(2)（有斐閣一九五五）二九八—二九九頁。

(45) オリヴィエ・ボー「ルネ・カピタンと一九六二年の憲法危機」山元一訳、『日仏法学』二八号（二〇一五）一一一—一三四頁。

(46) 一九五七年に学部を卒業して憲法研究の基礎訓練を自己に課すことになった私にとって、いわば定番的に取り組まねばならなかったのは、イエリネック(Georg Jellinek, 1851-1911)の *Allgemeine Staatslehre* (1. Aufl. 1900)だったのであるが、全訳がまだ出ていなかった当時（芦部信喜ほかによる全訳『一般国家学』（学陽書房）は一九七四年）、八〇〇頁に及ぶ原書を読み込んだとは到底言えない。円熟した大家による一九世紀ドイツ国法学の集大成、といった先入観にとらわれていた私は、この古典からするどい知的刺戟を取り出し損ねていた。

私の関心をとらえたのは、イエリネックの次の世代の、先行する学問伝統への挑戦者として登場していた論者たちだった。その典型がドイツ語圏の二人であり、特にその一方のケルゼン(Hans Kelsen, 1881-1973)が私を強くとらえたのは、多彩な文化領域にわたる「ウィーン学派」の一方の旗がしらとして彼が掲げた「純粋法学」の方法論の魅力だった。彼は伝統的法学に混入している「方法の混淆」をするどく摘出し、一切の実用上の正当化機能から解き放たれた学問体系を展開してみせていた（清宮四郎訳『一般国家学』（岩波書店一九三六、改訳版一九七一）、横田喜三郎訳『純粋法学』（岩波書店一九三五）、長尾龍一訳『純粋法学　第二版』（岩波書店二〇一四））。

もう一方が、他ならぬカール・シュミットだったのである。

(47) 「フランスにおける憲法学の政治学的傾向(1)(2)(3)」『法学』二九巻一、二、三号（一九六五）、および「「憲法変遷」の観念」（『思想』四八四号（一九六四））は、のち『近代立憲主義と現代国家』（勁草書房一九七三）第一部第一章の記述の中に組み入れた。

(48) そのことに言及したものとして、高橋信行「ルネ・カピタン——共和国の崩壊と再生」『日仏法学』二七号（二〇一三）特に六一—八頁参照。

(49) 一九三六年カピタン論文は Hobbes et l'Etat totalitaire, in *Archives de philosophie du droit et de sociologie juridique*, n°

1-2, 1936, p. 46-75（註(39)所掲 *Ecrits d'entre-deux-guerres*, p. 231-257）、一九三七年シュミット論文は Der Staat als Mechanismus bei Hobbes und Descartes, in *Archiv für Rechts- und Sozialphilosophie*, Bd. 30-4, 1937, S. 622-632（長尾龍一訳「ホッブズと全体主義」長尾編・前出註（3）『カール・シュミット著作集Ⅱ』一一一―一二三頁）。

（50） R. Capitant, L'idéologie nationale socialiste, in *L'Année politique française et étrangère*, octobre 1935, p. 177-205（註(39)所掲の論文集 *Face au nazisme*, p. 109-133）.

（51） C. Schmitt, *Der Leviathan in der Staatslehre des Thomas Hobbes, Sinn und Fehlschlag eines politischen Symbols*, Hanseatische Verlaganstalt, 1938（長尾訳「レヴィアタン――その意義と挫折」長尾編・前出註（3）『カール・シュミット著作集Ⅱ』三三―九七頁）。

（52） ここで Otto Koellreuter や Reinhard Höhn の名を私は念頭に置いている。

（53） Christian Starck, 1949-1999 : Aussprache des Vorsitzenden, in *Veröffentlichungen der Vereinigung der Deutschen Staatsrechtslehrer*, 59, 2000, S. 7 ff. ――そこで名前が挙げられたのはシュミットのほか、ヘーン(Reinhard Höhn)、ケルロイター(Otto Koellreuter)、フーバー(Ernst Rudolf Huber)である。

（54） Ernst-Wolfgang Böckenförde, *Wissenschaft, Politik, Verfassungsgericht*, Suhrkamp, 2006（この本を参看できたのは栗城壽夫氏のご教示によることを記して感謝する）。Dieter Gosewinkel によるインタヴューは S. 305-486, シュミットについての言及は S. 359-385. 本稿の問題設定とのかかわりで言えば、ベッケンフェルデは、シュミットとの間に微妙な距離をとりながらも、「カール・シュミットの影響によって、私はホッブズをそれ以前とは違ってとらえるようになり、ホッブズは決して全体国家の理論家ではないと見るようになった。ホッブズにとって、平和と安全、同質ではない社会の内部で平和・安全を可能にする〝最小限の条件(minimum condition)〟が肝要だったのだ。そのために、上訴不可能な最高の決断をする審級が必要だったのだ」として、一九七八年の自分自身の講演に言及し、「その限りで私のホッブズ理解にはカール・シュミットの刻印がある」(S. 372-373)と述べている。さらに進んでホッブズの「脱全体主義化」「脱デーモン化」にベッケンフェルデ自身が貢献したと考えているかと問われて、「ホッブズは国法学の世界で既に脱デーモン化されている。……私がそのことに貢献したかどうかは知らない。ホッブズについての一九六五年論文でのシュミットの解釈についてもそうだが」と答えている(idem)。論文名は挙げられていないが、シュミットはその年、Bemerkungen und Hinweise zu neuen Leviathan-Interpretation, in *Der Staat*, Bd. 4-1, 1965, S. 51-69を書いている。なお一九六五年のシュミットは、もともとカピタン論文が自説を展開する際に批判の対象としていたベルギーの神父ヴィアラトゥ(Vialatoux)の著作をとりあげているが、そのカピタンには言及していない。シュミットの一九六五年論文は、両大戦間期に遡る神学者たちの議論をとりあげる中で『リヴァイアサン』を「宗教改革の完成」——教会の決断独占と国家の決断独占とを対置した上で後者を選択したこと——を示すことを主眼としたものだった。

一連の問答の中でベッケンフェルデがシュミットの一九三七—三八年のホッブズ論を援用していない理由は推察できるが、私と同世代に当たるベッケンフェルデが一九六五年シュミット論文から(おそらく)遡って、また私は一九六〇—六一年のパリ大学大学院講義から遡って、それぞれ一九三〇年代後半のシュミットとカピタンを通してホッブズの憲法学史上の意義を意識することになったわけである。

(55) 藤田宙靖「E・W・ベッケンフェルデの国家と社会の二元的対立論——現代西ドイツ公法学研究ノート」(藤田『行政法の基礎理論　上巻』(有斐閣二〇〇五)所収、初出一九七六—七七)は、ベッケンフェルデ＝二元論をH・エームケ——遡って後者に強い影響を及ぼしているR・スメント——と対照させる。ここでは、エームケが二元論の基礎にシュミット(そしてケルゼン)を見てとることを紹介しているが、藤田自身がベッケンフェルデを「C・シュミットの思考枠組を受け継ぐ」と言及するのは、藤田「法現象の動態的考察の要請と現代公法学——R・スメントについての覚え書き」(藤田『行政法学の思考形式』(木鐸社一九七八)所収、初出一九七七)においてである。加えて参照、栗城壽夫「西ドイツ公法理論の変遷」(『公法研究』三八号(一九七六))。スメントについての一九七七年藤田論文は、栗城が既に一九六〇年代にスメント・シューレとシュミット・シューレとの対抗図式を提示していたと紹介している。その後、「かつて日本において有力に説かれていた、ドイツ憲法学に関する「スメントシューレ」と「シュミットシューレ」の対立という整理図式の、意義と限界を探る」後続研究があり(渡辺康行「「憲法」と「憲法理論」の対話——戦後西ドイツにおける憲法解釈方法論史研究」『国家学会雑誌』一〇三巻一・二号(一九九〇)以下)、議論が広げられ、深められてきた。

(56) なお、戦後西欧でのシュミットの扱われ方について憲法学界より広く論壇ないし思想界まで見渡せば、一九六八年前後から、とりわけイタリア、フランスで、「左翼」と呼ばれるような論者の中で、シュミットが「発見」された。戦後、限られた右派論壇でのシュミット論に過ぎなかったのとは対照的に、むしろ新左翼の側から、「友・敵」思考、決断主義、議会主義vs民主主義の対置図式、パルチザンの理論、「ラウム」思想と「ヨーロッパ」問題……などが注目されるようになった。管見の限りでフランスについて言えば、一九七〇年代以降、シュミットの作品は続々と翻訳され、文庫版を含めて書店の店頭をにぎわしている。その中で改めてシュミットの反ユダヤ人種主義をめぐって、「ハイデガー問題」のあえて言えば縮小版に相当する論争が論壇の一争点ともなっている。本稿ではあえて、憲法学の分野に限った論述にとどめておく。なお参照、前出第一章第一節I、および樋口『転換期の憲法?』(敬文堂一九九六)四四—五五頁。

(57)　「政治神学」(一九二二)長尾龍一訳、長尾編・前出註(5)『カール・シュミット著作集I』二六頁。

(58)　C. Schmitt, *Gesetz und Urteil*, 1912. この著作については後にあらためて言及する(註(75))。

(59)　「法学的思惟の三類型」(一九三四)加藤新平・田中成明訳、長尾編・前出註(5)『カール・シュミット著作集I』三六六頁。

(60)　和仁陽『教会・公法学・国家——初期カール=シュミットの公法学』(東京大学出版会一九九〇)六五頁。

(61)　シュミット『憲法理論』尾吹訳(前出註(37))九六—一一七頁。

(62)　前出註(61)二五四頁、一一八頁。

(63)　R. Capitant, Une erreur monstrueuse, in *Ecrits politiques*, Flammarion, 1971, p. 419-420. 下院議員の任期満了による総選挙が翌一九六七年三月に予想されていた時点での論説(*Notre République*, le 25 nov. 1966)であり、実際その選挙では野党が大幅に議席数をふやすこと、そして翌々年には「六八年五月」という大きな出来事が起こること、が当時の背景として想起されるべきである。ちなみに、六八年の政権危機に直面したドゴール大統領は、小会派・労働民主同盟を主宰していたカピタンを閣僚として「ポンピドゥー首相に押しつけ(imposer)た」(*Ecrits politiques* に序文を書いた盟友ヴァロン(Louis Vallon)の表現)。首相はカピタンの政敵であり、「ポンピドゥーという青大将を呑み込むことにした。愉快ではないがそれは私の義務だ」という、世に知られることになるカピタン発言はこの時のことである。

(64)　R. Capitant, L'illicite, in *Ecrits d'entre-deux-guerres*, op. cit., p. 133-136. 実定法とは現に適用されている法なのだということの説明として、日常茶飯の事例、公道での駐車禁止違反行為を警官が黙認するという場面が言及されている。例外的に意地悪な警官の措置によって取締法規が裁判所によって適用されたとしても、それが実定法なのではなく、実定法が何たるかを示すのは公衆の習い(moeurs)と行政実例なのだ、という説明である。もとより、一九二〇年代までのパリの交通事情を前提にした上での「習い」「実例」のことであるが。

(65) idem, p. 143. いかにも断定風の自説展開であるが、その前提として当時の諸学説が検討されていることは当然である。本文引用箇所の直前には特に長い註がつけられていて、モーリス・オーリウ(Maurice Hauriou)、そこから遡って特にガブリエル・タルド(Gabriel Tarde)が参照されている。

(66) R. Capitant, La coutume constitutionnelle (1930), in *Ecrits d'entre-deux-guerres*, op. cit., p. 283 et s.

(67) 統治の正統性の二元対立(君主、あるいはワイマール憲法型の公選大統領と議会との間で)を前提とした均衡型の議院内閣制を正態とする当時の一般的理解に対し、カピタンは彼の「実定法」観念を基準として、そのような理解はイギリスだけでなく当時のフランスにも当てはまらなくなっていることを説いた。議会が統治の正統性を一元的に手にしている議会中心型の議院内閣制が、もはや立法・執行二権の均衡ではなく、内閣がもっぱら議会に対し責任を負うことを本質とするものとなっている、という主張である。そのことを議会制度論として展開し、そのような認識を前提として承認した上での自国の議院内閣制の改革案を提起したのが、Régimes parlementaires (1933), in *Ecrits d'entre-deux-guerres*, op. cit., p. 305 et s. および La réforme du parlementarisme (1934), in *Ecrits d'entre-deux-guerres*, op. cit., p. 325 et s. である。

(68) 美濃部達吉『人権宣言論ほか三篇』(日本評論社一九二九)所収。

(69) 『一九世紀ドイツ憲法理論の研究』(信山社一九九七)をイエリネック『一般国家学』の検討によってしめくくった栗城壽夫の表現である(五九二頁)。栗城によれば、「イエリネックの説く如く、国民の法的確信が国家生活において重要な役割を演ずるものであるとすれば、法的確信を基軸として国民それ自体が統一体を形成していると考えることができる」はずであるのに、彼は「国民の統一性が国家の統一性を基礎にして初めて形成されるということを強調する」。栗城によるこの指摘は、一八七一年帝国憲法体制が国家連合(Staatenbund)型から連邦国家(Bundesstaat)型への推移の形で成長していった過程と重ね合わせて見るとき、特に意味深いのではないだろうか。

(70) そのオプティミズムは、他ならぬ日本について美濃部達吉の場合にも当てはまるだろう。その「非制定法小論(一九〇九)」(『法の本質』〔日本評論社一九四八〕所収、一八三頁以下)は言う。——「慣習法が法たる力を有するは敢て国家の承認に因るに非ず、事実上の慣習が其れ自身の力に依りて法たる力を生ずるなり」。「国家の基本的組織に不文の慣習に依りて定まるを以て寧ろ憲法の本来の性質に適合するものと謂ふべし」。

(71)　*Revue du droit public*, 1979, n°4, p. 959-970.

(72)　一九八六年三月の下院議員総選挙の結果として与野党逆転に直面したミッテラン大統領は、新多数派の議会勢力の党首シラクを首相に任命し、cohabitation(共存)という統治形態を選んだ。同じ構図は、一九九三年総選挙で同じ事態が繰り返されたとき、シラク大統領によるジョスパン首相任命によって踏襲された。

(73)　R. Capitant, Les traits spécifiques de la démocratie française (1939), in *Ecrits d'entre-deux-guerres*, op. cit., p. 381 et s.

(74)　シュミット『憲法理論』尾吹訳(前出註(21))六五頁。

(75)　C. Schmitt, *Gesetz und Urteil, Eine Untersuchung zum Problem der Rechtspraxis*, 1912, S. 49.「内容はどうでもよく(gleichgültig)、確定されているということだけが重要」(S. 69)であり、「決定されているということ自体にくらべれば決定内容はむしろどうでもよいという例(Beispiele für eine relative Gleichgültigkeit des Inhaltes der Entscheidung)は沢山ある」(S. 104)……。こうした文脈で「決定の先例効」が、「決定における内容への無関心(inhaltliche Indifferenz)のはたらき」として説明される(S. 108)。

(76)　シュミットが提出する他の鍵概念、たとえば「具体的秩序」思考との関係について、和仁陽・前出註(60)『教会・公法学・国家』六〇頁註111による、『政治神学』初版と第二版(一九三四)の間の記述の異同についての鋭い指摘を参照。

(77)　シュミット「政治神学」(一九二二)長尾訳、長尾編・前出註(5)『カール・シュミット著作集Ⅰ』二四頁。

(78)　以下の引用は長尾龍一「カール・シュミット伝」長尾編・前出註(5)『カール・シュミット著作集Ⅰ』四五一頁以下による。

(79)　本章第一節に加え、シュミット『現代議会主義の精神史的状況 他一篇』樋口陽一訳(前出註(16))所収の訳者解説一六七—一七四頁。

(80)　「四〇年も、それとは知らぬまま散文を語っていたのだな」(モリエール『町人貴族』第二幕第四場)。

(81)　二〇一二年九月三〇日共同通信配信による各紙。『京都新聞』は同日付自社記事。最大野党の党首が野党の存在理由を

「たった」三分の一という表現で片付けることによって、ここでも「それとは知らずに」彼の議会制民主主義観を告白している。

(82) 美濃部達吉と並んで立憲主義憲法学の指導的存在として、京都・関西での中心的立場にあった佐々木惣一の著書の一冊は『立憲非立憲』と題されている(弘文堂一九一八)。同時期の佐々木の論説を含め石川健治による「解説」を付した『立憲非立憲』が刊行されている(講談社学術文庫二〇一六)。

(83) 濃密な米欧体験を重ねて帰国した若き永井壮吉(荷風)が「立憲政治の今とても……いかに外観の形式を変更しても、風土と気候と、凡ての目に見えないものが、人間意志の自由、思想の解放には悪意を持ってゐるらしい」と書いたのは、帝国憲法施行後二〇年を経た時点でのことだった(『紅茶の後』一九一〇)。この指摘は、一九四五年八月に至る日本現代史について、基本のところで当てはまることになろう。帝国議会を担い手とする「立憲政治」の前進と挫折という波瀾にみちた経過の底流に、「人間意思の自由と思想の解放」を頑強に妨げる障碍が横たわっていた。その障碍を排除する理念を掲げたのが、日本国憲法一三条の規定(「すべて国民は、個人として尊重される」)である。

(84) 美濃部達吉『憲法精義』(有斐閣一九二七)二一一二二頁、穂積八束『憲法提要』(有斐閣、第五版一九一五)一二二頁、一二六頁。この点についてはなお、樋口『近代憲法学にとっての論理と価値——戦後憲法学を考える』(日本評論社一九九四)一一一—一一八頁。

(85) 「浦和事件」と通称されている。『ジュリスト』特集『法律事件百選』(一九八八年一月一—一五日合併号)四〇—四一頁(岩間昭道執筆)。

(86) この項全般について、樋口『比較憲法』(青林書院、全訂第三版一九九二)九五—一〇六頁。

(87) この項全般について、樋口『国法学——人権原論』(有斐閣、補訂版二〇〇七)一九九—二三四頁。

(88) シイエス『第三身分とは何か』稲本他訳(前出註(34))を、詳細な訳註・解説、略年表とともに参照。

(89) この項全般につき、樋口・前出註(47)『近代立憲主義と現代国家』一九三—二一五頁。

(90) この項全般につき、前出註(47)引用『近代立憲主義と現代国家』二六四—二六六頁、前出註(86)引用『比較憲法』一八一—一九三頁。

（91）シュミット『憲法理論』尾吹訳（前出註（21））九六—一一七頁。

（92）Ulrich Preuss, Constitutional Powermaking for the New Polity: Some Deliberations on the Relations between Constitutent Power and Constitution, in *Constitutionalism, Identity, Difference, and Legitimacy*, Ed. by Michel Rosenfeld, Duke University Press, 1944, p. 143-164.

（93）民族と呼ばれるものがそれ自体「想像の共同体」という一面を免れないことを承知した上で、ここでは、「自然」と「意思」を対照させる。

（94）ドイツ統一の経過とそれに伴う論点については、前出註（86）引用の『比較憲法』二八九—二九三頁。

（95）Hans Peter Schneider, Die verfassungsgebende Gewalt, in *Handbuch des deutschen Staatsrechts*, Bd. VII, C. F. Müller, 1992, S. 20 ff.

（96）Richard Bartlsperger, Verfassung und verfassungsgebende Gewalt im vereinten Deutschland, in *Deutsches Verwaltungsblatt*, 1. Dezember, 1990, S. 1285 ff., 特にS. 1330.

（97）H. P. Schneider, a. a. O., S. 23-24.

（98）Martin Heckel, Legitimation des Grundgesetz, in *Handbuch des deutschen Staatsrechts*, Bd. VIII, 1995, S. 522-523.

（99）憲法一一条による憲法改正提案は一九六九年に再び試みられ、上院改組と地方制度改革を内容とする改正案は否決され、即日ドゴール大統領は辞任した。このとき、六二年の事例の先例性につきどう考えるか議論があった。樋口『現代民主主義の憲法思想——フランス憲法および憲法学を素材として』（創文社一九七七）一二三—一二七頁。

（100）九月二三日判決の対象となったマーストリヒト条約批准法律が国民投票で可決（九月二一日）される前段階として、同条約のいくつかの内容が憲法規範の中にとり込まれていた。そのための憲法改正は、憲法八九条所定の二つの方法のうち両院合同会議（有効投票の五分の三の多数による）に従って行われ（六月二三日成立）、両議院の可決を経た上での国民投票という方式は、採用されなかった。そのことを問題とし、条約のいくつかの条項が国家＝国民主権に反するとされた（四月九日憲法院判決）がために行われた憲法改正だった以上、その内容にふさわしい方法、すなわち国民投票によってなされるべきだったとする、有力学説からの強力な批判があった。主権の所在にかかわる内容を含む変更がヤミで行われた（changement clandestin）ことを難じ、そのような変更は憲法制定権の主体である国民自身が決定してこそ、厳粛(solennel)なものになる、というオリヴィエ・ボーの主張である(Olivier Beaud, *La puissance de l'Etat*, PUF, 1994, p. 484-485)。通常の、いわば表からの「憲法制定権」論の側から出るべくして出た主張と言うことができよう。もっとも、憲法院の論理は、憲法であれ法律であれ国民投票で可決されれば「国民主権の直接の表現」なのだとするのであるから、実は憲法院の論理の中でも、いわば裏からではあるが「憲法制定権」が持ち出されているのである。

(101) 「責任」の論点については前出註(99)引用の『現代民主主義の憲法思想』二六六—二六九頁、「参加」の論点については同二六九—二七三頁。なお、戦後フランスにとって最大の問題だった植民地への対応についても、早い時期からカピタンはConstitution fédérale の構想を示し(一九四六年にその書名の本がある)、民族自決の主張を説いていた。その主張は自身の具体的行動に結びついていた。アルジェリア植民地の独立闘争の中で弟子のひとりだったアルジェリア出身の弁護士が官憲によって拷問の末「消された」事件では、パリ大学の講義を停止して政府に抗議し、行政上の懲戒処分を受けた(一九五七年)。このことは、フランスの名誉を救った行為として、モーリアックの『日記』で言及されている。

(102) 実際、一七八九年宣言が改廃——部分的な加除を含めて——されることは、およそ考えられないであろう。二〇〇四年、「環境憲章」が憲法改正の手続を経て「憲法」に組み入れられた。そのとき、上院議員ロベール・バダンテール(八一年法相として死刑廃止を実現、八六—九五年憲法院長)は、環境への権利を憲法に記述することには反対しないとしたものの、それを「憲章」(charte)として編成し、憲法前文で一七八九年宣言および一九四六年憲法前文と「ならびに」でつなげた言及をすることに、強く反対した。一七八九年革命と第二次大戦下の抵抗運動の結晶としての二つの文書の別格な意義を、そのことによって強調したのである(上院議事録による—— *Séance du Sénat du 23 juin 2004* (compte rendu intégral des débats))。

(103) 高野岩三郎、馬場恒吾、杉森孝次郎、森戸辰男、岩淵辰雄、室伏高信、鈴木安蔵による「憲法研究会」が、一九四五年一二月二七日、「憲法草案要綱」を発表した。「日本国ノ統治権ハ日本国民ヨリ発ス」「天皇ハ国政ヲ親ラセス国政ノ一切ノ最高責任者ハ内閣トス」「天皇ハ国民ノ委任ニヨリ専ラ国家的儀礼ヲ司ル」などを「根本原則」とし、「国民権利義務」では、労働、生活保護、「公的並私的ニ完全」な男女平等などに関する言及がある。七名の会員のうち特に高野は「改正憲法私案要綱」(一二月二八日)で、「天皇制ニ代ヘテ大統領ヲ元首トスル共和制ノ採用」という「根本原則」を公にしている。これらのことにつき、憲法調査会資料「憲資・総第十号」。

(104)「八月革命」論ははじめ『世界文化』一九四六年五月号で「八月革命と国民主権主義」の題で公にされた。同年八月二六日、宮沢が貴族院議員として憲法案審議の際に政府への質疑という形で主張した所説は、議事速記録に基づくものが宮沢『憲法の原理』(岩波書店一九六七)三四五—三五五頁に収められている。その他、同書には、国民主権と天皇制に関する尾高朝雄との論争の形で一九四八年と四九年に公表された作品二編(二八一—三四四頁)、および、前出『世界文化』論文の大要を記した上で批判に答えた一九五五年の論稿「日本国憲法生誕の法理」(三七五—三九九頁)が掲載されている。

(105) 宮沢俊義「憲法の正当性ということ——憲法名分論」(初出一九五七)、前出註(104)引用の『憲法の原理』四〇一—四一四頁に収録。

(106) 前出註(95)引用 H. P. Schneider は、三つの「うまれの欠損」として、「デモクラシーの不足」、「占領権力の存在」、「部分国家だったこと」を挙げる。後二者についての説明は不要であろうが、「デモクラシーの不足」とは、米英仏三国占領地域のラント議会の代表がボンに参集した「議会評議会」により基本法が採択されたのであって、直接選挙による会議体でなかった、ということを指している。

(107) ドイツ統一が実現した時点で過去をふり返って、旧・西ドイツ戦後世代の代表的憲法学者のひとりは、こう書くことができた。——「西ドイツという部分国家の暫定憲法(旧前文、旧一四六条)だった基本法は、永いこと確定的な憲法と目され、本物であることを実証し、法についての共通の考え方の根拠、統合要因となり、それどころか、他の多くの諸国の新憲法の手本としてすら役立ってきた」(Christian Stanck, Der neue Artikel 146 GG und die Gemeinsame Verfassungskommission, in *Festschrift für Helmrich zum 60. Geburtstag*, Beck, S. 289)。

(108) W. E. Y. Elliot, *The Rise of Guardian Democracy*, Harvard Univ. Press, 1974.

(109) マルセル・ゴーシェの著作『みずからを裏切る民主主義』に即した水林章の問題提起(レジス・ドゥブレ・樋口陽一・三浦信孝・水林章『思想としての〈共和国〉——日本のデモクラシーのために』〔みすず書房二〇〇六〕一五八—一六〇頁、〔水林彪を加えた増補新版二〇一六〕一七四—一七六頁)、それに対する樋口による短いコメント(同二五九—二六〇頁、増補新版二七五—二七六頁)。ゴーシェの著書は、「人権は政治ではない」という章で始まり「人権が政治になるとき」という章で閉じられている。このことにつき、後出第三章註(27)参照。

(110) 中井久夫『アリアドネからの糸』(みすず書房一九九七)八三頁。

(111) 訳者は、ディドロおよびダランベールの『百科全書』を引用して、droit politique が「都市、地方もしくは国家の統治のために従うべき諸規則をさす」と紹介している『ルソー全集』第五巻(白水社一九七九)二五三頁。

(112) 吉岡知哉『ジャン＝ジャック・ルソー論』(東京大学出版会一九八八)一〇〇―一〇一頁。

(113) 遅塚忠躬「市民社会の歴史的形成」『Quadrante～クァドランテ(四分儀)』一〇号(東京外国語大学海外事情研究所二〇〇八)九六頁註23。

(114) マーティン・ラフリン「おおきく飛びたければまず下がるべし――公法学を再発見する」小川祐之訳、曽根威彦・楜澤能生『法実務、法理論、基礎法学の再定位』(日本評論社二〇〇九)一一六―一三六頁。

(115) この節の骨格は、『長谷川正安先生追悼　戦後法学と憲法』(日本評論社二〇一二)に寄せた論稿(本節の標題と同じ)に基づいている。かつて、「ホッブズ対ロック」「ロック対ルソー」という古典的な定式化にあえてあらがって、「ホッブズからロックを経てルソーまでを包括する、諸個人の意思の所産(契約)として国家を想定する思想」と「自主的集団の役割を重視するトクヴィル(そしてモンテスキュウ)」との対置図式をえがく私の問題提起について、「……(そう)いうのでは、これまでの思想史研究の成果はどうなってしまうのか不安になる」という長谷川のコメントを得た。「これまでの思想史研究の成果」にそれとして充分に敬意を払いながらも、多少「これまで」と違った切り口を見つけようというのが、私の意図である」と応えた(そのことについて、樋口『近代国民国家の憲法構造』(東京大学出版会一九九四)八一―八四頁、特に八三頁を参照)。同じ思いとともに稿を草しながら、故人とのパリでの最初の出会い(一九六一年)から長年にわたった学恩への感謝の思い、そしてエルヴエシウスからベンタムまで、古典研究への情熱を貫いたその生への敬意を新たにしたのだった。

なお、ルソー生誕三〇〇年を記念して開催された国際シンポジウムで、同論稿の論旨を書いたフランス語テクストを、シンポジウム当日、主催者の意向に合わせて日本語に直して報告したものが、永見文雄・三浦信孝・川出良枝編『ルソーと近代――ルソーの回帰・ルソーへの回帰』(風行社二〇一四)に「国法理論家としてのルソー、または『社会契約論』副題の意味すること」として収録されており(同二一一―二二〇頁)、その一部を本節にとり入れた。

(116) 第二次大戦後「二つのデモクラシー」対置の脈絡の中で「全体主義デモクラシー」(タルモン)の元祖としてのルソー像があり、ソ連解体に向かう趨勢の中で、「左翼」の側からも「ルソーの誤り」(Jacques Julliard, *La faute à Rousseau*, Seuil, 1985)が書かれる。
(117) 阪口正二郎『立憲主義と民主主義』(日本評論社二〇〇一)二二四―二三六頁による適切な紹介と検討がある。
(118) 樋口・前出註(115)『近代国民国家の憲法構造』第Ⅱ章(三五―九七頁)。
(119) 樋口『憲法という作為――「人」と「市民」の連関と緊張』(岩波書店二〇〇九)四五―四八頁。
(120) 松本礼二訳『アメリカのデモクラシー』(岩波文庫二〇〇五)第一巻(上)一三七―一三九頁。
(121) ルソーとトクヴィルの間に対照関係と逆対照関係があることは、両者の間に近縁性(ルソーの主権不可分論とトクヴィルの「政治の集権」、トクヴィルの多元主義とルソーの「分立主義」)があることを含意する。加えて、倫理的結合体としての公共社会(cité)を構想する点での両者の共通性を指摘し、これまでの研究がトクヴィルとモンテスキュウの思考上の近縁性を強調してきたのに対して、「実は価値論と形而上学の点で、トクヴィルはルソーにより近い」と言い切るアグネス・アントワーヌの近著がある。このことについて、樋口・前出註(119)『憲法という作為』四九―五一頁。
(122) ボワソナードが「お雇い法律顧問」として日本の法典編纂に関与することになった経緯と当時の西洋社会の国際法観の背景、特に、来日直後に彼がかかわった台湾出兵事件をめぐる北京交渉につき、資料の探索を通じてボワソナード像の深化に貢献する最近の研究として、大久保泰甫『ボワソナードと国際法――台湾出兵事件の透視図』(岩波書店二〇一六)がある。
(123) このことにつき、すでに福田歓一による明快な指摘がある。福田『ルソー』(講談社『人類の知的遺産40』一九八六)二三三―二三四頁。
(124) このことにつき、樋口・前出註(119)『憲法という作為』二五九―二六三頁。
(125) Charles Eisenmann, La cité de Jean-Jacques Rousseau, in *Ecrits de théorie du droit, de droit constitutionnel et d'idées politiques*, Editions Panthéon-Assas, 2002, p. 611-619(初出論文一九六六)。彼は、ルソーによれば政府(行政権)、君主(Prince)は主権者が与える法律の執行しかしてはならないのだ、ということを強調している(p. 612)。ちなみに、権力分立型憲法の例として引き合いに出されることの多い一七九一年フランス憲法は国王に停止的拒否権という形で立法権を与えているから、

「民主集中」から離れているとともにルソーの権力分立からも離れている、ということになる。なお、ついでながら、ルソーにおける権力分立の要素を指摘するアイゼンマンは、他方で、モンテスキュウについて、「分立主義解釈はモンテスキュウ自身が彼の理想とする憲法につき幾度も示している全体像と矛盾している」と指摘している(La pensée constitutionnelle de Montesquieu, in *Ecrits de théorie du droit, ibid.*, p. 590, 初出一九五二)。アイゼンマンのモンテスキュウ論は、哲学者アルチュセールのモンテスキュウ研究の中で重要な位置づけをされている(Althusser, *Montesquieu, la politique et l'histoire*, PUF, 1959)。

(126) Stéphane Rials, Charles Eisenmann, historien des idées politiques ou théoricien de l'Etat? in *La pensée de Charles Eisenmann*, Economica, 1986, p. 119.

(127) その一部が、没後刊行された René Capitant, *Ecrits constitutionnels*, Editions du CNRS, 1982 の第一篇(p. 19-232)に収録されている。ルソーについてはp. 80-146, 149-158.

(128) 作田啓一訳「社会契約論または共和国の形態についての試論(初稿)」『ルソー全集』第五巻(前出註(111))二七八頁。citoyen を「国民」とする訳語が内容からして適訳であると私も考える(前出註(119)『憲法という作為』八三—八四頁)が、私自身は、そのことに注意を促しながらも、現在の慣用(「市民」)に従っている。作田自身も、『社会契約論』そのものの翻訳では、「市民」と訳している。福田・前出註(123)『ルソー』の「公民」はそれ自体としておそらく最も適切であろうが、日本語としてかつてこの言葉が使われた文脈に少年時代の学校教育の記憶を持つ私としてはそれに従うことをためらう。

(129) シュミット『憲法理論』尾吹訳(前出註(21))、とりわけ一九三—一九五頁。

第二章

(1) 代表的なものとして、小山剛『基本権保護の法理』(成文堂一九九八)、同『基本権の内容形成』(尚学社二〇〇四)がある。

(2) 最近のものとして、西原博史『自律と保護』(成文堂二〇〇九)。

(3) 私自身の考察として、「違憲審査制六〇年の経験(日本の場合)——政治的争点問題への対応を中心に」『日本学士院紀要』六一巻三号(二〇〇七)がある。これは、二〇〇六年九月東京で行われた、日本学士院・大韓民国学術院学術共同事業・第一回日韓学術フォーラムでの報告である。

（4）芦部信喜「人権論五〇年を回想して」『公法研究』五九号（一九九七）。

（5）芦部信喜「基本権規定の私人間効力」『公法研究』二六号（一九六四）。また、稲田陽一「西ドイツにおける平等原則の私人間における展開（1）（2）（3）」岡山大学『法経学会雑誌』一五巻三号、四号、一六巻一号（一九六五—六六）があった。

（6）このことについての私の説明として、『憲法という作為——「人」と「市民」の連関と緊張』（岩波書店二〇〇九）三—八頁を参照。

（7）negative Religionsfreiheit にせよ、laïcité にせよ、形の上で、公権力（公立学校）に対する関係での防御権という現われ方をする場合は、古典的な二極関係の問題に見える。しかし実質に即していえば、宗教の力が生徒に及ぼす圧力に対して国家が保護義務を発動して生徒の自由を確保しようとするのであるから、ことがらの本質は三極関係によって説明される。もっとも、これは近代の世俗化された社会についてのことであり、宗教自身が公権力そのものであるような社会では、話は別である。

（8）République 思考のもとでは、ドイツの保護義務論よりも一層強く国家が前面に立ち現われる。二〇〇九年の憲法改正まで私人間の権利主張を違憲立法審査の形式で争う可能性がなかった、という前提のもとでのことであるが、基本権規範の垂直効（対国家）と水平効（私人間）という観念が説かれている。国家が法律をもってしてもしてはならぬ利益侵害を、ましてや、私人が私人に対してできるはずがない、という説明の仕方である。それに比べると、ドイツの保護義務論は、三極関係を打ち出しながらも、公私二元論の枠組の内側での説明が可能である。すなわち、私人αの権利が確保されるのは、私人βがそれに対応する義務を負うからではなく、基本権規範によって直接に拘束されているのはあくまで国家だけであり、私人αの権利に対応している義務は国家の保護義務なのだ、という説明である。このことについての私の言及として参照、前出註（6）『憲法という作為』一六一—一七〇頁。

（9）このことにつき、阪口正二郎『立憲主義と民主主義』（日本評論社二〇〇一）二二九—二三六頁を参照。なお、シュテルンの用語としての *negative* Religionsfreiheit（教室での磔刑像掲示に抗議する自由など）とホームズの *positive* constitutionalism との関連について言えば、前者を保護しようとする枠組としての République が後者に当たる、ということになる。一方では、negative constitutionalism は negative Religionsfreiheit の保護には関心を向けないであろう。

(10)　なお、シュテルン教授の大著 *Das Staatsrecht der Bundesrepublik Deutschland*, Beck, München は、第Ⅰ巻の初版が一九七七年に刊行されて以後、講演時点で最近刊だった第Ⅳ巻第一分冊(二〇〇六)以降も、なお出版が準備されていた(第Ⅴ巻は第Ⅳ巻より先に出ている)。その第Ⅲ巻までの抄訳が多くの研究者の手によって出来上り、『シュテルン　ドイツ憲法Ⅰ　総論統治編』および『Ⅱ　基本権編』(信山社二〇〇九)として日本語文の読者に提供されている。

(11)　論考を水林の別稿(後出註(14))と区別し水林(A)としておく。

(12)　但し、この用法は君主を持たない統治システムを共和制と呼ぶ日本語慣用に反している。それゆえ、中江兆民が既に、「共和国」の意味について注意を促す必要があった。いわく、「苟モ政権ヲ以テ全国人民ノ公有物ト為シ一ニ有司ニ私セザルトキハ、皆「レピュブリカー」ナリ、皆ナ共和政治ナリ、君主ノ有無ハ其問ハザル所ナリ」と(『東洋自由新聞』一八八一年三月二四日号、『中江兆民全集』一四巻所収)。まことにみごとなルソー理解であり、より遡る「自己統治」思想の系譜の認識であった。

(13)　その報告の私自身による日本語訳「四つの八九年──または西洋起源の立憲主義の世界展開にとってフランス革命がもつ深い意味」は、J＝P・シュヴェヌマン・樋口陽一・三浦信孝『〈共和国〉はグローバル化を超えられるか』(平凡社新書二〇〇九)五〇頁以下に収めた。なお同書刊行時点で右記論文に加えた「付記」をも参照されたい。原文《Les quatre "Quatre-vingt-neuf", ou la signification profonde de la Révolution Française pour le développement du constitutionnalisme d'origine occidentale dans le monde》はのちに Y. Higuchi, *Le constitutionnalisme entre l'Occident et le Japon*, Bâle-Genève-Munich, Helbing & Lichtenhahn, 2001, p. 3-14 に収められている。

(14)　水林彪「支配と自己統治──憲法「改正」問題についてのヴェーバー的読解の試み」宇都宮京子他編『生誕一五〇周年記念論集　マックス・ヴェーバー研究の現在──資本主義・民主主義・福祉国家の変容の中で』(創文社二〇一六)一三五─一七二頁(以下、水林(B)として引用)。なお、それについては、討論に参加した私による「「自己統治秩序」の「近代的ヴァージョン」という難問──水林報告へのコメント」(二四一─二五一頁)があり、その一部を本書にもとり入れている。
　水林(B)は「自己統治と支配」という論点について、ヴェーバーの主として『支配の社会学』(世良晃志郎訳、創文社　Ⅰ一九六〇〔特に一六─一八頁〕、Ⅱ一九六二)を引照しつつ論ずる。その際、周知の「正当的支配」の三類型(「伝統的」と「カリスマ的」と「合制定規則支配」)と、言及されることが比較的に稀な「正当的秩序」の四類型(①「伝統的」秩序、②「啓示された」秩序、③「実定的」秩序、④「価値合理的信仰」に基づく秩序)との対照の重要さに焦点を合わせ(水林Ⓑ一三九—一四一頁)、「支配の三類型のどれにも所属場所を見出すことができないように思われる」秩序④について、「価値合理的妥当の最も純粋な類型は、「自然法」である」というヴェーバー自身の言葉をとり出す(水林Ⓑ一六五頁)論述は、説得的である。

ところで、ヴェーバーの援用に関連して水林Ⓑは「Legitimität の訳語問題」について「補考」を付し(一五七—一五九頁)、有力な「正統」訳に対し「正当」を正しいと考える理由を述べている。この論点に立ち入ることは留保した上で私自身の当面の用語法を言えば、「正しさ」が自己主張されている事態を客観的に記述するときに「正当」を使い、何らかの「正当」性を仮設した場合にそれとの関係での連続性を「正統」という用語で表現する(ひとつの王朝の中での「正統」と「非正統」、など)。

(15) 最近の出版物の中で特に、「反体制」「反・新自由主義」フーコー像への異論を提起する Serge Audier, *Penser le 《Néo-libéralisme》, Le moment néolibéral, Foucault et la crise du socialisme*, Le Bord de l'eau, 2015 が興味深い。

(16) 石川健治「インディフェレンツ——〈私〉の憲法学」(『比較法学』四二巻二号(二〇〇九))特に一六六—一七九頁。同論文はオルドーリベラルと岡田・樋口に共通する問題点として、「競争秩序の強制によって、選手が自己決定を強いられ」ることの「統治性」「権力性」を指摘する。この指摘は、まずもって「共和国」=「国家による自由」の「権力性」の問題への言及という意味で当たっている。次にまた、「強制」によって導き入れられた競争の全面化を意味する「新自由主義」の問題としても当たっていると言われなければならない。石川論文によるオルドーリベラルと岡田・樋口への言及と「新自由主義」、そして動揺するフーコー像との間の錯綜した論理的関係を整理するには、なお立ち入っての検討が必要である。とりあえず参照、樋口「「共和国」の自由・自由主義の自由・「新自由主義」の自由」法律時報増刊『戦後日本憲法学七〇年の軌跡』(二〇一七・五)。

(17) 一九六九年論文「「営業の自由」と「独占」および「団結」」は、岡田与好『独占と営業の自由——一つの論争的研究』(木鐸社一九七五)に収められている。なお本文での以下の記述は、著者の没後に出された岡田『競争と結合——資本主義的自由経済をめぐって』(蒼天社出版二〇一四)に寄せた私の「あとがき」(二〇四—二〇八頁)の一節と重なっている。

(18) 「合評会・岡田与好著『経済的自由主義——資本主義と自由』を読む」『社会科学研究』三九巻六号(一九八八)一九五頁の

岡田発言。

(19) 前出註(17)一九六九年論文(一九七五年著書『独占と営業の自由』四三—四四頁)。

(20) 前出註(17)二〇一四年著書『競争と結合』三六—三七頁。

(21) 前出註(18)合評会一九五—一九六頁での岡田発言。

(22) *Mélanges en l'honneur de Louis Favoreu, Renouveau du droit constitutionnel*, Dalloz, 2007, p. 1606-1617.

(23) 私の『現代民主主義の憲法思想——フランス憲法および憲法学を素材として』(創文社一九七七)第一章。これは、一九七五年日本公法学会での私の総会報告「戦後フランス憲法思想における転換」に加筆補註したものである。

(24) Charles Eisenmann, Le contrôle juridictionnel des lois en France, in *Ecrits de théorie du droit, de droit constitutionnel et d'idées politiques*, Editions Panthéon-Assas, 2002, p. 540. それは一九七一年のシンポジウムで発言され、その記録として一九七三年公刊された報告の再録である。一九七一年は、憲法院が憲法制定時の構想から離れ、一九五八年憲法前文の簡潔な言及を媒介項として、一九四六年憲法前文、遡って一七八九年権利宣言を基準とする法律違憲審査権を行使する画期となった判決を下した年である。このことにつき、前出註(23)所掲の『現代民主主義の憲法思想』第三章「第五共和制フランスにおける違憲審査制の最近の展開——憲法院判決における「憲法」観念の拡大傾向」を参照。

(25) Georges Vedel, Le Conseil constitutionnel, gardien du droit positif ou défenseur de la transcendance des droits de l'homme, in *Pouvoirs*, vol. 13, 1980, p. 211; Louis Favoreu, La décision du Conseil constitutionnel dans l'affaire des nationalisations, *Revue du droit public*, 1982, p. 419.

(26) Y. Higuchi, Hans Kelsen: fondateur et démystificateur de la justice constitutionnelle, in *Essays in Honour of Gerogios Kassimatis*, Bruylant, 2004, p. 451 et s.

(27) H・ケルゼン『一般国家学』清宮四郎訳(岩波書店、改訳版一九七〇)四二二頁。

(28) Elisabeth Zoller, *Droit; constitutionnel*, PUF, 1998, p. 151.

(29) H. Kelsen, *Wer soll der Hüter der Verfassung sein?* Walter Rothschild, 1931.

(30) H・ケルゼン『民主主義の本質と価値 他一篇』長尾龍一・植田俊太郎訳(岩波文庫二〇一五)。

(31) 樋口「主権＝「ラスト・ワード」と裁判」（『憲法　近代知の復権へ』〔平凡社ライブラリー二〇一三〕第八章、初出二〇〇七）。論稿のもとになった一九九六年フランス語報告は、平凡社版の補註で「近刊予定」とした書物（Higuchi, *Le constitutionnalisme entre l'Occident et le Japon*）に収められて予定通り公刊されている（二〇〇一年）。

(32) 周知のようにマックス・ヴェーバーはこの対比を、「法発見」Rechtsfindung と「法制定」Rechtsoktroierung の対比として示した。世良晃志郎訳『法社会学』（創文社一九七四）特に九八頁以下、二九一頁以下。

(33) オリヴィエ・ボーの卓抜な表現によれば、そこには、主権の「権力集中的論理」(logique centripète)と解釈の「権力遠心的論理」(logique centrifuge)の対抗がある。Olivier Beaud, *La puissance de l'Etat*, PUF, 1994, p. 103 et s.

(34) カピタンは、一九三九年スイスでの講演で、フランス第三共和制の上院(sénat)がイギリスの貴族院ともアメリカやスイスのように連邦制のもとでの機関とも違って、「デモクラシーの議院」に相対してデモクラシーを共和国(République)という路線の中に維持する任務を託された「共和の議院」なのだ、と強調し（傍点強調は原文）、裁判所＝司法よりは上院＝政治に「共和国」維持の役割を期待している(R. Capitant, Les traits spécifiques de la démocratie française (1939), in R. Capitant, *Ecrits d'entre-deux-guerres (1928-1940)*, Editions Panthéon-Assas, 2004, p. 384-386)。この立論には、同じ講演の中でも強調されている前提がある。それは、「《République》を、〔君主の不存在など〕ひとつの政府形態以上のもの、デモクラシー以上のもの」とする思考である。このことについては、私の前出註（6）『憲法という作為』の第一章「「個人」と「共和国」思考」のほか、本書でも、第二章本文三〇—三一、註（11）（12）（13）（16）、第三章本文五四五五、註（27）、第四章本文六六、註（32）（33）で、それぞれの文脈でとりあげている。

(35) ジャック・ロベール・樋口陽一「インタヴュー・フランスの違憲審査制」『ジュリスト』一〇三七号（一九九四・一）一一八—一二一頁。

(36) Michel Troper, *Pour une théorie juridique de l'Etat*, PUF, 1994, p. 329（初出論文一九九〇）。

(37) 東京での日仏法学研究集会でのルイ・ファヴォルー発言がある。日本語では、日仏法学会編『日本とフランスの裁判観』（有斐閣一九九一）所収の「憲法訴訟における政策決定問題——フランス」樋口陽一・山元一訳、二四八頁。

(38) この節の記述は、『季刊　企業と法創造』六巻四号（二〇一〇）一四—二〇頁に掲載された早稲田大学での研究会における私の報告を再構成したものである。

(39) このことにつき、近年とりわけ民法学者・大村敦志と法史学者・水林彪がそれぞれの観点から提示した問題によって啓発を受けてきた。そのことを含め、「基本権保障にとっての憲法と民法」についての私の考えとして、前出註(6)引用の『憲法という作為』一四六―一七〇頁。本章第一節の主題とした「「近代」の公理の法学上の再発見」も、同じ論点にかかわる。

(40) ごく簡潔な私見として、樋口陽一・山内敏弘・辻村みよ子・蟻川恒正『新版　憲法判例を読みなおす――下級審判決からのアプローチ』(日本評論社二〇一一)五―六頁。

(41) 広中俊雄『新版民法綱要　第一巻　総論』(創文社二〇〇六)第一章第一節。

(42) 岡田与好『経済的自由主義』(東京大学出版会一九八七)。岡田による問題提起が憲法学にとって持つ意味についての私の概括的記述として、前出註(6)『憲法という作為』二一〇―二一六頁。特に私が財産権論に岡田テーゼを受容する仕方についての中島徹による批判(杉原泰雄編『新版　体系憲法事典』(青林書院二〇〇八)五五一頁、五五四―五五九頁)に関連して述べた私見(『憲法という作為』一五―一九頁)のうち一八―一九頁註(5)を訂正する必要がある。この註記は、市民革命期の反独占が近代＝自由の成立にとって持つ決定的意味を強調して論争を提起した岡田が、論争の初発から既に、現代の独禁法を、「最高度に発達した「産業独占」の体制」を当然の所与の前提として一定の取引制限を加えようとするものに「すぎない」(岡田『独占と営業の自由』(木鐸社一九七五)四三―四四頁、初出一九六九)としていたことを、適切に反映していなかった。特に、文中終わりに近い箇所の「ただし」以下の一文は単純に削除しなければならない。現在の私の考えとしては、岡田没後に刊行された論文集、岡田与好『競争と結合――資本主義的自由経済をめぐって』(蒼天社出版二〇一四)に寄せた私の「あとがき」、特に二〇六―二〇七頁を見て頂くことをお願いする。あらためて中島による指摘に感謝する。

(43) 前出註(9)阪口正二郎『立憲主義と民主主義』二二四―二三六頁。なお阪口はそのあと会社法学者・上村達男との対論「会社法学からの問題提起と憲法学からの応答」(『法律時報』八一巻五号(二〇〇九))で、上村の議論を、岡田の問題提起および樋口によるその受容と「共鳴することになる」と受けとめた上で、一つの論点に言及し、「「市民」としてのわれわれは「消費者」、「投資家」としてのわれわれに飲み込まれつつある」という危機認識を示す。この論点は私の議論の枠組に即して言えば、一七八九年宣言の権利主体である「人」と「市民」の間の緊張の、一つのあらわれに他ならない。その問題一般については、工藤達朗「法理論における近代の意義――「人」と「市民」と「共和国」」と樋口陽一「「人」(homme)と「市民」(citoyen)の間の綱渡り」の対論(『法律時報』八二巻五号(二〇一〇))を参照。

(44) たとえば松井茂記「「ほっといてくれ」の憲法学から「みんなで一緒にやろうよ」の憲法学へ」紙谷雅子編『日本国憲法を読み直す』(日本経済新聞社二〇〇〇)。

(45) 矢野誠『法と経済学』(東京大学出版会二〇〇七)一頁。

(46) その試練はイギリス(ブレア)、ドイツ(シュレッダー)、そしてフランス(マクロン)と続く。

第三章

(1) それぞれ単行本として出版された。『検証　戦争責任』Ⅰ、Ⅱ(読売新聞社二〇〇六)、『歴史と向き合う1　戦争責任と追悼』(朝日新聞社二〇〇六)、『歴史と向き合う2　「過去の克服」と愛国心』(朝日新聞社二〇〇七)。

(2) 『日仏文化』八〇号(二〇一一・九)四―七頁での、三浦信孝によるシンポジウム趣旨説明。

三部作、①『ヨーロッパ文明批判序説――植民地・共和国・オリエンタリズム』(東京大学出版会二〇〇三、増補新装版二〇一七)、②『近代ヨーロッパ宗教文化論――姦通小説・ナポレオン法典・政教分離』(東京大学出版会二〇一三)、③『評伝　スタール夫人と近代ヨーロッパ――フランス革命とナポレオン独裁を生きぬいた自由主義の母』(東京大学出版会二〇一六)をまとめ上げた著者・工藤庸子は、①の増補新装版に寄せた「ゆるやかな三部作をめぐって」で、「「二元論の陥穽」という言葉で呼ばれてきたものの問題性を改めて取りあげている。「西欧のヘゲモニー対ローカルな文化、支配と被支配という二項対立の扱い方によっては、「弱者と強者、被害者と加害者という、もともと見えている対立の構図を指さして、これを濃淡の筆により隈取りするというだけのこと」になる、という罠をどう避けるか。それに対する答えは著者自身によって、三部作を含むその作品群によって示されているのであるが、①の初版刊行時に学生新聞の取材に応じたときのエピソードも、ここで引照するに値するだろう。――「初々しい記者たちとの冗談めかしたやりとりを、懐かしく思いだす――先生はフランス文学の出身でしょう？　なのにヨーロッパを批判するわけですか？　それって自虐史観じゃありません？――critique というのはね、否定でも肯定でもない、愛なのよ、わかるかな、緊張と危うさを孕んだ愛着。これはフランス文学の常識です」(①増補新装版四三一頁)。

(3) 二宮宏之『マルク・ブロックを読む』(岩波書店二〇〇五)一九七頁以下。

(4) ブロックのいう「共和国」の意味に対応する思想として参照、レジス・ドゥプレ・樋口陽一・三浦信孝・水林章『思想としての〈共和国〉——日本のデモクラシーのために』(みすず書房二〇〇六、水林彪を加えた増補新版二〇一六)。

(5) ベルンハルト・シュリンク『過去の責任と現在の法——ドイツの場合』岩淵達治他訳(岩波書店二〇〇五)七〇—七一頁。

(6) Bertrand Le Gendre, Guerre des mémoires, épisode 2, in *Le Monde*, 25 octobre 2007, p. 2.

(7) くわしくは私の別稿を参照されたい。「法が歴史を書く?——最近のフランスの事例に即して」『日本学士院紀要』六二巻二号(二〇〇七)二一五—二三五頁。但し、その後の事実の推移(二〇一一—二〇一二年)があることについて後出註(8)。二〇〇七年初出論文を補いつつ『憲法という作為——「人」と「市民」の連関と緊張』(岩波書店二〇〇九)一七三—二〇一頁で、「法が歴史を書く」ことの問題点とそれについての私の考えを述べておいた。その際、「事実の取扱いのルールの点でもその運用の訓練の機会の点でも裁判所とは異なる立法府が歴史事実そのものの認定に介入することは、実証と反証の過程をゆがめる危険があまりに大きい」(同前一九三頁)という本文に対応する註6(同前二〇〇頁)で、「ここでの主題とは無関係」であることを「明記しつつ私の責任で」遅塚忠躬の二〇〇七年論稿の一節を引用した。それは「かねて私が深く信頼する歴史家の筆になるものだから」だったのであるが、彼の最後の大作となった『史学概論』(東京大学出版会二〇一〇)、とりわけその四五六—四六一頁が、「ここでの主題」を正面から取りあげ、「歴史学の社会的責任」を論じつつ「歴史研究の自由」についての考察を深めている。もとより、遅塚(そして私)の考え方でこの困難な主題に決着がつくわけでないことは、承知しなければならないが。

(8) 本文で摘示した諸例のうち、二〇〇五年法四条二項は曲折を経て(前出註(7)『憲法という作為』一七五頁)結局削除された。下院で棚上げされたままに終わっていた二〇〇六年法案は、二〇一一年一二月二二日下院、二〇一二年一月二三日上院で可決されたが、憲法院により、表現の自由を侵すゆえ違憲とされた(二〇一二・二・二八)。

(9) *Revue française de Droit constitutionnel*, N° 67, juillet 2006 の二つの論稿が共通に言及している。Patrick Fraisseix, Le Droit mémoriel, p. 500-504 および Emmanuel Cartier, Histoire et droit: rivalité ou complémentarité, p. 524-526 である。

(10) この事例は、かのモーリス・パポン裁判にかかわるものであった。

(11) 但し、パポン事件そのものについていえば、彼自身の支払うべきとされていた金額を軽減することになったという意味で、その直接的効果は逆説的であった。

(12) もとよりここで「歴史家」というとき、何らかの職業を基準としてそう言うのではない。およそ歴史研究に誠実に携わっている者、という意味でのことである。

(13) ごく簡単には、前出註(7)の二〇〇七年拙稿を参照。

(14) P・ヴィダル＝ナケ『記憶の暗殺者たち』石田靖夫訳(人文書院一九九五)九頁が、「歴史修正主義者たち」を相手どって言う表現である。

(15) 「個人の精神的自由」とりわけ表現の自由そのものが問題となった多くの事例での判例が「二重の基準」を適用したものになっているかは、別の問題である。「個人の精神的自由」を制約する法律の憲法適合性が争われた事件で、最高裁が法律の規定そのものを憲法違反とした例は未だない。

(16) ワイツゼッカー一九八五年演説の訳文は永井清彦訳『新版　荒れ野の四〇年』(岩波ブックレット二〇〇九)に従った。但し一部の言葉づかいを変えた所がある。

(17) 村上淳一『システムと自己観察——フィクションとしての〈法〉』(東京大学出版会二〇〇〇)一七三—一九八頁(初出一九九七)。

(18) 一つだけ例を挙げておこう。「ポツダム宣言というのは、アメリカが原子爆弾を二発も落として日本に大変な惨状を与えたあと、「どうだ」とばかり叩きつけたものです」(『Voice』(二〇〇五年七月号)五八頁。傍点は引用者)——一九四五年七月二六日(日本時間では二七日)＝ポツダム宣言から八月六日朝＝広島原爆まで一一日間の経過の意味を消し去るところに、首相の「戦後」観は由来している。

(19) ①〈一六八九〉と②〈一七八九〉に③〈一八八九〉＝西欧圏の外部での近代立憲主義の継受としての大日本帝国憲法、そして④〈一九八九〉＝旧ソ連東欧圏での社会主義体制の解体、を合わせて「四つの八九年」という展望を示したものとして、一九八九年にフランス革命二〇〇年を記念する学際的国際会議における私の報告の日本語訳がある。J＝P・シュヴェヌマン・樋口陽一・三浦信孝『〈共和国〉はグローバル化を超えられるか』(平凡社新書二〇〇九)五〇—七一頁。

(20) このことにつき、水林彪「支配と自己統治」(第二章註(14)引用の水林(B))一四〇—一四一頁。そのようなとらえ方からすれば、一七八九＝一七九一体制は、「自己統治から支配への移行形態」と表現することができる(一五三頁)。

(21) 「近代」＝「共和国」と、それに対抗する「歴史」＝宗教と家族。その間の闘争によって彩られる歴史を、副題が示唆する通り「法」の分野からの関心にも応える仕方で跡づけた力作、工藤・前出註(2)『近代ヨーロッパ宗教文化論』が、ここでの脈絡でも示唆を与える。

(22) 〈九・一一〉以後ますます、各分野からの研究ないし論評は文字通り無数に出されているが、ここでは私自身がイスラーム地域研究者と憲法学者を編者とする書物の中で発言した例を挙げておくにとどめる。参照、内藤正典・阪口正二郎編『神の法vs.人の法——スカーフ論争からみる西欧とイスラームの断層』(日本評論社二〇〇七)二七四—三一一頁での、編者二人と私の鼎談「共生に向けて何を提起するか——そして、私たちにとっての意義」。

(23) 工藤達朗(前出第二章註(43))との「対話」のための私の小報告「「人」(homme)と「市民」(citoyen)の間の綱渡り」(『法律時報』八二巻五号(二〇一〇))。

(24) 小路田泰直「ポストモダンに対してモダンを擁護する意味」『歴史評論』(二〇一〇年九月号)五三—六二頁。私は小路田ほかの研究グループによる「史創研究会」第一回大会(二〇一〇・一〇京都)の報告者のひとりとして討論に参加する機会を与えられた。本文で引用した住友の対語は、彼の報告「「人為の意思」の主体たる市民が創造されつづけた理由」におけるものである。

(25) 小粥太郎『日本の民法学』((日本評論社二〇一一)五一—五二頁、初出二〇一〇)。

(26) 政治家の責任を司法手続によって追及する例(輸血製剤問題で起訴されたファビウス元首相、パリ市長、助役時の行為につき刑事責任を問題とされたシラク元大統領、ジュペ元首相)、現職の国家元首が、自分の政敵が被告人となっていた刑事訴訟で附帯私訴を起こした例(サルコジ大統領)など。汚染血液製剤にかかわる問題について、特に、憲法学者による検討として Olivier Beaud, *Le sang contaminé, Essai critique sur la criminalisation de la responsabilité des gouvernants*, PUF, 1999 がある。

(27)　フランス現代社会とその問題点についての認識を「日本のデモクラシーのために」という視点に引きつけつつ論ずる二人のフランス文学研究者(三浦信孝、水林章)と私の討論「共和国の精神について」(前出註(4)『思想としての〈共和国〉』)の中で、水林章が、マルセル・ゴーシェ Marcel Gauchet の言う「人権のデモクラシー」という批判的表現を紹介し、「人権は政治でない」のに「人権が政治になるとき」の論点を提示している(初版一五八―一六〇頁、増補新版一七四―一七六頁)。一九八〇年代フランスで「人権」シンボルの復権と憲法院の裁判機関化の傾向が進んでくる中でのゴーシェの批判の意味を、私の憲法学の観点から次のように言い直しているので、以下にそれを再録しておく(初版二五九―二六〇頁、増補新版二七五―二七六頁。但し初版二六〇頁一行目の「来るべき」は「乗るべき」の誤植)。

　私の見るところ、ゴーシェが「人権が政治になるとき」という問題性は、「共和国」を構成している「人」(homme)と「市民」(citoyen)との、緊張に充ちた共存が破れることの問題性にほかならない。ここでいう「人」権とは、公共社会(res publica)からの自由を本質とする。それは、公共にかかわることを拒否する「ただ乗り」をも許容する。しかし、「ただ乗り」で「よいとこ取り」をしようとする構成員が多くなれば、乗るべき公共社会そのものが消滅してしまうだろう。それだからこそ、一七八九年宣言は、「人」権とならべて、「市民」の権利、すなわち公共社会(res publica = république)を創り維持しようとする場面で問題となる権利を掲げたのであった。ゴーシェが「人権のデモクラシー」を弾劾するのは、homme =「私」が、citoyen =「公」を喰い尽くしてしまう傾向を警告しているのだ。他方で、citoyen =「公」が、homme =「私」を呑み込んでしまう危険と、いうならば巨岩と暗礁の間を縫って進むという難問に直面して、安易な答えは無い、というほかない。――なお、ゴーシェの説くところについては佐々木允臣『人権への視座――フランスにおける「人権と政治」論争と日本の行方』(文理閣二〇一六)第一部「分岐点としての「人権と政治」」を参照。

(28)　「逃げ去る準拠国」という視点について参照、長谷部恭男・樋口陽一・南野森「いま考える「憲法」」(『論究ジュリスト』№13、二〇一五年春号)での長谷部の発題に続く討論(一〇―一五頁)。なお、「準拠国」という表現は、山室信一を引用しつつ私が使ったものであったが(「「準拠国」の崩壊と立憲主義」『思想』八三〇号(一九九三))、山室自身は「準拠国」という表現を留保なしに使ったわけではない。山室『法制官僚の時代――国家の設計と知の歴程』(木鐸社一九八四)は、「模範国・準拠理論の選択と知の制度化」を検討していた。

(29) 私の研究会報告は「比較における「段階」と「型」——加藤周一「雑種文化」論から何を読みとるか」戒能通厚・石田眞・上村達男編『法創造の比較法学——先端的課題への挑戦』(日本評論社二〇一〇)三七—五八頁。そこで引用した加藤の文章の出所を含め、報告を原型としてまとめた私の『加藤周一と丸山眞男——日本近代の〈知〉と〈個人〉』(平凡社二〇一四)を参照。

(30) 高橋雅人のコメント「雑種的コンスティテューショナリズム」は前出註(29)『法創造の比較法学』五九—七〇頁。戒能通厚のコメント「樋口理論の射程」同七一—七六頁とあわせ参照されたい。

(31) そのような、〈西欧 vs 反西欧〉の構図を下敷にした上での〈反西欧 in 西欧〉と〈西欧 in 非西欧〉の逆交錯について、前出註(7)『憲法という作為』二四—二五頁で述べておいた。

なお、問題に対する私のそのような向き合い方の前提となっている「洋学」観——正確に言えば「洋学」という表現で何を考えているか——について、私として二つの前提的指摘をしている。一つは対象としての「洋学」に関連して前出註(30)の高橋雅人コメントに対するものであり、もう一つは方法としての「洋学」の問題として愛敬浩二『立憲主義の復権と憲法理論』(日本評論社二〇一二)第一章「「科学」より「哲学」へ——憲法学の発展?」(初出二〇一〇)の指摘に対するものであった。それにつき参照、私の「「洋学紳士」と「雑種文化」論の間」(『思想』一〇四六号〔二〇一一〕)一六七—一六八頁。

(32) Bernard Chantebout, Droit constitutionnel et science politique, 14 éd., Armand Colin, 1997. ——この本はその後 Droit constitutionnel の書名で引きつがれて刊行されており、二〇〇四年の第二三版からは Ferdinand Mélin-Soucramanien との共著の形をとっている。

(33) 駒村圭吾「人権は何でないか——人権の境界画定と領土保全」井上達夫編『人権論の再構築』(法律文化社二〇一〇)三—二六頁。

(34) 小幡清剛『丸山眞男と清水幾太郎——自然・作為・逆説の政治哲学』(萌書房二〇一七)が丸山=福沢と対照させた清水から取り出す「庶民」の価値としての「共通感覚(常識)」「「世間」という有機体的秩序」の強靭さ、がそこでの問題である。

(35) 海老坂武『戦後思想の模索——森有正、加藤周一を読む』(みすず書房一九八一)一四七頁。

(36) もとより「解決」といっても、もはや問題がなくなったというほどまで文字どおりの決着、ということを意味するわけではない。個人の尊厳という言葉の意味する内容が社会の運用のなかで受容されることが一定の度合に達し、それがたとえば死刑廃止の法制化という形をとった西欧は問題を「解決」した、という意味での言葉の使い方である。憲法第九条についていえば、日本社会が本当の意味で問題を解決したとはいえないにしても、「解決」の目標を実定法に標示したのに対し、西洋社会はそこまでの「解決」をもしていない。そのことに関連して、第九条二項ぬきでも「立憲主義」の中に入れて数える私の立憲主義理解と、それを「清濁併せ呑む議論」とする奥平康弘の用語法(『憲法を生きる』(日本評論社二〇〇七)一八一頁以下)の相違がある。両者の間の定義の違いと、定義に託する私の意図につき、前出註(7)『憲法という作為』二七五―二八一頁。

そのような憲法第九条を「まもる」ことを目指す「九条の会」の呼びかけ人の一人となり、会の活動に積極的にかかわった晩年の加藤周一をどう理解するか。私の受けとめ方として、彼にとっての「知識人」と「知識階級」の間の関係をどう理解するか、との関連で、前出註(29)『加藤周一と丸山眞男』四八―五一頁、五九頁註22。

(37) その交錯の中で政権自身が苦しみながらも「ヨーロッパ」の理念の側に踏みとどまろうというメッセージを発しつづけてきたのが、ドイツだった。それにしても底流には、移民排撃、外国人嫌いの風潮の高まりが、「憲法パトリオティスムス」の論客によって、「おきまりの月並みの主張がバー[のカウンター]から流れ出てトークショーに溢れ出て来た」(Jurgen Habermas, "Leadership and Leitkultur", *New York Times*, Oct. 28, 2010)と表現されるまでの事態となっていたのである。

(38) そのことについて、また、それから一五年後、「あの議論をしてほしい」という広中の求めにこたえて研究会でした私の報告(二〇〇四仙台)について、『憲法という作為』(前出註(7))第Ⅲ章第2節「人間の尊厳vs人権?――ペリュシュ判決を素材として」一二四―一四五頁(初出二〇〇四)。

(39) 広中俊雄責任編集『民法研究』四号(信山社二〇〇四)五九―八四頁における広中「主題(個人の尊厳と人間の尊厳)に関するおぼえがき」(七六頁)、および私の『国法学――人権原論』(有斐閣、補訂版二〇〇七)四四頁註1。

(40) 蟻川恒正「尊厳と身分」石川健治編『学問/政治/憲法――連環と緊張』(岩波書店二〇一四)所収、のち蟻川『尊厳と身分――憲法的思惟と「日本」という問題』(岩波書店二〇一六)三―七一頁に再録。

蟻川の思考を触発したのはヨーロッパの身分伝統であり、「高い身分の普遍化」という鍵概念は、そこに出自を持つ。しかしまた、「日本」という問題を忘れることのない蟻川が直接に議論の導入としたのは、他ならぬ戦後日本での(擬似)身分秩序解体期の太宰の作品だったのであり、『走れメロス』を『斜陽』と重ね読むことによって、「高い」身分が現世の位階秩序の問題でないことが可視化される（再録版四九頁）。私としても一つの例を挙げよう。

「……なるほど拙者はもと堺の町人、今お並べなされた大名衆にくらべてはものの数ならぬ身分のもの……」。小説の主人公のこの言葉が出てくる脈絡は割愛するが、彼は続ける。――「……大名衆がどうなされようと、拙者にはかかわりのないことでござる。……あの人々は、せんずるところ、ただの大名衆。百年後、二百年後、三百年後、名前の残る人々ではござらぬ。が、拙者は芸道に生きる者、自ら申すもおこがましくは存ずるが、いつの世までも名の残る者でござる。一言一行、かりそめなことは出来ぬ身でござる。何と申されようと無駄。」

物語の主人公・宗易＝利休の堺納屋衆という身分の尊厳。「芸道に生きる者」の職業身分の尊厳。そしてこの文章の作家・海音寺潮五郎が一九四〇年七―一二月という時局下に『茶道太閤記』を執筆（『東京日日新聞』）したとき、作家という職業身分の尊厳と名誉が意識されていなかったはずはなかろう。実際、物語は、利休が秀吉の「異国征伐」を諫止しようとして死を賜う場面まで達した所で、新聞社の要望を受け年内に終結する（一二月二八日）。

福沢諭吉『通俗民権論』（一八七八）をこの文脈で想起することも適切だろう。福沢は「権」を説明し、強者が揮う力でも大勢の弱者が無理無法を言い立てることでもないと述べて続ける――いわく、「分と云ふ義に読て可ならん。即ち身分と云ひ、本分と云ひ、分限と云ひ、一分と云ふが如き、分の字には自から権理の意味あり。……武士の一分相立たず［とは］武士たる者の権理と云ふことにて、分の字と権の字は其意味誠によく符合せり。……民権とは人民たる者の一分なり」。このことに関連し、ある国際シンポジウムの席上、政治思想史学者・渡辺浩による報告、およびその後の会話から示唆を得たことを記して感謝申しあげる。

(41)　明治学院創立一五〇周年シンポジウム「日本法学、その成果と可能性」での山室信一と蟻川による報告に続く討論（『明治学院大学法律科学研究所年報』三〇号（二〇一四）四六―四七頁）。蟻川が「権利一辺倒の日本の憲法論」を批判するとき、私流に表現すれば「権」の字によって「力、権柄づく」を、「利」の字によって「利益、利権」を連想するときに念頭に浮かぶ「権利」（＝「利権」?!）についてのものであろう。「人欲の解放」としての自由（丸山眞男）と言ってもよいか。

(42)　蟻川（前出註（40））「尊厳と身分」は、「人一般としての個人の重要性を誰よりも強調する樋口が、にもかかわらず、コオル

[≒身分――樋口註]と citoyen をともに呼び出したこと」に読者の注意を促し(再録版五四頁)、あわせて、homme に徹することによってかえって citoyen の属性を回復するという逆転の可能性をもあぶり出してくれている(同前七〇頁註83)。

第四章

(1)　この章の標題は、出版予告の広告に接するまで私自身知るところない間に企画が進められ、「傘寿記念の祝意を込める、という形」をとった「勝手に記念論文集」として公刊された七人の執筆者による労作、石川健治編『学問／政治／憲法――連環と緊張』(岩波書店二〇一四)への感謝の思いを含めて、そこから借用した。なお、私と同世代のドイツの憲法学者が伝記インタヴューと自己の論説をまとめて公刊した書物の標題(Ernst-Wolfgang Böckenförde, *Wissenschaft, Politik, Verfassungsgericht*, Suhrkamp, 2006)も念頭にあった。

(2)　この項全般につき私の理解を、『憲法Ⅰ』(青林書院一九九八)第四章第一―二節(五一―六一頁)で示しておいた。

(3)　「国体」を、美濃部はもっぱら「歴史的」「倫理的」なものとして法思考の外にしめ出し(『憲法講話』(有斐閣一九一二)二八頁)、佐々木は統治権の総攬者を指す法概念として特定した上で「国柄国風」の意味と「混同スベカラズ」(『日本憲法要論』〔金刺芳流堂一九三〇〕八一―八二頁)としたように。

(4)　帝国憲法に先立ち全国規模で各地に民間の憲法論議がさかんに展開していたことを知るには、特に、江村栄一校注『日本近代思想大系9　憲法構想』(岩波書店一九八九)が有用である。

(5)　憲法問題研究会についての研究として、邱静『憲法と知識人――憲法問題研究会の軌跡』(岩波現代全書二〇一四)。

(6)　一貫して憲法問題研究会の中心的存在となる法学界の長老・我妻栄は、「内閣草案要綱」(←総司令部原案)に接し、「ここまでの改正が企てられようとは、実のところ、多くの委員は夢にも思っていなかった」と、彼らの「驚きと喜び」を語っている。そのことを含め参照、私の「日本国憲法制定・運用史の三つの「なぜ」」(『憲法　近代知の復権へ』(平凡社ライブラリー二〇一三)所収、初出一九九六)。

(7)　内閣憲法調査会を会長としてリードした高柳賢三が果たした役割の全体を詳細に追った最近の仕事として、廣田直美『内閣憲法調査会の軌跡』(日本評論社二〇一七)がある。高柳会長が復古的改憲論の性急な主張を抑止しえたことと、憲法九条を

「「平和への意志」を表わした修辞的表現でかざられた国際政治的マニフェスト」と見る彼の持論（改めて岩間昭道「憲法九条についての若干の考察」『千葉大学法学論集』三一巻一号（二〇一六）での検討を参照）とは、表裏一体の関係にあった。

(8) 山口二郎・杉田敦・長谷部恭男編『立憲デモクラシー講座　憲法と民主主義を学びなおす』（岩波書店二〇一六）の第一講・山口「戦後七〇年における政体の転換――立憲対非立憲をめぐって」二―三頁による表現。

(9) 芦部信喜「人権論五〇年を回想して」『公法研究』五九号（一九九七）三頁。

(10) 伊藤正己「憲法学と憲法裁判」前出註(9)、三一頁以下。

(11) たとえば Simon Serverin, La légitimité de la Constitution dans la doctrine constitutionnelle japonaise, in *Droit et culture*, 58, 2009/2 による指摘。

(12) ポストモダン型の思考に対する私の見方として、『憲法という作為――「人」と「市民」の連関と緊張』（岩波書店二〇〇九）五二―五八頁、特にその中の註1。

(13) その文脈で、文化の諸領域をいわば串刺しにして「近代」の意義と問題性の解剖を執拗に遂行したマックス・ヴェーバーの名を引き合いに出すのは、偶然の符合ではない。この註に対応する本文の以下の記述について、ヴェーバー生誕一五〇年記念シンポジウム（『マックス・ヴェーバー研究の現在』（創文社二〇一六））での水林彪報告「支配と自己統治――憲法「改正」問題についてのヴェーバー的読解の試み」（第二章註(14)前出の水林(B)）を参照。

(14) アメリカ合衆国の第二次世界大戦以後も、例外ではなかった。Th・J・ロウィ『自由主義の終焉』村松岐夫監訳（木鐸社一九八一）は、ニューディールに遡り一九六〇年代に形を整える「恒久的管財体制の国家」を「第二共和制」と呼んだ。

(15) この項の見出しは、「文化的解放」と「社会的解放」を対置する石川健治「前衛への衝迫と正統からの離脱」の用語法（『憲法問題』八号（三省堂一九九七）一〇五頁以下）に負う。「社会的」という表現に従わなかったのは、国際人権AB両規約への連想によって「文化的」と「社会的」の対置が「政治的は？」という疑問を起こさせるのでは、という（おそらくは）杞憂を避けようとしてのことにすぎない。

(16) そのような課題をあえて自らに課すことを求めるのは、「そうしなければ、本当に生きた自由にはならない」からである。（高柳信一「護憲論について」『駒場祭講演集』一九六六）。当時、一九六四年に内閣憲法調査会が最終報告書を提出し、憲法改正につき会としての結論は出さなかったものの(六三)、基調は明瞭に復古的な主張であったし(一八委員による意見書「憲法改正の方向」など)、他方で、「憲法ナンセンス」を叫ぶ勢力が存在感を強めていた(一九六八・六九年大学紛争の昂揚に向けて)。その中にあって、当時ほぼ五〇歳以下の研究者世代により、日本国憲法の精神、言い換えれば立憲主義の原則を擁護する立場に立つ研究会として全国憲法研究会が創立された。その五〇周年を記念する出版物、全国憲法研究会編『日本国憲法の継承と発展』(三省堂二〇一五)に寄稿を求められた私は、高柳の講演録から本文掲記の言葉を引いて標題とした(「「自ら好んで戦いにくい戦場を選ぶような議論」をすることについて」同前二―六頁)。

(17)　前出註(11)引用の Simon Serverin 論文 p. 193.

(18)　『近代憲法学にとっての論理と価値――戦後憲法学を考える』(日本評論社一九九四)第一章、特にその第二節Ⅱ「「批判的峻別論」批判・考」(初出一九八六)、および「知とモラル、そして知のモラル――「知」の賢慮に向けて」(『憲法　近代知の復権へ』(平凡社ライブラリー二〇一三)所収、初出一九九六)。

(19)　美濃部達吉『憲法精義』(有斐閣一九二七)序五頁。

(20)　論理上、ことは憲法学だけに限らない。ことさらに「護民」「護刑」などという言葉が問題にならなかったのは、ごく最近まで民法や刑事法の分野で近代法の原則そのものが争われることが実際上なかったことの反映にすぎない。

(21)　鵜飼信成『憲法』(岩波全書一九五六)はしがき四頁。

(22)　宮沢俊義「国民代表の概念」(『公法学の諸問題――美濃部教授還暦記念』(有斐閣一九三四))、のち宮沢『憲法の原理』(岩波書店一九六七)一八五―二二五頁)所収。今から八〇年以上前に示されていた宮沢自身の「科学」観がそのまま維持されうるものでないことは不思議でない。「現実」を「正確に確認する」という言い方ひとつをとってみても、説明ぬきでは到底すまされない。その点につき、前出註(18)『近代憲法学にとっての論理と価値』第一章第二節、関連して前出註(12)『憲法という作為』五四―五七頁で私の考えを述べておいた。そのことを前提としてなお、法の解釈と法の科学の対照を評価と認識の対照としてとらえるという点で、私自身、宮沢一九三四年論文で示された構図と基本的に同じ考え方をしている。

(23)　法解釈という仕事が取扱いの対象とする規範なるものがそもそも「在る」ものなのか、というルール懐疑の観点を私として明示的にとりあげたのは、『現代民主主義の憲法思想――フランス憲法および憲法学を素材として』(創文社一九七七)の第四章「「憲法慣習」の観念」(初出一九七五)においてである。そこではケルゼンの法段階論を憲法変遷論の脈絡の中で位置づけた上で、ケルゼンの視点を徹底させたミシェル・トロペール一九七五年論文(=「法律は、裁判官の介入があるまでは、真の意味も偽の意味もない」)に注目し、長尾龍一(=「裏からの授権」論)や藤田宙靖(=「流動的実体法」論)の所論とも関連づけた考察を試みている。

トロペールのようにルール懐疑の観点を貫きながら、他方で法解釈が通常は一定の範囲を非常識なほどはみ出すことが少ないという事態をどう説明するか。トロペールは、裁判官は条文(texte)の解釈を通して規範(norme)を創造するのである以上何にも拘束されていないのか、と自問した上で、裁判官の活動に対して事実上の制約を及ぼす拘束的要素として、「理由づけの構造」、裁判官の地位および伝統的に裁判官に課されているイメージの効果など、「「ザインの領域」に属する」事柄を挙げる。そのような彼の論法を跡づけたものとして、樋口陽一・栗城壽夫『憲法と裁判』(法律文化社一九八八)第一部「裁判と裁判官」(樋口執筆)四九―五五頁。その記述の前提として四一―四九頁。より簡潔には私の『憲法』(創文社、第三版二〇〇七)四二四―四二五頁、四一五―四一六頁。

ケルゼンの「法の科学」を徹底させようとするところから出発したトロペールは、自己の方法論を説明して、「ケルゼンが示したあり方とも異なる」ところとして、「規範が経験的事実として捉えられるのであれば、それは因果分析の対象となる。法の理論は――そして実定法の単純な分析でさえも――、ある機関にとってどのように行動するかは法的に自由であり、また自身が作り出す規範にどのような内容を与えるかも法的には自由であるにもかかわらず、その機関の振る舞いは決して自由ではなく、むしろ決定されていることを示すことができる」のだ、と述べている(ミシェル・トロペール『リアリズムの法解釈理論』南野森編訳〔勁草書房二〇一三〕日本語版への序文ⅳ頁。強調傍点は樋口)。法解釈という行為そのものの性質についての前提認識を共有するかどうかは別として、「現代の法理論の標準的な立場」は「法律家共同体において、実定法とその解釈がどのような役割を[多くの場合現実に――私ならば念のためこう付け加えるだろう]果たしているかに関する事実認識に立脚している」(長谷部恭男「有権解釈とは何なのか――憲法学の虫眼鏡その7」http://www.hatorishoten-articles.com/hasebeyasuo/7)とすれば、トロペールの言う「因果分析」が示すのはその一例であろう。

(24) 宮沢俊義「学説というもの」(『法律学における学説』〔岩波書店一九六八〕八七―九九頁、初出一九六四)。同論文は、「……

そうした理論性をどこまでも肌身につけていてこそ、法のたたかいを腕力のたたかいから理論のたたかいに発展させ、……平和のうちにたたかわせることができるのである」、と結ぶ〔この註およびそれに対応する本文の傍点強調は宮沢自身のもの〕。

(25)　「最高裁の判示が『権威ある判断としての拘束力と実効性』をもつのは『理由づけ自体がもつ説得力』といった内容的根拠にもとづくのではないし、いわんや、それを『通じて他の国家機関や国民一般の支持と承認を獲得すること』を条件とするものではない。それは、最高裁が憲法上もつ地位・権能にもとづくもの」だ（文中の二重括弧は判決中の五裁判官の「意見」からの引用）、というふうに（『小嶋和司憲法論集3　憲法解釈の諸問題』（木鐸社一九八九）三八一—三八二頁、初出一九八〇）。

(26)　法の世界での「説得力」は論理と理性の問題であり、権限の有無は法を根拠として行使される力の問題であろう。戦前から日本の公法学界で独自の論理思考に基づくするどい異論提起者であった柳瀬良幹は、「法律の意味が何であるか」を「実体法の世界」に属する事柄、「何が法律の意味として妥当するか」を「手続法の世界」に属する事柄と呼び、「前者を決するものは論理であるが、後者を決するものは力である」（「実体法の世界と手続法の世界」『憲法と地方自治』（有信堂一九五四）一一五—一一六頁、初出一九五一）としていた。二つの「世界」をそのように峻別することによって、「法の意味というものは常に必ず一つ」（前出一二四頁）という柳瀬にとっての前提と、現実に目にする日常の事態との間の不整合を説明しようとしたのだった。

講座先任者＝柳瀬の学説への犀利誠実な批判的検討を展開する中で提示されたのが、藤田宙靖の「流動的実体法」論であった。すなわち、「実体法〔柳瀬の語法の意味での——樋口註〕の〝唯一の意味〟なるものは、実は常に、有権的認定権者・有権的解釈者の認定・解釈なる行為を解除条件とした、その意味において流動的な内容を持ったものと、ならざるを得ないのではなかろうか」とし、「〝流動的実体法論〟とでも称さるべき思考」を提示したのである（藤田「柳瀬博士の行政法学——主として方法論的見地より見たその総合的解釈」『行政法学の思考形式』（木鐸社、増補版二〇〇二）二四八—二四九頁、初出一九六九—七〇）。

(27)　中世立憲主義（マグナ・カルタ）の流れを引く rule of law＝法の支配と、「自由と財産」を法律によって保障しようとする Rechtsstaat＝法治国家とは、歴史上それぞれの意味を担う別箇のものであった。今日では違憲審査制の一般化に加えヨーロッパ人権裁判所の存在を背景として、EU（ヨーロッパ連合）規模の実行で rule of law と Etat de droit とが用語として互換的に通用しているようである。このことに関連して私の『国法学——人権原論』(有斐閣、補訂版二〇〇七)二〇三頁註14。

(28) この表現は、広中俊雄『民法論集』(東京大学出版会一九七一)三八二頁、初出一九六九)に負う。但し「ゲームのルールの共有」という言い方をするのは私自身である。

(29) 代表的なものとして参照、清宮四郎「違法の後法」(『国家作用の理論』(有斐閣一九六八)所収、初出一九三四)。

(30) 代表的なものとして参照、清宮四郎「憲法の変遷について」(前出註(29)『国家作用の理論』所収、初出一九六三)。

(31) この表現は佐藤幸治によって学界に広くゆき渡るものとなった。佐藤『憲法』(青林書院、初版一九八一)。

(32) 水林彪「比較憲法史論の視座転換と視野拡大」レジス・ドゥブレ・樋口陽一・三浦信孝・水林章・水林彪『思想としての〈共和国〉——日本のデモクラシーのために』増補新版(みすず書房二〇一六)二九三—三三三頁(第二章註(11)前出の水林(A))。

(33) 本文の以下の記述の多くの部分は、前註(32)共著所収の「水林彪論稿に寄せて」に記した私のコメント(前出書三三四—三四六頁)を利用したものである。

(34) 阪口正二郎『立憲主義と民主主義』(日本評論社二〇〇一)が提出した「積極的立憲主義」をめぐる問題の展開として、愛敬浩二が「異形」の立憲主義(本書「はじめに」前出)を検討の対象とすることになった。

(35) 美濃部達吉にとって、「立憲政治は責任政治」であり、大臣の対議会責任によって「国民殊にその代表者としての議会の役割を強化することが「立憲政治」の核心であった(『逐条憲法精義』(有斐閣一九二七)二一—二二頁)。

(36) 穂積八束が帝国憲法を「立憲政体」下の「大権政治」として説明するとき、その「立憲」は、「英国輓近ノ所謂議院政治ノ如キ其ノ実ヲ以テスレハ専制ノ政体ニ近シ」「之ヲ立憲政体ト称スト雖、実ハ其ノ変態タリ」(『憲法提要』(有斐閣一九一〇)一二二頁、一二六頁)と警告した上でのものであった。

(37) 前出註(34)で言及された「積極的立憲主義」が「異形の」立憲主義と呼ばれもすることの意味はそこにある。

(38) そのことについて、前出「はじめに」註(2)およびそれに対応する本文を参照されたい。

(39) 松平徳仁「民主憲政のはざまで」(樋口陽一・中島徹・長谷部恭男編『憲法の尊厳 奥平憲法学の継承と展開』(日本評論社二〇一七)所収)は、かねて(私のように)民主主義と立憲主義の対立関係を強調すること自体への疑問と批判を提起してきた論者が、改めて、「二〇一五年の運動」の「政治的・文化的民主主義」は「立憲主義うんぬん以前に、適応行動よりも優先すべき言行一致の正しさとはなにかを、法律家集団に問いなおしている」と説く論稿である。「立憲主義 or/and 民主主義」という主題について松平と私の間の応答は、当面、東京大学UTCP主催シンポジウム「戦後日本と立憲主義・民主主義――その緊張関係を巡って」(二〇一六・六・二)の記録を参照されたい――http://shinsho.shueisha.co.jp/event/utcp/index.html

(40) W. E.-Y. Elliot, *The Rise of Guardian Democracy*, Harvard Univ. Press, 1974.

(41) Paul Thibaud, Etat de droit ou démocratie sous tutelle, in *Esprit*, oct. 1986.

(42) マルセル・ゴーシェの説くところにつき、前出第三章註(27)。

(43) 「重臣リベラリズム」あるいは「知識人デモクラシー」と呼ばれるものが同時代の社会の決定的な方向選択に際し効果的な作用を及ぼすことができなかったのは、その一例である。

(44) 絶対王政下であえて中世立憲主義の伝統を援用するクックが、国王の手中にある権力に対するコモンローヤーの立場を、「自然的理性」(natural reason)に対する「技術的理性」(artificial reason)として示さなければならなかったという挿話(佐藤幸治『立憲主義について』(左右社二〇一五)五一―五二頁による)は、本文で示した「力」と「論理」の対置に相重なる。

(45) ナチス＝民族社会主義ドイツ労働者党が制度としての「民主」の手続を通して権力を手にしたことは、よく知られている。同時にしかし、その過程ですでに、制度をあからさまに無視する違法活動を繰り返していたことも、つけ加えておく必要がある。言ってみれば、「民主」を補完(＝①$^{+}$)するのと反対方向に向けての、「民主」(＝①$^{-}$)だったのである。

(46) 前出註(39)引用の松平論文の結語は、そのことを警告しようとするものであろう。

あとがき

この本は、二〇一〇年代に入って公刊した論説を素材とし、現在時点での自分自身の問題関心に沿った形で、私の考えをまとめたものである。その多くは、研究会、シンポジウムでの報告とそれに関連する応答がもとになっており、そのような機会を提供して下さった、他専門の領域を含めた同学の方々に、あらためて感謝申し上げる。

初出の論稿を(その一部だけを本書に組み入れたものを含めて)以下に記しておく。

[第一章 第一節Ⅰ]
「「危機」への知の対応 一六世紀と二〇世紀:二つの例」奥平康弘・樋口陽一編『危機の憲法学』(弘文堂二〇一三)

[第一章 第一節Ⅱ]
「第五共和制の légiste vs 第三帝国の Kronjurist?——ルネ・カピタン(一九〇一―七〇)とカール・シュミット(一八八八―一九八五):二つの才能の交叉と乖離」『日本学士院紀要』七一巻一号(日本学士院二〇一六)

[第一章 第二節]
「「立憲主義」と「憲法制定権力」:対抗と補完——最近の内外憲法論議の中から」『日本学士院紀要』六九巻三号(日本学士院二〇一五)

［第一章　第三節］

「ルソーの立憲主義」をめぐって――『社会契約論』を副題『国法諸原理』に即して読む」杉原泰雄・樋口陽一・森英樹編『長谷川正安先生追悼論集　戦後法学と憲法――歴史・現状・展望』（日本評論社二〇一二）

「国法理論家としてのルソー、または『社会契約論』副題の意味すること」（の一部）　永見文雄・三浦信孝・川出良枝編『ルソーと近代――ルソーの回帰・ルソーへの回帰』（風行社二〇一四）

［第二章　第一節Ⅰ、Ⅱ］

「「近代」の公理の法学上の再発見とその問題性」『日本学士院紀要』六四巻三号（日本学士院二〇一〇）

［第二章　第一節Ⅲ、第三章　第二節Ⅰ、第四章　第二節Ⅰ3］

「水林彪論稿に寄せて」（の一部）　レジス・ドゥブレ・樋口陽一・三浦信孝・水林章・水林彪『思想としての〈共和国〉――日本のデモクラシーのために　増補新版』（みすず書房二〇一六）

「「自己統治秩序」の「近代的ヴァージョン」という難問――水林報告へのコメント」（の一部）　宇都宮京子他編『生誕一五〇年記念論集　マックス・ヴェーバー研究の現在――資本主義・民主主義・福祉国家の変容の中で』（創文社二〇一六）

［第二章　第一節Ⅲ］

「「自由からの自由」を考える」（の一部）『比較法学』四二巻二号（早稲田大学比較法研究所二〇〇九）

［第二章　第二節］

日本語版は本書初出。フランス語原文は第二章註（22）参照。

［第二章　第三節］

「憲法にとっての経済秩序――規範形式と規範内容からみて」季刊『企業と法創造』六巻四号（早稲田大学グローバルCOEプログラム《企業法制と法創造》総合研究所二〇一〇・二）

〔第三章　第一節（Ⅲ3を除く）〕
「法・歴史・記憶」『日仏文化』八〇号（日仏会館二〇一一）

〔第三章　第一節Ⅲ3〕
「歴史と記憶――戦後七〇年首相談話に関連して」『世界』八七四号（岩波書店二〇一五）

〔第三章　第二節Ⅱ、Ⅲ〕
「比較における「段階」と「型」――加藤周一「雑種文化」論から何を読みとるか」（の一部）戒能通厚・石田眞・上村達男編『法創造の比較法学――先端的課題への挑戦』（日本評論社二〇一〇）
「「洋学紳士」と「雑種文化」論の間――再び・憲法論にとっての加藤周一」（の一部）『思想』一〇四六号（岩波書店二〇一一）
「「人」（homme）と「市民」（citoyen）の間の綱渡り」（の一部）『法律時報』八二巻五号（日本評論社二〇一〇）

旧稿補正の書き入れと新稿はすべて手書きであり、それを一冊の本に仕上げて下さった編集部・伊藤耕太郎さんへの感謝とともに。

二〇一七年一二月八日を前にして

著　者

樋口陽一
1934年生まれ．憲法専攻．1957年東北大学法学部卒業．東北大学法学部，パリ第2大学，東京大学法学部，上智大学法学部，早稲田大学法学部などで教授・客員教授を歴任．日本学士院会員．

抑止力としての憲法――再び立憲主義について

2017年12月14日　第1刷発行
2018年 8 月16日　第2刷発行

著　者　樋口陽一《ひぐちよういち》

発行者　岡本　厚

発行所　株式会社　岩波書店
〒101-8002 東京都千代田区一ツ橋2-5-5
電話案内 03-5210-4000
http://www.iwanami.co.jp/

印刷・三陽社　カバー・半七印刷　製本・松岳社

ISBN978-4-00-025470-0　Printed in Japan